大咖智慧

THE GREAT WISDOM IN TRADING

/

成长陪跑

THE PERMANENT SUPPORTS FROM US

/

复合增长

COMPOUND GROWTH IN WEALTH

一站式视频学习训练平台

WWW.DUOSHOU108.COM

读懂投资　先知来来

股票分析学

从入门到精通

冯钢 / 著

山西出版传媒集团
山西人民出版社

图书在版编目（CIP）数据

股票分析学 ：从入门到精通 / 冯钢著 . -- 太原 ：
山西人民出版社，2015.11
ISBN 978-7-203-09325-1

Ⅰ.①股… Ⅱ.①冯… Ⅲ.①股票投资－投资分析
Ⅳ.①F830.91

中国版本图书馆 CIP 数据核字（2015）第 251540 号

股票分析学：从入门到精通

著　　者：冯　钢
责任编辑：席　青

出 版 者：山西出版传媒集团·山西人民出版社
地　　址：太原市建设南路 21 号
邮　　编：030012
发行营销：0351-4922220　4955996　4956039　4922127（传真）
天猫官网：http://sxrmcbs.tmall.com　电话：0351-4922159
E-mail　：sxskcb@163.com　发行部
sxskcb@126.com　总编室
网　　址：www.sxskcb.com

经 销 者：山西出版传媒集团·山西人民出版社
承 印 厂：大厂回族自治县德诚印务有限公司

开　　本：710mm×1000mm　1/16
印　　张：18.25
字　　数：190 千字
印　　数：1-8000 册
版　　次：2016 年 1 月第 1 版
印　　次：2016 年 1 月第 1 次印刷
书　　号：ISBN 978-7-203-09325-1
定　　价：36.00 元

序 言

PREFACE

技术分析自19世纪诞生以来，经众多投资大师不断充实、完善和发展，逐渐形成分支庞大的复杂体系。但支撑该体系的理论根基却始终未曾改变，即价格和趋势。通过对价格图表的研究，发现趋势的早期形态，再顺应趋势进行买卖，在趋势中获利。这就是技术分析的本质：顺应并追随市场的既成趋势。

因此，我在多年的投资培训中，一直对我的学员和用户灌输“先大后小、先长后短”的投资理念，后来我又在道氏理论的基础上独创了“三买一卖”、“三卖一买”法则，并将买卖方法传授给我的学员和用户们。

在将近20年的投资与培训中，通过与近10万投资者的接触，我逐渐明白，投资者最大的问题并不是技术分析知识学得少，恰恰相反，许多人都注重、追求技术分析的玄妙，对波浪理论、江恩理论、预测理论等趋之若鹜，但对技术分析的理解却出现了很大的偏差，忘记了技术分析的根本

——趋势方向。为帮助投资者真正了解技术分析的本质，尤其是帮助初学者从一开始就对技术分析有正确的理解，并掌握系统全面的技术分析体系，我特意把多年来的培训资料整理编辑成书，作为初学者的入门手册。

书中第一章对技术分析和趋势理论做了系统介绍，告诉投资者我们为什么要学习技术分析，并把技术分析体系分为八种类别。第一种：技术分析就是对股市发展方向的分析，即股市趋势的分析。趋势线及发展而来的管道线，是股市中最重要的分析系统。第二种：技术分析是K线组合分析。第三种：技术分析是图形的分析。第四种：技术分析是波浪理论。第五种：技术分析是循环周期理论，简单的表现为时间之窗。第六种：技术分析是移动平均理论。第七种：技术分析系统是摆动曲线系统，即技术指标，第八种：技术分析方法是四度空间理论。

后面的章节对以上八大种类进行了详细阐述。其中第二章到第五章对趋势线、K线及K线组合进行了详尽的讲解，并把在股市投资中的实战技法进行了总结。如果你对技术分析不了解的话，我建议你在看这几章的时候需要花费更多的时间，最好可以精读一下，即使不能真正理解他们的含义，也要把那些k线组合的形态和含义记下来，或者背下来。这就如同我们小的时候学习数学时需要背9×9乘法表一样。但是这只是开始，实际的使用远不是这些。不管你会不会使用，或者有没有用过，你先背下来再说，为将来系统学习形态理论打下坚实的基础。不少的投资者因为这一步没有做好，要么自己大量的实践，付出金钱和精力代价；要么等有所提高后返回来再读。

第六章则阐述了多种走势形态及分析注意事项，形态无非是多根k线的集合。形态级别越大，所代表的意义就越大。在形态学习里面我们一定要注意一点：形态是在趋势过程中形成的，他受制于趋势。一样的形态在上升趋势和下跌趋势中的意义完全不同。如果认为哪种形态就该涨，哪种形态就该跌，那么对不起，后期你在实际的操作中可能就要吃大亏了。在

第七章中你将学习到缺口理论和均线理论，很多投资者对缺口并不是很重视，缺口理论其实和趋势理论、均线理论、K线理论、波浪理论、江恩理论以及其他众多理论一样重要，在日常的交易当中占据着非常重要的地位和作用。如果说多头排列的均线是迎风而动的战旗，那么向上跳空的缺口就是吹响战斗的号角，在实际应用配合均线和成交量，更会让你得到意想不到的效果和收获。在K线走势中及时发现缺口，可以让你在交易当中发现更多的投资机会，获得更多的投资利润。也可以让你在瞬息万变的股市中及时止损，避免后期受到更多的投资损失。

第八章至第十章则把股市常用的实战技法、指标系统、时间周期等进行了详细阐述。在学习这些知识的时候，我们一定要知道以下两个方面的事情：首先要明白指标的概念，对于很多在这个市场中使用技术指标操作的投资者来说，大多数人都经历了从研究指标，到不信任指标，到再次研究指标的一个反复过程，因为只有经过在实践摸索中理解了指标的深奥含义，才能在后期的操作中运用自如。但是大部分投资者只是简单理解了指标的使用方法后就开始直接使用，受到指标的一次伤害以后，就放弃了对该指标的继续学习，片面地认为指标无用。

我们从别的地方想一想，古人怎么会知道天气的概况？其实就是运用了积累下来的经验去判断的，不然也不会“早看东南，晚看西北”就知道天是不是要下雨了。就像我们现在的天气预报，就是通过以前的数据结合现在的情况，判断后期的天气变化情况，其实是一个很简单的原理，对我们做技术指标的使用者来说，也是通过以往的历史走势反映出来的指标走势，运用到现在和以后的判断上。

其次是止损的设置。在操作中，设置止损是为了应对市场的突发事件。就好比昨晚天气预报告诉你明天是晴天，但是早晨出来一看阴天了，是不是要带把伞？而不是坚决相信天气预报，不带伞。什么事情都是灵活运用的。

总之，概括成一句话，赚钱亏钱的缺点可以用指标解决。指标中的缺点，可以通过周期共振来解决。周期共振的缺点，可以通过仓位控制来解决。获利的交易未必正确，正确的交易也未必获利，二者的区别是正确的交易可以让你在这个市场长期生存下来，利润有可能来得慢一点，但却是可持续的。一个真正成功的投资者，不在于他多聪明，而在于他拥有一个能稳定盈利的交易系统，并且能持之以恒地执行，如果投资者可以做到这点就离成功不远了。

该书不仅全面呈现了技术分析体系，更多的是总结技术分析中常用的实战分析方法。希望它能够成为拼搏在股市中的中小投资者自我保护的利器，也愿它能使更多的人掌握技术分析的真谛。

最后告诫所有的读者，市场是人性的集合，面对市场，实际上就是面对自己。改正缺点，直面错误，严格律己，才是成功的根本。

目 录
CONTENTS

第一章

技术分析基础及趋势理论

第一节　股市技术分析概述

在股市中，经常听到技术分析无用论，认为中国股市消息决定一切，这也许是中国股市最典型的言论，也是造成中国股票市场闻风而动，高投机、高风险的重要原因之一。我不想否认消息对股市的重要作用，一条消息确实可以使股市发生很大变化，例如：1994 年 7 月 30 日三大政策，使股价扶摇直上，达 1052 点。1995 年 5 月 18 日关闭国债期市的消息，形成“5・18”井喷行情，使沪指直指 927 点。正在市场一片疯狂的时候，突然证监会公布 55 亿新股发行额度的消息，使股指大跌至 610 点，使每一位股民在短短 9 周之内腥风血雨损失惨重。这种故事在股市中举不胜举，请问您如何操作？当你知道利好消息时追涨拿货，价位已经不低，突然出现利空，等你知晓，急忙杀跌，盈利已十分可怜甚至亏损累累。这是为什么呢？这是因为不论是平静低迷的股市，还是情绪高涨的股市，都有一个共同的特点，市场中绝大多数的人想法是一致的，不是一致看空，就是一致看多，这种一致的情绪使得股市沿着一个方向前进。市场就像一条平静的河流，而散户就如同这条河里的鱼，这时一条消息出现，就如同向河里扔一块石头激起千层波澜。那么哪一层波澜是你感受到的呢？也就是说，你作为一个散户，永远不可能接近决策圈，你只能通过各种媒介了解消息，等你知道了消息，不知有多少人已经结束操作了。你怎么办？追涨杀跌吗？这是仅靠消息操作的弊病之一。另外，宏观基础分析，是通过研究引起股市变化的原因，从而推测股市发展的方向，决定你的买卖。但是，这些原因对股市影响的力度是不同的，如何对这些原因进行理解，也直接影响到您在股市中的操作。因此单靠基础分析，您还会在入市点和出市点的问题上遇到难题，使您的操作屡屡失败。在您屡屡碰壁后您就不得不寻找一个定性定量的分析方法，不得不对股市的历史资料进行研究，于是就产生了许多分析股市发展方向的工具，于是技术分析股市、利用技术工具寻找入市点和出市点，成为股市操作的革命。那么技术分析的理论基础是什么呢？以下三条公理就是它的理论基础。

公理一，在市场经济中，市场行为包容消化一切，价格变化一定是有原因的。（技术分析的基础）

这是技术分析第一大公理，所谓“公理”就是不可推翻的原则，是根基，没有这个前提，技术分析就无从谈起。

就两种分析方法（基本分析和技术分析）而言，基本分析是先将价格变动作为结果，再去研究价格变化背后的原因，再从这些原因中找出规律，来分析市场或个股。但是哪些是影响价格变动的真正原因？是政策还是消息，或是业绩，要么是人为操纵，总之，要找出价格变动背后真正的原因，简直太难了。每次大盘下跌，很多人都会找出各种各样的原因来解释它为什么下跌，为什么“宏观调控”，为什么“台海危机”之类，甚至将某天的下跌归咎于某名政府官员的讲话。且不说这些是不是造成股票下跌的真正原因，就算是，可又有什么用？对于我们接下去的操作又有什么指引？下跌已成事实，下一步该做什么，就没有了主意。而技术分析正好相反，

它是把价格变动作为原因，从价格运行轨迹中直接总结出规律，继而推断市场或个股下一阶段的走势。这是因为技术分析人士相信，无论股价下跌背后隐藏着什么因素，最终这些因素都要作用于市场，那市场必然就会做出反应，只要价格变动不至于使趋势逆转，我将继续持有股票，相反，这些因素作用的结果已经使趋势发生转变，就要卖出股票，而没有必要非得了解这个因素是什么。做个不算很恰当的比喻，技术分析是研究眼前的一个鸡蛋外观及质量如何，用它可能做什么；而基本分析是一定要找出生出这个鸡蛋的母鸡是哪只，它的健康程度如何，还能下几个蛋。

公理二，价格沿趋势的方向演进，趋势是技术分析最基本的概念。（技术分析的核心）

股价涨跌，并不是毫无规律，而是总体上会在一段时间内沿一个方向持续前进或后退。这种持续涨跌形成的趋势，是技术分析的核心内容。而且趋势一旦形成，不是一下子就可以改变的。突发消息是会造成趋势的短暂回撤，但不会将股价运行的方向改变。就像1996年至1997年的大牛市中无论政策如何调控，以及邓老的逝世都只是造成市场的短期波动，而没有改变牛市的格局。同样，中国股市自2001年6月见顶之后，长达四年的熊市里，政府官员讲话、出台各种利好政策，以及股评家声嘶力竭地喊着底、叫着牛，市场丝毫不受其影响，该跌还是跌，该创新低还是会创新低。

公理三，历史会不断重演。（投资大众的心理）

“历史会不断重演”，是指在满足相同的条件下，必然会产生相同的结果，如同在化学中氢和氧的结合，必然会生成水一样。在技术分析里，这一点是从投资者心理角度去理解的，即市场满足见底的条件就会见底，满足见顶的条件就会见顶，满足上涨的条件价格就会继续上涨，而满足下跌的条件价格就会继续下跌。比如中国股市在2001年6月2245点附近，构筑了一个“喇叭形态”和“价升量缩”情况之后，出现了大幅下跌，同样，大盘在2004年4月也表现出“喇叭形态”和“价升量缩”，历史再次重演，理解这种走势的投资者，自然会想到“下跌”，继而卖出股票。

值得注意的是，历史虽然会重演，但绝不是简单的重复，也就是说，没有任何两次行情走势是一模一样的，只不过性质和所造成的结果相同而已。

技术分析是从已经发生的价格变化中寻找股市发展的轨迹，既通过研究事情发生后的结果，去推测股市发展的未来，这与基础分析正好相反。前文说过造成股市变化的原因很多，我们不容易分析，可是现在用技术分析就不同了，通过各种因素综合作用于股市后产生的唯一结果即价格的变化来分析股市未来的走向，这显然比基础分析容易了许多。

谈到技术分析，我们必须先澄清一个误区。在电台、报纸、电视上，当谈到技术分析股票市场的时候，那些专家也好，证券人士也罢，张嘴是5.10.30日均线，闭嘴是9日KDJ值、MACD、9日、14日RSI、动力指标，天天如此，给人一种错觉，以为以上就是技术分析的全部。如果您仅仅按照各媒介提供给您的以上几种所谓的技术指标进行操作的话，必然带来损失。

那么技术分析是什么呢？“技术”这一词汇，在股市应用中，远不是一般词典中定义的那样，它有其特殊的含义。它是专指对市场本身行为的研究，而非对市场交易的商品的研究。技术分析是记录（通常用图方式）某一股票或“指数”的实际交易过程，并从其中推断出今后可能的发展趋势的科学。

技术分析的四大要素：价、量、时、空。

技术分析的种类：

第一种：技术分析就是对股市发展方向的分析，即股市趋势的分析。作为股市投资者，要时时刻刻记住，趋势的正确判断是能否投资成功的关键，永远顺着趋势做投资，不要逆势而为；顺势者昌，逆势者亡。而学会使用趋势线来确定趋势的方向，对于一个投资者来说，是必不可少

的基本功之一。

趋势线及发展而来的管道线，是股市中最重要的分析系统，中长期趋势线一旦突破，其意义十分重大，必须引起高度警惕。那么什么是趋势线？所谓趋势线，就是根据股价上下变动的趋势所画出的线路，画趋势线的目的，即依其脉络寻找出恰当的卖点与买点。而根据趋势线的方向不同可分为上升趋势线、下降趋势线与水平趋势线三种。

第二种：技术分析是K线组合分析。是日本古代的米市场计算米价每日涨跌所使用的图示方法，经人引用至股票市场，效果良好，使用者愈来愈多，从而成为股票技术分析的一种理论。（在以后的章节中会详细地介绍。）

第三种：技术分析是图形的分析。为方便读者运用，我们可以按照图形出现后所起的作用，将图形划分为两大类：第一类是反转形态，这种形态的图形表示股价的原有走势将要有逆转的趋势，也就是将要减缓原先的股价走势方向，但是下一步的趋势不定。例如，原来的上升趋势变成下降趋势，原来的下降趋势将变成上升趋势，或者原来的上升或下降将变成一段平稳的图形后再发生下一步的变化。它包括头肩顶（底），双重顶（底），三重顶（底），V字顶（底），圆形顶（底），直线形、碟形和V型等。第二类是持续形态，包括三角形、旗型、楔形、矩形等。

第四种：技术分析是波浪理论。波浪理论是反映一种人们心态变化的规律，人类群体行为的许多方面遵循波浪理论，而它在股市上的应用最为广泛。下面我们来了解一下什么是波浪理论。

波浪理论是技术分析大师R·E·艾略特（R·E·Elliot）所发明的一种价格趋势分析工具，它是一套完全靠观察得来的规律，可用来分析股市指数、价格的走势，它也是世界股市分析上运用最多，而又最难于了解和精通的分析工具。

艾略特认为，不管是股票还是商品价格的波动，都与大自然的潮汐、波浪一样，一浪跟着一浪，周而复始，具有相当程度的规律性，展现出周期循环的特点，任何波动均有迹可循。因此，投资者可以根据这些规律性的波动，预测价格未来的走势，在买卖策略上实施运用。

1. 波浪理论的四个基本特点

（1）股价指数的上升和下跌将会交替进行；

（2）推动浪和调整浪是价格波动两个最基本形态，而推动浪（即与大市走向一致的波浪）可以再分割成五个小浪，一般用第1浪、第2浪、第3浪、第4浪、第5浪来表示，调整浪也可以划分成三个小浪，通常用A浪、B浪、C浪表示。

（3）在上述八个波浪（五上三落）完毕之后，一个循环即告完成，走势将进入下一个八波浪循环；

（4）时间的长短不会改变波浪的形态，因为市场仍会依照其基本形态发展。波浪可以拉长，也可以缩细，但其基本形态永恒不变。

总之，波浪理论可以用一句话来概括：即“八浪循环”。

2. 波浪的形态

那么，如何来划分上升五浪和下跌三浪呢？一般说来，八个浪各有不同的表现和特性：

第1浪：（1）几乎半数以上的第1浪，是属于营造底部形态的第一部分，第1浪是循环的开始，由于这段行情的上升出现在空头市场跌势后的反弹和反转，买方力量并不强大，加上空头继续存在卖压，因此，在此类第1浪上升之后出现第2浪调整回落时，其回档的幅度往往很深；（2）另外半数的第1浪，出现在长期盘整完成之后，在这类第1浪中，其行情上升幅度较大，经验看来，第1浪的涨幅通常是5浪中最短的行情。

第2浪：这一浪是下跌浪，由于市场人士误以为熊市尚未结束，其调整下跌的幅度相当大，几乎吃掉第1浪的升幅，当行情在此浪中跌至接近底部（第1浪起点）时，市场出现惜售心理，抛售压力逐渐衰竭，成交量

也逐渐缩小时，第 2 浪调整才会宣告结束，在此浪中经常出现图表中的转向形态，如头底、双底等。

第 3 浪：第 3 浪的涨势往往是最大，最有爆发力的上升浪，这段行情持续的时间与幅度，经常是最长的，市场投资者信心恢复，成交量大幅上升，常出现传统图表中的突破讯号，例如裂口跳升等，这段行情走势非常激烈，一些图形上的关卡，非常轻易地被穿破，尤其在突破第 1 浪的高点时，是最强烈的买进讯号，由于第 3 浪涨势激烈，经常出现“延长波浪”的现象。

第 4 浪：第 4 浪是行情大幅劲升后的调整浪，通常以较复杂的形态出现，经常出现“倾斜三角形”的走势，但第 4 浪的底点不会低于第 1 浪的顶点。

第 5 浪：在股市中第 5 浪的涨势通常小于第 3 浪，且经常出现失败的情况，在第 5 浪中，二、三类股票通常是市场内的主导力量，其涨幅常常大于一类股（绩优蓝筹股、大型股），即投资人士常说的“鸡犬升天”，此期市场情绪表现相当乐观。

第 A 浪：在 A 浪中，市场投资人士大多数认为上升行情尚未逆转，此时仅为一个暂时的回档现象，实际上，A 浪的下跌，在第 5 浪中通常已有警告讯号，如成交量与价格走势背离或技术指标上的背离等，但由于此时市场仍较为乐观，A 浪有时出现平势调整或者“之”字形态运行。

第 B 浪：B 浪表现经常是成交量不大，一般而言是多头的逃命线，然而由于是一段上升行情，很容易让投资者误以为是另一波段的涨势，形成“多头陷阱”，许多人士在此期惨遭套牢。

第 C 浪：是一段破坏力较强的下跌浪，跌势较为强劲，跌幅大，持续的时间较长久，而且出现全面性下跌。

从以上看来，波浪理论似乎颇为简单和容易运用，实际上，由于其每一个上升、下跌的完整过程中均包含有一个八浪循环，大循环中有小循环，小循环中有更小的循环，即大浪中有小浪，小浪中有细浪。因此，使数浪变得相当繁杂和难于把握，再加上其推动浪和调整浪经常出现延伸浪等变

化形态和复杂形态，使得对浪的准确划分更加难以界定。这两点构成了波浪理论实际运用的最大难点。

3.波浪之间的比例

波浪理论推测股市的升幅和跌幅，采取黄金分割率和神秘数字去计算。一个上升浪可以是上一次高点的1.618，另一个高点又再乘以1.618，以此类推。

另外，下跌浪也是这样，一般常见的回吐幅度比率有0.236（0.382×0.618），0.382，0.5，0.618等。

4.波浪理论内容的几个基本要点

（1）一个完整的循环包括八个波浪，五上三落。

（2）波浪可合并为高一级的浪，亦可以再分割为低一级的小浪。

（3）跟随主流行走的波浪，可以分割为低一级的五个小浪。

（4）1．3 、5三个推浪中，第3浪不可以是最短的一个波浪。

（5）假如三个推动浪中的任何一个浪成为延伸浪，其余两个波浪的运行时间及幅度会趋一致。

（6）调整浪通常以三个浪的形态运行。

（7）黄金分割率奇异数字组合，是波浪理论的数据基础。

（8）经常遇见的回吐比率为0.382.0.5及0.618。

（9）第四浪的底不可以低于第一浪的顶。

（10）波浪理论包括三部分：形态、比率及时间，其重要性以排行先后为序。

（11）波浪理论主要反映群众心理。越多人参与的市场，其准确性越高。

5.波浪理论的缺陷

（1）波浪理论家对现象的看法并不统一。每一个波浪理论家，包括艾略特本人，很多时候都会受一个问题的困扰，就是一个浪是否已经完成而开始了另外一个浪呢？有时甲看是第一浪，乙看是第二浪。差之毫厘，

失之千里。看错的后果却可能十分严重。一套不能确定的理论，用在风险奇高的股票市场，运作错误足以使人损失惨重。

（2）怎样才算是一个完整的浪，也无明确定义。在股票市场的升跌次数，绝大多数不按五升三跌这个机械模式出现。但波浪理论家却曲解说，有些升跌不应该计算入浪里面。数浪（Wave Count）完全是随意主观。

（3）波浪理论有所谓伸展浪（Extension Waves），有时五个浪可以伸展成九个浪。但在什么时候或者在什么准则之下波浪可以伸展呢？艾略特却没有明言，使数浪这回事变成各自启发，自己去想。

（4）波浪理论的浪中有浪，可以无限伸延，亦即是升市时可以无限上升，都是在上升浪之中，一个巨型浪，一百几十年都可以。下跌浪也可以跌到无影无踪都仍然是在下跌浪。只要是升势未完就仍然是上升浪，跌势未完就仍然在下跌浪。这样的理论有什么作用？能否推测浪顶浪底的运行时间甚属可疑，等于纯粹猜测。

（5）艾略特的波浪理论是一套主观分析工具，毫无客观准则。市场运行却是受情绪影响而并非机械运行。波浪理论套用在变化万千的股市会十分危险，出错机会大于一切。

（6）波浪理论不能运用于个股的选择上。

第五种：技术分析是循环周期理论，简单的表现为时间之窗。循环周期向我们提示了股市的波动是随着时间的推移呈周期性变化的。周期的量度永远是从最低点至最低点，最低点之间遵循一种重复出现的周期模式，无论这期间的市场作用如何，但在任何时候，历史会允许周期紧缩、扩张、转变或消失，这也是周期分析最难于把握的地方。循环周期体现在方方面面，泛泛而论，就是根据时间的推演寻找市场股价波动的规律，有大的周期循环也有小的周期循环。有经济周期循环也有日常时间周期循环，如何让周期循环理论更容易让投资者理解呢？下面以行业周期循环为例：

任何一个行业一般都有其存在的寿命周期，由于行业寿命周期的存在，

使行业内各公司的股票价格深受行业发展阶段的影响。行业寿命周期的阶段有：

（1）开创期。一个行业尚处于开创期，往往是技术革新时期，由于前景光明，吸引了多家公司进入该行业，投入到新技术、新产品的创新和改造的潮流中。经过一段时间的竞争，一些公司的产品为市场消费者所接受，逐渐占领和控制了市场，而更多的公司则在竞争过程中遭到淘汰。此行业在成长期，技术进步非常迅速，利润极为可观，风险也最大，因此，股价往往会出现大起大落的现象。

（2）扩张期。这一时期，少数大公司已基本上控制了该行业，这几家大公司经过创业阶段的资本累积和技术上的不断改进，已经取得了雄厚财力和较高的经济效益，技术更新在平缓发展。公司利润的提高，主要取决于公司经济规模的扩大而平稳增长，这一时期，公司股票价格基本上是处于稳定上升的态势。投资者如能在扩张期的适当价位入市，则其收益会随着公司效益的增长而上升。

（3）停滞期。由于市场开始趋向饱和，使行业的生产规模成长开始受阻，甚至出现收缩和衰退。但这一时期该行业内部的各家公司并未放弃竞争，因而利润出现了下降的趋势。所以在停滞期，该行业的股票行情表现平淡或出现下跌，有些行业甚至因为产品过时而遭淘汰，投资者应在此时，不失时机地售出股票，并将其收益投向成长型的企业或公司。

总之，行业周期循环就是由开创期——扩张期——停滞期——开创期——扩张期……周而复始地循环下去，根据每一个周期所表现出的不同特征去推演下一个周期应有的特征，从而能掌握每个周期存在的市场规律加以判断分析。

第六种：技术分析是移动平均线理论。移动平均线，就是将出现在图纸上的移动平均数依照先后次序联结起来，成为起伏不定的弯曲线。移动平均线系统是将道氏理论具体地加以数字化，从数字的变化中去预测未来

股价短期、中长期、长期的变动方向，同时从移动平均线图中也可窥出成本变动情形。

市场经济中，要赚钱，无非是降低成本或者提高收入，以期获得较高利润。就股市而言，也就是要低买高卖。买时越低越好，卖时越高越好。然而，股价上蹿下跳，并非个人的意志所能决定。因而，广大投资者，尤其是散户，一定要吃准大势，顺水行舟则可，逆势操作往往鸡飞蛋打。

那么，如何研判大势呢？在技术分析各项指标中，移动平均线是运用得最多、准确性也相对最好的指标之一。要了解移动平均线，首先要把握移动平均数。

在技术分析领域中，移动平均是一个较为重要的概念，不仅是移动平均线，而且一些技术指标，如乖离率、相对强弱指数、均量线等，都是在它的基础上建立起来的。

所谓移动平均，首先是算术平均数，如 1 到 10 十个数字，其平均数便是 5.5；而移动则意味着这十个数字的变动。假如第一组是 1 到 10，第二组变动成 2 到 11，第三组又变为 3 到 12，那么，这三组平均数各不相同。而这些不同的平均数的集合，便统称为移动平均数。

移动平均这一概念是建立在闻名的道・琼斯理论上的。道・琼斯理论虽已名扬天下，但理论毕竟有点玄，而移动平均将这套理论加以数字化，从数字的变动中去猜测未来股价短期、中期、长期的变动方向，更易为广大投资者所接受。

移动平均的另一个优点是，它公开了平均成本这一秘密。事实上，移动平均数就是平均成本。另外，平均成本对于个股乃至大势的未来走向还有研判的作用。股价（或指数）的上下波动大，无规律性，不易看出它的趋势。而平均成本，其计算方法无非就是扣除前面的，加上当天的。假如走势是上升的，尽管其中有升有降，但总的来说，是扣除前面一个小数字，加上后面一个大数字，平均成本势必与日俱增，待到有一日，平均成本远远超过了该股所值，走势必然要掉头向下。因为股价太高，购股成本日益增大，无人接手，而另一方面持股者则要忙不迭地清仓获利。市场有卖无买，自然是这种结果。

反之，走势向下时，总的来说是扣除前面一个大数字，加上后面一个小数字，平均成本势必越来越小，小到远远低于该股所值时，持股的套牢，自然不肯抛；空仓的以为时机已到，开始接手，行市到了有买无卖的时候，走势便要掉头转上了。

总之，扣除旧资料，增加新资料，这便是移动平均的真谛，也是技术分析的基础所在。

第七种：技术分析系统是摆动曲线系统，即技术指标，此指标系统是一个被无限夸大内容及其作用的一种工具。其衍生物何止千万，但万变不离其宗，即利用数学方法，设立轴心及变动区间，使其在已设定好的区间内进行波动，根据指标波动所在的位置进行买卖。此系统指标主要包括：强弱指标（RSI）、随机指标（KD）、乖离率（BIAS）、威廉指标（%WR）、动量指标（MTM）、趋向指标（DMI）等，日期可以根据使用者习惯自行设立。此指标系统各项指标必须综合使用，切忌单独使用某一项。

另外自从计算机普遍使用后，以技术指标分析股票市场涨落的各种软件相继问世，软件销售商们为推销他们的产品，将软件中技术指标的作用无限夸大，泛滥使用，现在已成为机构大户控制散户的鱼饵。因此，笔者必须提醒各位散户在应用技术指标时一定要小心。

第八种：技术分析方法是四度空间理论。1984 年彼得·史泰美亚（J·Peter Steidlmayer）总结了三十余年期货市场经验，提出一套独特的观察、分析市场价格变化的崭新学说——市场轮廓理论（Market Profile），香港的许沂光大师认为“市场轮廓理论”主要围绕着这四个方面，即何价、何时、何人、何事，遂将之定名为四度空间理论。

四度空间的“何时”，是指时间。每一个单位时间以 30 分钟为一段，

也可以以日为一段，并无硬性规定。

所以，寻找价格低于价值的时间，是十分重要的。因为，真正远远地低于价值的价格。平常所说的最低价或低价圈，一般来说，其停留的时间是较短的，先知先觉的投资者一定捷足先登。

四度空间的“何价”，是指单位时间内产生的价格，只考虑高低价格的区间，不考虑开盘价及收盘价。这个价格有两个含义：一是低于价值的价格；二是高于价值的价格。

四度空间的“何人”，是指长线买卖者只与短线买卖者成交，长线买家与长线卖家不会直接见面。在中国股市中，长线买卖者和机构投资者、主力有千丝万缕的联系，甚至长线买卖者就是主力。

长线买卖者一般不会在乎短线产品的涨跌，具体可分为以下两种情况：

第一种，结合四度空间图选择价格低于价值的股票买入，这个价值是股票的内在价值，一旦买入，不到真正价值决不抛出。

例如：1996年初的深发展，现名：平安银行（000001）和四川长虹（600839），当时的价值被严重低估，价格和价值背离，从而使一些长线买家大量吸货，展开了长达一年多向价值回归的上升行情。

第二种，纯粹根据四度空间图来选择股票。从四度空间图中可以看出，当一只股票出现价值中枢横移不再向下移动，而后又出现价值中枢的时候，说明价值被低估，股价开始向上运行，向价值回归。

在平衡市中，获利机会不多时，长线买卖者懒于出动，市场的成交额可能低于10%，但当市势出现变化时，长线买卖者自然转向积极，活跃程度大增，成交额可能上升至总额的60%，这也就是平常所说的有增量资金进场。

长线买卖者因为做的是长线，所以，他们可以从容地了解基本面的变化，有充分时间去分析股市，他们不在乎短的波动，只有在各方面都具备了条件，才在低于价值的价格上重拳出击，而一旦买入股票后，他们会耐心等待高点的到来，从容抛出。所以长线买卖者是股市的先知先觉者。如果中小散户掌握了长线买卖者的踪迹，则无疑是占据了主动，弥补了信息不足及研究的深度和广度。长线买卖者，从时间上来看分为两个层次：一个是战略投资者，这一类投资者往往看重的是较长时间的投资，一年、两年或者更长时间，像美国的巴菲特，投资一个企业会很长时间，再一个层次是贴近市场的阶段投资者，他们往往在市场中有明显的吸筹、拉升、派发三个阶段的踪迹，在四度空间图中，此类的长线投资者的买卖行为会暴露无遗。

短线买卖者一般是经常进出者，他们不去深入研究股票价格的内涵，而只是顺着市场走，追涨杀跌。短线买卖者是稍有赚点就抛出，价格低了点就买进，频繁买进卖出。

短线买卖者只能使价值在较窄的幅度内波动，价值波动较大幅度的变化肯定是长线买卖家所为。因此，主要掌握长线买卖家的动向，则可顺风搭车，谋取较大的利润。

四度空间的“何事”，是指主动性买卖盘和被动性买卖盘，被动性买卖盘只是认为股价偏高或偏低而做出的反映，只有主动性买卖盘才是使价值移动的根本动力。可以看出，主动性买卖盘是长线买卖者所为，而被动性买卖盘是短线买卖者的具体体现。

主动性买卖盘，是指买入或卖出都是有计划的，事先有进出的策略，只有价格低于价值时，主动性买盘才会露面，当价格高于价值时，主动性卖盘必然出场。因此，主动性买卖盘是价值变化的真正动力，当主动性买盘进场后，价值区域自然上移，而当主动性卖盘出现以后，价值区域必然下降。掌握主动性买卖盘，就等于掌握了长线买卖者的脉搏，自然搭顺风船赢利就会较大。

以上阐述的“市场轮廓图”，完整地反映了市场价格运动的变化过程，“交易逻辑”主要分析市场价格运动的原因动力以及方式等关键性问题，“交易时间”形成价值区间，决定和左右交易机会。以上三个方面构成了四度

空间的理论框架，并提出：价值 = 时间＋价格的公式。

价格＋时间 = 价值，这样一个简单的公式可以经受长时间的考验，放之四海而皆准。

四度空间公式中的“时间”，有几种含义，第一，“时间”是一个常数，说明其只有通过单位时间的交易才能维持市场的正常运转，此时的时间没有特别的意义；第二，“时间”是买卖的重要方面，也就是说，处于低于价值的价格的时间，不会太久，因此把握买入的时间，是十分重要的，可以说真正在低位的时间，是先知先觉者大胆入市的良机。对于处于相对高位价格的时间，更是极短的时间，稍一疏忽，就过去了；第三，“时间”是一种等待，即要等待价格低于价值时间的来临，方可买入，亦要等待价格高于价值的时刻而抛出，从某种意义上说，在股市中必须学会等待，空仓中等待买入良机，满仓时等待抛出时刻。

四度空间公式中的“价格”是经常变化的。在单位时间内，价格是一变化区间，在更长的时间范围内，价格变化的区间也随之变宽，那么成交量较大的价格区间形成了价值中枢，所以四度空间的理论已经在找出价值的同时又找出了成交量较大的部分，换言之，时间＋价格 = 成交量（价值），同时又等于价值。

四度空间公式中的“价值”，是四度空间理论的核心，是解决股市、期货市场中高抛低吸的标准。高抛低吸以价值为中心，是对期货、股市的传统分析方法的一次革命。

四度空间公式中的价值。从实战的角度来分析，有两重含义，投资理念的“价值”和投机理念的“价值”。

投资理念的“价值”，是指股票市场中具体某只股票的内在价值，这个内在价值从四度空间的图形上是看不到的，它是基本分析范围的价值，例如：某一只股票的每股收益很高，但它的价格较低。投资者认为它值 20 元，而此时的股价却只有 10 元左右，如深发展，6 元左右的价格是低估了，

当时第一波涨到18元左右。另一种情况是预期某一只股票发展前景广阔，潜力很大，而此时价格相对较低，科技含量高的股票常常是见高价又有高价，道理就在于内在价值被低估了。

具体某一只股票的四度空间图表，最宽的部分即是价值区域，那么，每周的四度空间图表所显示出的价值区域的价值，如果低于上面所讲的内在价值，那么，这个价值也是投资理念的价值。当股价上升，超过价值，这时在内在价值之上出现的四度空间图所显示的价值，就具有投机的概念了。用投资理念的“价值”去选择股票，那么具体如何选择呢？从两个方面考虑：第一是绩优股，如某股票年报每股收益为0.50元，按照当时市场认可的平均市盈率来计算，如30倍市盈率。

0.50元 ×30=15元

也就是说，此股的内在价值是15元。如果此时其价格在15元之下，就可以低位吸纳，当然，按此方法只是大概去估计；第二是资产重组股票，或是其内在因素发生变化，这种股票就不能简单地用市盈率去计算，而是要根据其内在因素去考虑，也就是有实质的内在因素去考虑。

投机理念的“价值”具体有两个意义：一个是在内在价值之下，四度空间图所表示出的价值，按照这个价值去高抛低吸；另一个是在内在价值之上，四度空间图所表示出的价值，由于已经超出了内在价值，所以是投机理念的价值。

所以，我们提倡用投资理念去选择股票，而在投机理念的价值出现时，抛掉股票，也就是用投机理念的价值去具体操作。

时间是一个常数，而价位则是变数，度量变数的时间必须依据常数，即以时间作为工具。很简单，长时间内出现的价位，表示该价位交投活跃，被市场接受，可以视为价值。换言之，时间加价格等于成交量，同时亦等于价值。

明白上面的公式之后，利用四度空间图自然可以找出价值。然后以价值为基础实行高抛低吸的策略从中取利。

价值是四度空间分析方法精粹所在，当你发现某个成交价格经常出现，表示该价格被人们接受，在该段时间之内，该价格上下（波动）形成一个价值区域，此价值区域在整个时间段举足轻重。

当然，若市场基本处于平衡阶段，自然可以轻易找到价值区域，高抛低吸，但是价值不可能不变，因此当价值发生波动时，表明市场趋势在变。

以上八种技术分析系统是当前最流行的，也是应用最广的。除了以上八种以外还有许多技术分析系统，在这里就不一一介绍，各位可以按照自己的习惯自行选择学习。

技术分析应注意的问题：

1. 用多个而不是一个技术分析方法同时对股票市场进行研判；

2. 前人的和别人的结论，要经过实践验证后才能放心地使用；

3. 每一个结论要不断地进行修正；

4. 大多数人看法一致时，大多数人往往是错误的一方；

5. 技术分析永远是灵的，不灵的是使用技术分析的人；

6. 技术分析与基本分析结合起来使用，能提高其准确程度，单纯的技术分析在理论上是不全面的。

7. 人是决定的因素。

第二节　趋势理论

根据道氏理论，股票价格运动有三种趋势，其中最主要的是股票的基本趋势，即股价广泛或全面性上升或下降的变动情形。这种变动持续的时间通常为一年或一年以上，股价总升（降）的幅度超过 20%。对投资者来说，基本趋势持续上升就形成了多头市场，持续下降就形成了空头市场。

股价运动的第二种趋势称为股价的次级趋势。因为次级趋势经常与基本趋势的运动方向相反，并对其产生一定的牵制作用，因而也称为股价的修正趋势。这种趋势持续的时间从 3 周至数月不等，其股价上升或下降的幅度一般为股价基本趋势的 1/3 或 2/3。股价运动的第三种趋势称为短期趋势，反映了股价在几天之内的变动情况。修正趋势通常由 3 个或 3 个以上的短期趋势所组成。

在三种趋势中，长期投资者最关心的是股价的基本趋势，其目的是想尽可能地在多头市场上买入股票，而在空头市场形成前及时地卖出股票。投机者则对股价的修正趋势比较感兴趣。他们的目的是想从中获取短期的利润。短期趋势的重要性较小，且易受人为操纵，因而不便作为趋势分析的对象。人们一般无法操纵股价的基本趋势和修正趋势，只有国家的财政部门才有可能进行有限的调节。

为什么会有趋势？这是因为，第一，人是群居动物；第二，人是有思想的高级动物。人们可以通过语言、文字，以及利用人类自己发明的各种宣传工具进行思想交流，经过学习和斗争最终达成一种共识，使人具有相同的知识、相同的思维方式、相同的行为规则，这样人的运动就具有了方向感，并且在一定的时间内沿着同一个方向前进，这样趋势就产生了。随便举一个例子就可以说明这一点，譬如说您去参加您亲属的婚礼，所有的人都在笑，您会在这种场合下无缘无故地哭吗？您为什么不会哭？这是因为此时的趋势是高兴和欢乐。

在社会领域是这样，在经济领域同样会这样，在股票市场更是如此。股票的价格永远是以趋势的方式前进的。国外的股市是这样，国内的股市同样如此。随便翻开一张图表，您都会发现股指或者股票的价格随着时间变化推移，以趋势的方式运动着。

为了更好地研究趋势，我们先把趋势分一下类，趋势按照其作用及时间划分为三种：

一，主要趋势（即大趋势或总趋势），从大的角度来看上涨和下跌的变动。其中，只要下一个上涨的水准超过前一个高点，而每一个次级的下跌其波底都较前一个下跌的波底高，那么，主要趋势是上升的。被称为多头市场，相反地，当每一个中级下跌将价位带至更低的水准，而接着的弹升不能将价位带至前面弹升的高点，主要趋势是下跌的，这称之为空头市场。通常主要趋势是长期投资者在三种趋势中唯一考虑的目标，其做法是在多头市场中尽早买进股票，只要他可以确定多头市场已经开始发动了，一直持有到确定空头市场已经形成了。对于所有在整个大趋势中的次级下跌和短期变动，他们是不会去理会的。当然，对于那些经常性交易的人来说，次级变动是非常重要的机会。

（1）多头市场，也称之为主要上升趋势。它可以分为三个阶段，第一个阶段是进货期。在这个阶段中，一些有远见的投资者觉察到虽然目前是处于不景气的阶段，但却即将会有所转变。因此，买进那些没有信心，不顾血本抛售的股票，然后，在卖出数量减少时逐渐地提高买进的价格。事实上，此时市场氛围通常是悲观的。一般的投资者非常憎恨股票市场以至于完全离开了股票市场。此时，交易数量是适度的，但是在弹升时短期变动便开始增大了。第二个阶段是十分稳定的上升和增多的交易量，此时企业景气的趋势上升和公司盈余的增加吸引了大众的注意。在这个阶段，使用技术性分析的交易，通常能够获得最大的利润。最后，第三个阶段出现了。此时，整个交易沸腾了，人们聚集在交易所，交易的结果经常出现在报纸的“第一版”，增资迅速在进行中。在这个阶段，朋友间常谈论的是“你看买什么好？”大家忘记了市场景气已经持续了很久，股价已经上升了很长一段时间，而目前正达到更恰当地说“真是卖出的好机会”的时候了。在这个阶段的最后部分，随着投机气氛的高涨，成交量持续地上升。“冷门股”交易逐渐频繁，没有投资价值的低价股的股价急速地上升。但是，却有越来越多的优良股票，投资者拒绝跟进。

（2）空头市场，也称为主要下跌趋势，也分为三个阶段。第一阶段是“出货”期。它真正的形成是在前一个多头市场的最后一个阶段。在这个阶段，有远见的投资人觉察到企业的盈余到达了不正常的高点，而开始加快出货的步伐。此时成交量仍然很高。虽然在弹升时有逐渐减少的倾向，此时，大众仍热衷于交易，但是，开始感觉到预期的获利已逐渐地消逝。第二个阶段是恐慌时期，想要买进的人开始退缩，而想要卖出的人则急着要脱手。价格下跌的趋势突然加速到几乎是垂直的程度，此时成交量的比例差距达到最大。在恐慌时期结束以后，通常会有一段相当长的次级反弹或者横向的变动。接着，第三阶段来临了。它是由那些缺乏信心者的卖出所构成的。在第三阶段进行时，下跌趋势并没有加速。“没有投资价值的低价股”可能在第一或第二阶段就跌掉了前面多头市场所涨升的部分。业绩较为优良的股票持续下跌，因为这种股票的持有者是最后推动信心的。在过程上，空头市场最后阶段的下跌集中于这些业绩优良的股票。空头市场在坏消息频传的情况下结束。最坏的情况已经被预期了，在股价上已经实现了。通常，在坏消息完全出尽之前，空头市场已经过去了。

二，次要趋势（多为主要趋势的调整），它是主要趋势运动方向相反的一种逆动行情，干扰了主要趋势。在多头市场里，它是中级的下跌或“调整”行情；在空头市场里，它是中级的上升或反弹行情。通常，在多头市场里，它会跌落主要趋势涨升部分的三分之一至三分之二。属于调整行情可能是回落不少于10点，不多于20点。然而，需要注意的是：三分之一到三分之二的原则并非是一成不变的。它只是概率的简单说明。大部分的次级趋势的涨落幅度在这个范围里。它们之中的大部分停在非常接近半途的位置。回落原先主要涨幅的50%：这种回落达不到三分之一者很少，同时也有一些是将前面的涨幅几乎都跌掉了。因此，有两项判断一个次级趋势的标准，任何和主要趋势相反方向的行情，通常情况下至少持续三个星期左右；回落主要趋势涨升的1/3，然而，除了这个标准外，次级趋势通常是混淆不清的。

它的确认，对它发展的正确评价及它进行的全过程的断定，始终是理论描述中的一个难题。

三，短暂趋势（每日行情的波动），它们是短暂的波动。很少超过三个星期，通常少于六天。它们本身尽管是没有什么意义，但是使得主要趋势的发展全过程富有神秘多变的色彩。通常，不管是次级趋势或两个次级趋势所夹的主要趋势部分，都是由一连串的三个或更多可区分的短期变动所组成。由这些短期变化所得出的推论很容易导致错误的方向。在一个无论成熟与否的股市中，短期变动都是唯一可以被“操纵”的。而主要趋势和次要趋势却是无法被操纵的。

上述股票市场波动的三种趋势，与海浪的波动极其相似。在股票市场里，主要趋势就像海潮的每一次涨（落）的整个过程。其中，多头市场好比涨潮，一个接一个的海浪不断地涌来拍打海岸，直到最后到达标示的最高点。而后逐渐退去。逐渐退去的落潮可以和空头市场相比较。在涨潮期间，每个接下来的波浪其水位都比前一波涨升的多而退的却比前一波要少，进而使水位逐渐升高。在退潮期间，每个接下来的波浪比先前的更低，后一波则不能恢复前一波所达到的高度。涨潮（退潮）期的这些波浪就好比是次级趋势。同样，海水的表面被微波涟漪所覆盖，这和市场的短期变动相比较，它们是不重要的日常变动。潮汐，波浪，涟漪，代表着市场的主要趋势，次级趋势，短期变动。

除了上述三种趋势划分，还可按照股市的涨跌划分为：一，上升趋势（即涨势或牛市）；二，下降趋势（即跌势或熊市）；三，水平势（即盘整或牛皮市）。以上所述对趋势的区划，请不要将它们对立起来，它们之间是相辅相成、互为补充的关系。

前面我们曾学习了三条公理，其中公理二是说价格是以趋势的方式运动的，趋势是最基本的概念。此公理告诉我们的趋势，就是指股票价格的主要趋势，也可以是下降趋势，这要根据股票市场具体运行情况适时判断。

水平势只能是大的趋势中的一部分，不能独立长期存在，它只能成为中途形态或反转形态，从某种意义上说是一种次要趋势。

道氏理论基本要点：

平均价格包容消化一切，因为它们反映了无数投资者的综合市场行为，包括那些有远见的以及消息最灵通的人士，平均指数在其每日的波动过程中包容消化了各种已知的，可预见的事情，以及各种可能影响公司证券供给或需求关系的情况。甚至于那些天灾人祸，当其发生以后，就被迅速消化，并包括其可能的后果。

对于散户来说，多为上班族，因此不适宜做短线，不容易在短暂趋势中获利，还有现在的 T + 1 交易制度使得短线操作获利非常困难。这样，迫使广大散户投资者放眼于中长期投资，以获取丰厚的投资回报。于是，正确研判大趋势，是您能否在中长期投资中获得利润的关键所在。

如何能正确判断大趋势运行的方向呢？我们不妨从心理学角度设立一个简单模型来分析一下买方（多方）各类投资者、卖方（空方）各类投资者在股票市场无增量资金加入的情况下，在涨跌循环中各自的心态，以及他们手中的资金在市场涨跌循环中所起的作用。

如图 1.2.1 所示：股价处于高位，第三类广大散户投资者疯狂买进股票，第一类、第二类的一部分卖出股票。

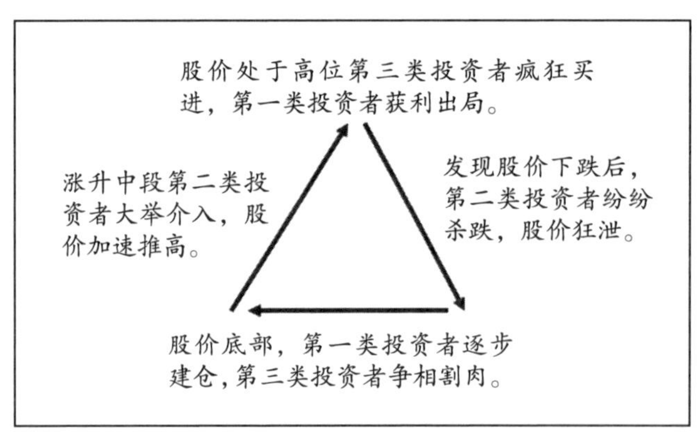

图 1.2.1

股价处于中位，第二类机构大户拉高股价或机构大户杀跌股价。

股价底部，第一类投资者的反应是股价跌至低位，是最好的买进股票时机，第三类广大散户争相割肉。

以上为一个简单的涨跌行情模型，它有两个前提：一，市场保持不变，即股票的供给恒定，无场外增量资金加入，即资金的供给恒定；二，投资者分为三类，第一类是反应最好的投资者（可以是散户，也可以是机构大户）。第二类是机构大户，大资金量的投资者，第三类是广大散户（大众投资者）。

通过这一简单的、从起点回到起点的涨跌行情模型可以看到，在牛市的起步阶段并不为广大投资者所注意，很少有人参与交易。这时第一类对市场反应最好最快的投资者认识到股票市场正处于低价区，是投资的良机，于是大胆买入。随着认识到这一点的人逐渐增多，股价也逐步提高，这时引起第二类投资者——机构大户的注意（如果此时利好消息出现）介入大量资金购买股票，使股价大幅拉升，股市开始沸腾起来。这时第三类广大散户投资者一见有利可图，大举杀入，使股市更加疯狂，股票也出现了吓人的天价，此时第一类反应最好的那部分投资者一看如此高价位的股票风险已非常大，况且在此价位他们已获得了丰厚的利润，此时正是出局的良机，毫不犹豫地将所有股票全部抛出，于是股价开始回落，大户机构看到这种情况，如果此时利空消息出现，他们也会选择尽快出局这一良策。于是大举杀盘，股价狂跌，此时利空频传，股市一片黑暗，广大散户投资者此时心情沉重，相当绝望，发誓再也不做股票，于是英勇、惨烈的割肉运动开始了，股价又回到了较低水平。那么，这些散户割下来的肉又到哪儿去了呢？此时第一类反应特别好的投资者，将割下来的肉承接下来，新的一轮涨升开始，如此周而复始，循环往复。

成交量验证趋势。可以表现为在牛市中，当价格上涨时，成交量增加，在价格下跌时，交易量增加，而在价格反弹时，成交量萎缩。只有在某一段时间内，总体上的相对成交量大小才能产生一些有帮助的信号。而且在道氏理论中，在最终的分析中，关于市场趋势的结论性信号，只能由价格行为来产生。成交量仅仅是提供辅助性的证据，用以帮助对一些迷惑不定的情况进行解释。所以，我们应随着不断深化学习，逐渐淡化成交量。

唯有确切的信号产生后，才能认为既定的趋势完结。当反转信号出现后，不要再有那么多想象力。

如何才能尽快地判断大势的方向呢？此时判断大势运行方向的最佳工具——趋势线产生了，后来又在趋势线的基础上发展出管道线、切线、X线，这些工具的出现，使人们对大趋势的判断不再无所适从，而是变得更加具体、准确、有效。因此每一位散户投资者都应当掌握这种方法，它将会使您终身受益。

通过以上涨跌行情模型周期性简单的运行过程，我们可以初步了解股票运动基本内在规律，使我们认识到在上升、下降的大趋势中各类投资者所起的作用，以及尽早判断大趋势的方向在我们实际操作中有多么大的重要意义，谁能以最快的速度正确判断主要趋势的方向，谁就是第一类对市场反应最好的投资者，谁就能赢得大势，谁就能获得丰厚的利润。

第三节　趋势理论延伸——趋势线

一、趋势线

图 1.3.1 中那根向上的基本趋势线，生动地刻画了这只股票当前正处于上升趋势中。这根趋势线就是一根支撑线。如果在这根支撑线上出现了一个看涨的 K 线形态，那么意义将会变得非常重大，买入的安全性就会有所提高（这便是第一个结合点）。网宿科技（300017），在 2013 年 12 月

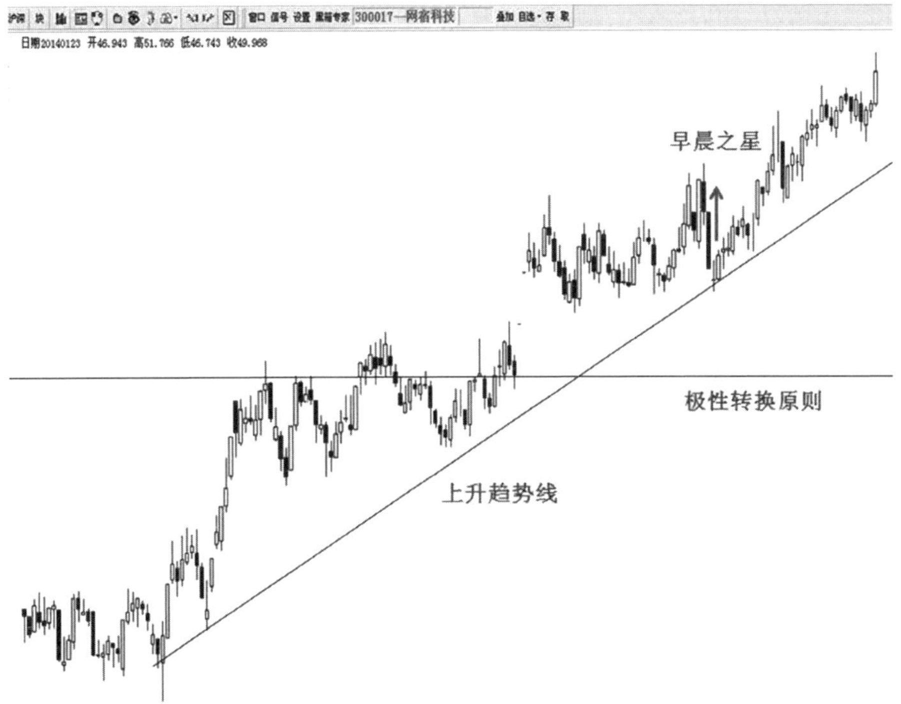

图 1.3.1（本图来源于弘历软件）

5~9 日三天形成了一个变体的十字启明星形态。而这个看涨形态刚好打到了上升趋势线上，之后便带来了较大幅度的盈利。同样的道理，下降趋势线是一根阻挡线，若在下降趋势线处出现看跌的 K 线形态（比如乌云盖顶），我们现在就能明白了，这便是一种警告！谈到网宿科技（300017），还有一个形态上的深究点，2014 年 7 月至 9 月形成的阻挡之后变成了 10 月至 12 月份的支撑，这就是蜡烛线技术里面的极性转换原则。上升趋势线＋十字启明星＋极性转换原则，为之后的上涨提供了可靠的参考。

二、支撑与压力

面对一只下降趋势的股票，我们会很熟练地去画它的阻挡线，也就是下降趋势线；面对一只上升趋势的股票，我们也会很熟练地去画它的支撑

线，也就是上升趋势线。但是有时候，上升趋势的股票也可以对其高点连接高点，得到上升趋势的阻挡线；下降趋势的股票也可以对其低点连接低点，得到下降趋势的支撑线。而在这样的支撑线上出现看涨 K 线形态，也是极有意义的。见图 1.3.2 浦发银行（600000），图中的塔形底部形态就出现在了下降趋势的支撑线上。

图 1.3.2（本图来源于弘历软件）

三、百分比回撤

通常，市场既不会直线上升，也不会竖直跌落，而是进两步，退一步。在当前趋势继续发展之前，市场通常先要对已经形成的上涨进程或下跌进程做出一定程度的回撤。在这类回撤水平中，较为常用的是 50% 回撤水平，以及 38% 和 62% 的斐波纳契的回撤水平（斐波纳契是 13 世纪的一位数学家），如图 1.3.3 和图 1.3.4 所示。

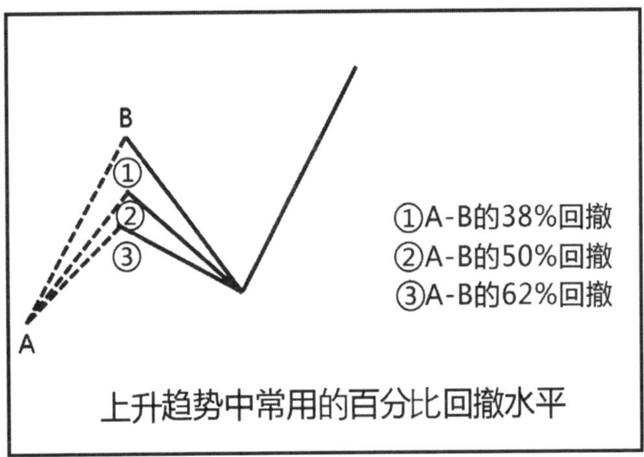

图 1.3.3

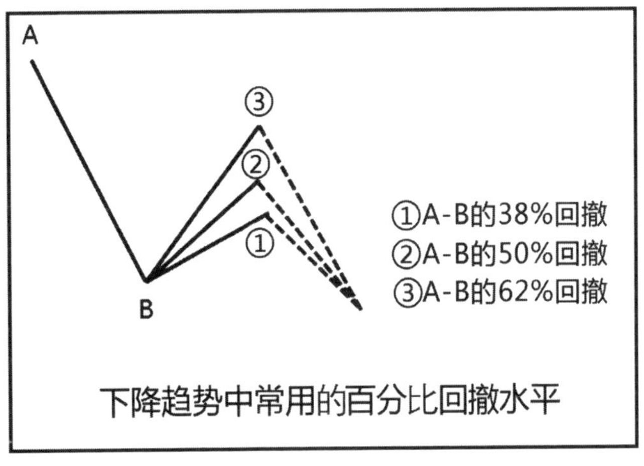

图 1.3.4

50% 回撤水平一直是一个重要的支撑水平。我们来看看上证指数 2014 年 7 月初开始的那段上升趋势的情况，从这个例子，我们可以看出，50% 回撤水平同蜡烛图技术融为一体，为我们提供了重要的底部反转信号。见图 1.3.5，6 月末 7 月初，指数以一个上吊线（A 点）开始了一段上涨行情。并终止于 B 点（看跌孕线形态），然后股价回撤至 C 点，回撤水平刚好是 50%，并且在此处形成了一个看涨孕线形态；之后股价上扬至 D 点（看跌吞噬形态），然后又开始了回撤，当到达如下图的 E 点时，回撤水平是 CD 段的 50%，并且在此处形成了锤子线；之后股价再次上扬，并达到了 F 点，最终以看跌脱离形态结束了这段上升过程。规律始终就是这样，当股价回撤 EF 段 50% 的时候，这段下跌也就终结了（G 点）。这里有三个技术参考证实行情还能上去，一个是前段上涨过程中的上升窗口成了现在的支撑，一个是 50% 的回撤，还有一个就是在 G 处形成了一个上升窗口。讲到这里，我们基本上领略到了百分比回撤与蜡烛图技术结合的美妙之处。其实不仅是这样，还有一个更重要的要领。我们仍然通过下面的走势来阐述。首先，从 G 点开始的上涨并没有突破高点 F 而开始回落，这是一个警告信号，之后，股价下跌并向下突破了图中所示的上升趋势线，这是第二个警告信号。如此一来，我们不得不从更大规模上着眼，寻找更大价格运动的 50% 回撤

图 1.3.5（本图来源于弘历软件）

水平。于是我们将 A 到 F 整体算一段上涨，而 F 到 I 整体算一段下跌。我们会发现，I 处距离 AF 段 50% 的回撤水平非常接近，此处也是一个看涨 K 线形态（请投资者自己思考）。那么接下来的一波行情，我们就又可以把握住了。通过对指数的观察，我们发现，蜡烛图技术与百分比回撤相结合，将会演奏出多么和谐的市场，这就是技术分析的魅力之一。

第二章

趋势线及 K 线的画法

第一节　股票价格的运行规律

一、股价运动规律

1. 股价应在多空双方均衡位置上下波动。

2. 原有的平衡被打破后，股价将寻找新的平衡。

可以用下面的表示方法具体描述股价移动的规律：

持续整理——保持平衡——打破平衡——新的平衡——再打破平衡——再找新的平衡……

股价的移动就是按这个规律循环往复、不断运动的。股市中的胜利者往往是在原来的平衡快要打破之前或者是在打破的过程中，采取行动而获得收益。原平衡已经打破，新的平衡已经找到，这时才行动，就已经晚了。

二、支撑线和压力线

支撑线又称为抵抗线。当股价跌到某个价位附近时，股价停止下跌，甚至有可能还有回升，这是因为多方在此买入造成的。支撑线起阻止股价继续下跌的作用。

压力线又称为阻力线。当股价上涨到某价位附近时，股价会停止上涨，甚至回落，这是因为空方在此价位抛出造成的。压力线起阻止股价继续上升的作用，如图 2.1.1 所示：

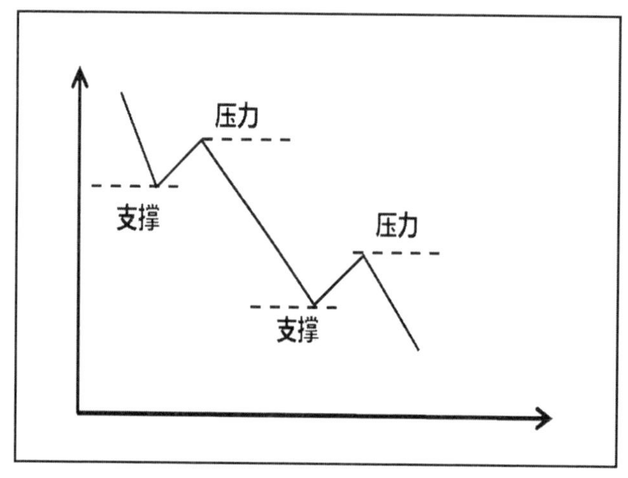

图 2.1.1

请注意，前期的高点和低点都是很重要的压力和支撑。

一条支撑线和压力线对当前时期股价变化影响的重要性有三方面的考虑：一是股价在这个区域持续时间的长短。二是股价在这个区域伴随的成交量大小。三是这个支撑区域或压力区域发生的时间，距离当前这个时期的远近。很显然，持续的时间越长，伴随的成交量越大，离现在越近，则这个支撑或压力区域对当前的影响就越大，反之就越小。

三、趋势线和轨道线

1. 趋势线

趋势线是衡量价格变化趋势的，由趋势线的方向可以明确地看出股价

的趋势。

在上升趋势中，将两个显著的低点连成一条直线，就得到上升趋势线；在下降趋势中，将两个显著高点连成一条直线，就得到了下降趋势线。上升趋势线是支撑线的一种，下降趋势线是压力线的一种。

我们很容易画出趋势线，这并不意味着趋势线已经被我们掌握，画出一条直线后，有很多问题需要我们去回答。最迫切需要解决的问题是，我们画出的这条直线是否具有参考价值，以这条线作为我们今后预测股市的参考是否具有很高的准确性。

要得到一条真正起作用的趋势线，要经过多方面的验证才能最终确认。首先，必须确实有趋势存在。一般说来，所画出的直线被触及的次数越多，其作为趋势线的有效性被得到确认度较高，这条直线延续的时间越长，越具有有效性，如图 2.1.2 与图 2.1.3 所示。

趋势线有两种作用：

（1）对股价今后的变动起约束作用；

（2）趋势线被突破后，就说明股价下一步的趋势将要反向，越重要越有效的趋势线被突破，其转势的信号越强烈。

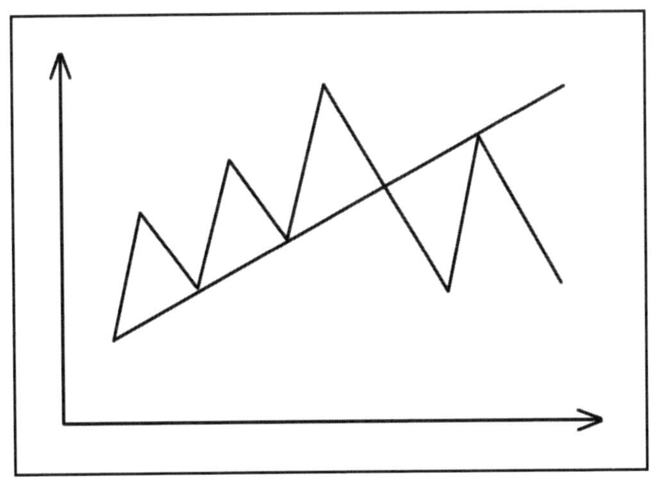

图 2.1.2

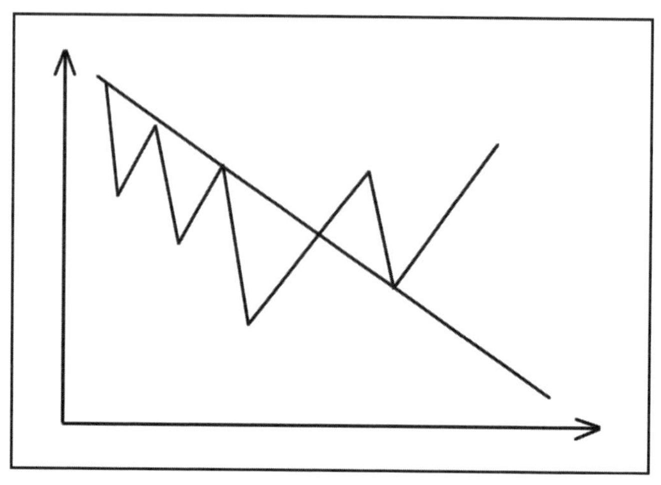

图 2.1.3

应用趋势线的最为关键的问题是：怎么才算对趋势线的突破?

没有一个截然醒目的数字告诉我们，怎样算突破。这里面包含很多的人为因素，或者说是主观成分。在此只提供几个判断是否有效的参考意见，以便在具体判断中进行考虑。

（1）收盘价突破趋势线比日内的最高最低价突破趋势线重要；

（2）穿越趋势线后，离趋势线越远，突破越有效。人们可以根据各个股票的具体情况，自己制定一个界限，一般是用突破的幅度，如 3%；

（3）穿越趋势线后，在趋势线的另一方停留的时间越长，突破越有效。

2. 轨道线

轨道线又称通道线或管道线，是基于趋势线的一种方法。

两条平行线组成一轨道，这就是常说的上升和下降轨道即趋势线的平行线，如图 2.1.4 所示。

使用时应注意的问题：

管道线持续的时间越长，其意义越重大，一个长期的上升通道和下降通道被有效突破，它将代表着一个新趋势的开始。

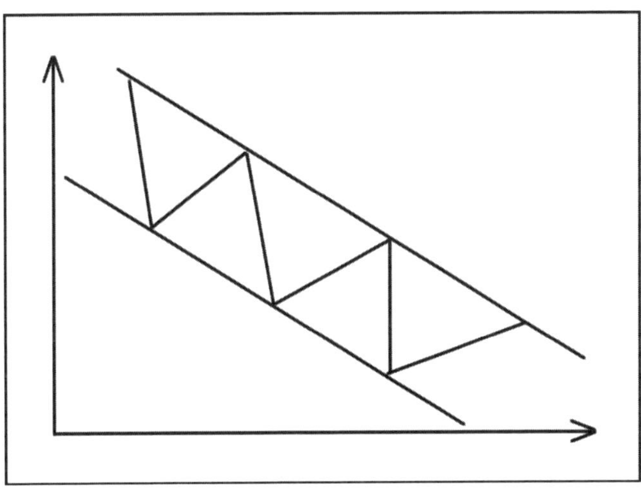

图 2.1.4

买卖法则：

（1）上升趋势，一买三卖法则，如图 2.1.5 所示。

一买：当接触到趋势线时买进。

三卖：a. 当接触到管道线时卖出；b. 当突破管道线时卖出；c. 当跌破趋势线时卖出。

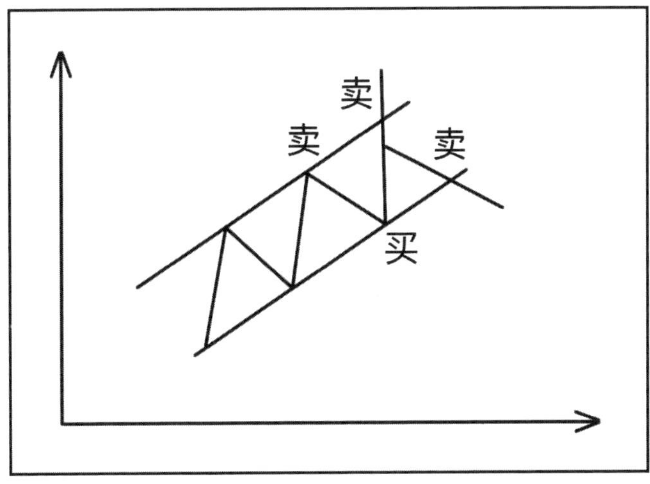

图 2.1.5

（2）下降趋势，一卖三买法则，如图 2.1.6 所示。

一卖：当接触趋势线时卖出；

三买：a. 接触管道线时买进；b. 跌破管道线时买进；c. 突破趋势线时买进。

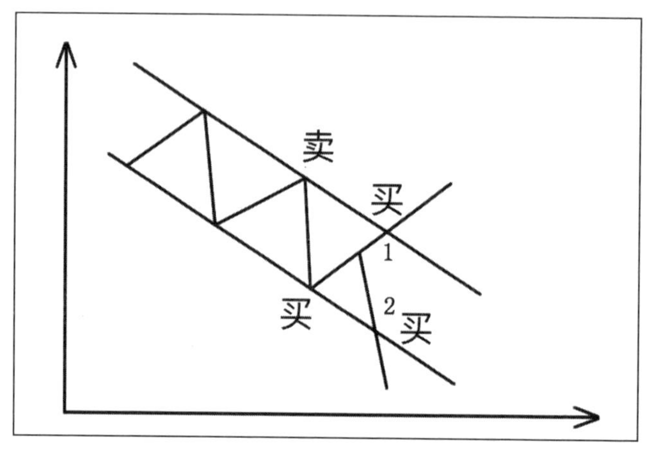

图 2.1.6

第二节　K 线的画法

一、K 线的画法

K 线又称为日本线，据说起源于 200 年前的日本。当时日本没有股票市场，K 线只是用于米市交易，K 线派就是专门以研究 K 线的形状和组合为基础的。

K 线是柱状的线条，由影线和实体组成。影线在实体上方的部分叫上影线，下方的部分叫下影线。实体分阴线和阳线两种，又称红（阳）线和黑（阴）线，如图 2.2.1 和图 2.2.2 所示。

一条 K 线记录的是某一只股票或指数一天的价格变动情况。将每天的 K 线按时间顺序排列，就组成这只股票自上市以来每天的价格变动情况，

这就叫作日 K 线图。

价格的变动主要体现在四个价格上，即开盘价、最高价、最低价和收盘价。

同开盘价一样，最高、最低价也容易受到庄家大户的故意做市，造出一个脱离实际的最高价和最低价。

图中，中间的矩形长条叫实体，向上、下伸出的两条细线叫上、下影线。如果开盘价高于收盘价，则实体为阴线或黑线，如图 2.2.2。反之，收盘价高于开盘价，则实体为阳线或红线，如图 2.2.1。

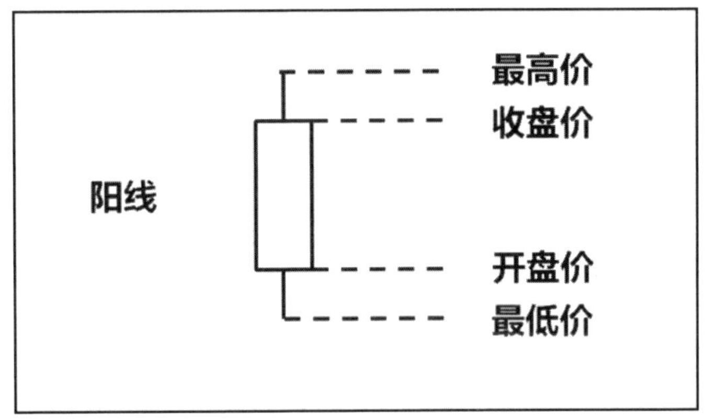

图 2.2.1

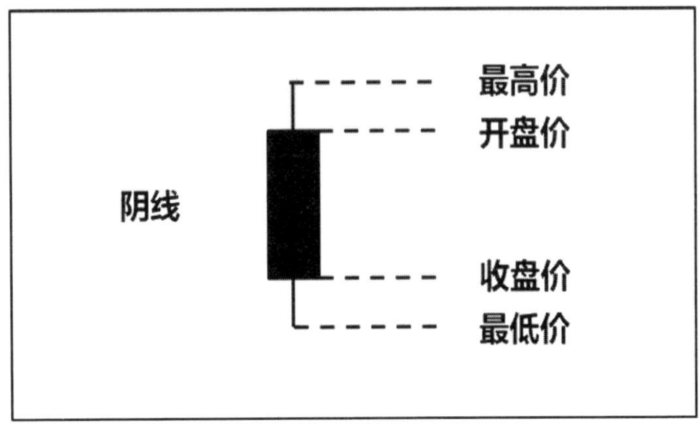

图 2.2.2

K 线概括起来，有下面六种：

1. 光头阳线和光头阴线。这是没有上影线的 K 线，当收盘价或开盘价正好同最高价相等时，就会出现这种 K 线，如图 2.2.3 所示：

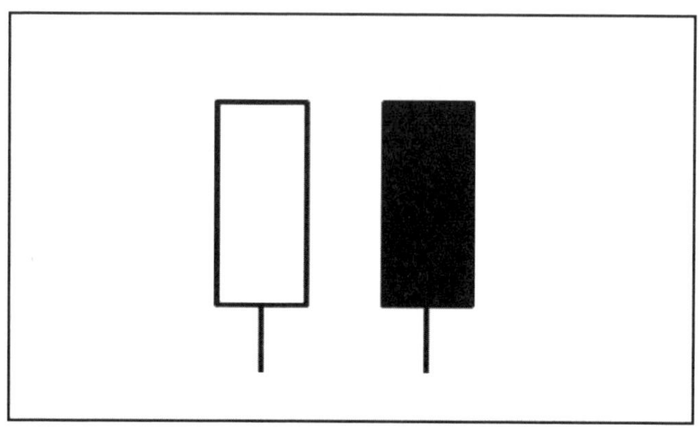

图 2.2.3

2. 光脚阳线和光脚阴线。这是没有下影线的 K 线，当收盘价或开盘价正好同最低价相等，就会出现这种 K 线，如图 2.2.4 所示：

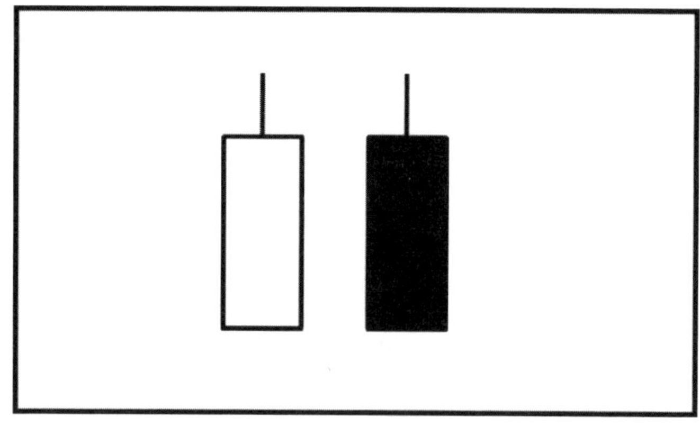

图 2.2.4

3. 光头光脚的阳线和阴线。这种 K 线既没有上影线又没有下影线，当开盘价和收盘价分别与最高价和最低价相等时，就会出现这种 K 线，如图 2.2.5 所示：

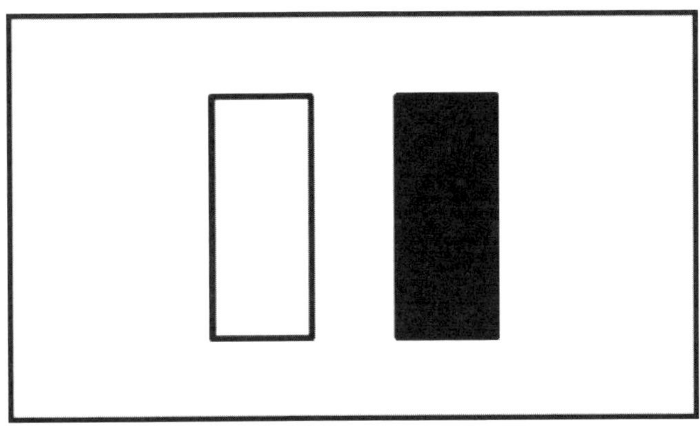

图 2.2.5

4. 十字星。当收盘价与开盘价相同时，就会出现这种 K 线，它的特点是没有实体，如图 2.2.6 所示：

图 2.2.6

5.T 字型和倒 T 字型。在十字星的基础上，如果再加上光头或光脚的条件，就会出现这种 K 线。它没有实体，而且没有上影线或者没有下影线，形状像英文字母 T，如图 2.2.7 所示：

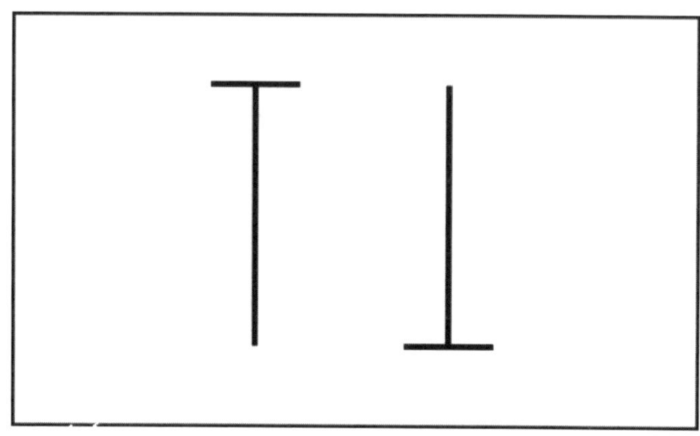

图 2.2.7

6. 一字型。四个价格都一样，在开盘即封时，在涨停或跌停时，才会遇到这种情况，如图 2.2.8 所示：

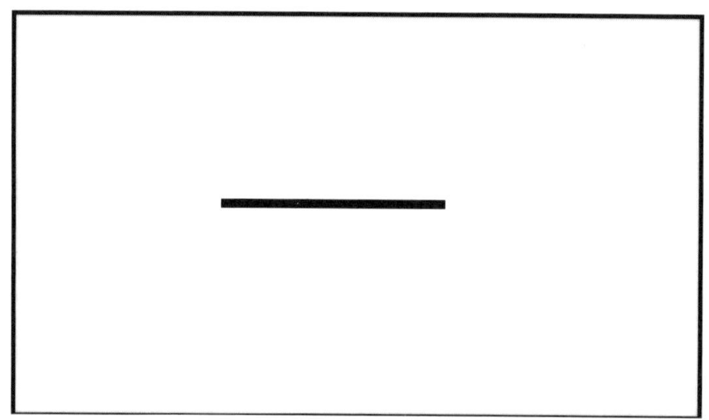

图 2.2.8

二、K 线的变化

1. K 线三要素

（1）阴阳代表总体趋势；

（2）长短代表内在动力和趋势强弱；

（3）影线代表转折信号。

2. K线间的相互关系

（1）光头光脚长阳线，是强烈上升过程的最高形式，即后市看好的极端；

（2）光头光脚的长阴线，是强烈下跌过程的最高形式，即后市看坏的极端；

（3）十字星是多空双方平衡状态的最高形式。

3.K线长短相互关系

K线长短代表内在动力大小，其中，实体长度又可代表趋势强弱。

4. K线长度加大会有三种变化

（1）K线由小阳线、中阳线到长阳线不断加长，说明多方力量变得越来越强；

（2）K线由小阴线、中阴线到长阴线不断加长，说明空方力量变得越来越强；

（3）K线实体变化不大，上影线和下影线越来越长，说明市场内在动力越来越强，多空搏斗越来越激烈。

5. K线长度变化与动力转化图（图2.2.9）

影线长短相互关系

影线越长代表转折信号越强烈，一般以两倍于实体以上的上影线代表强烈见顶信号，以两倍于实体以上的下影线代表强烈见底信号。影线越短

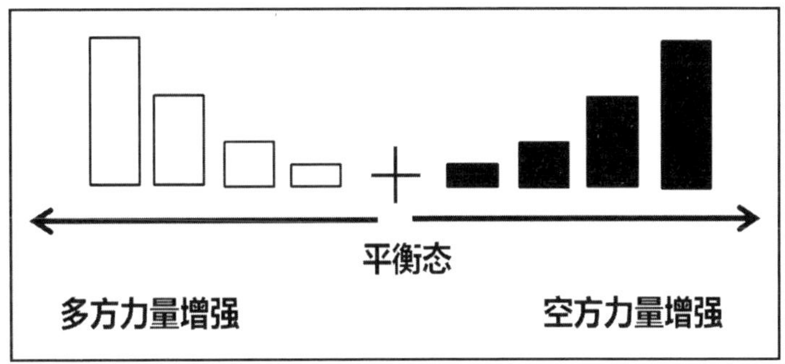

图2.2.9

转折的可能越小。在同一条K线的上下影线中，应该重点参考较长的那条影线，它代表主要的转折方向。

影线长短的变化，也是一个渐变过程，由长上影线到短上影线，再由短下影线到长下影线，表示由强烈见顶信号到弱信号再到强烈见底信号的过程。

影线长短关系与动力转化见图2.2.10：

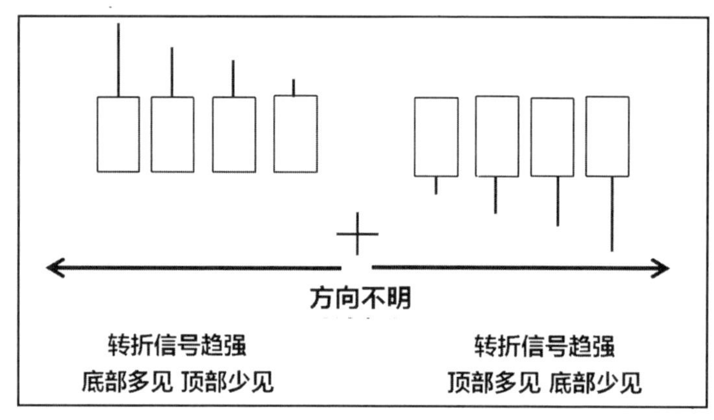

图2.2.10

6. K线分析的应用时机

若阳线出现在盘整或股价下跌趋势末期时，代表股价可能会开始反转向上。

若阴线出现在盘整或股价上涨趋势末期时，代表股价可能会开始反转向下。

若阴线出现在盘整或股价上涨趋势末期时，代表股价可能会开始反转向下。

出现极长下影线时，表示买方支撑力较强。因此若此种K线出现在股价下跌趋势末期，再配合大成交量，表示股价可能反弹回升；若此种K线出现在股价上涨趋势末期或高档盘整期，再配合大成交量，表示主力大户可能盘中卖，盘尾拉，应注意卖出时机。

出现极长上影线时，表示卖压大。因此若此种K线出现在股价上涨趋势末期，再配合大成交量，表示股价可能一时难以突破，将陷入盘整，甚至回跌。

十字线可视为反转信号，若此种K线出现在股价高档时，且次日收盘价低于当日收盘价，表示卖方力道较强，股价可能回跌；若此种K线出现在股价低档时，且次日收盘价高于当日收盘价，表示买方力道较强，股价可能上扬。

应用时的注意事项：

因为K线仅就股票价格观察，所以应用时，应配合成交量观察买方与卖方强弱状况，找出股价支撑与压力区。

每日开盘与收盘价易受主力大户影响，因此也可参考周K线图，以每周初开盘、每周末收盘、每周最高价、每周最低价绘制。因为主力大户较难全盘影响一周走势。

三、等比 K 线

等比 K 线是普通 K 线的一种变异图形，它与普通 K 线的区别主要表现在纵坐标上，普通 K 线纵坐标是等距坐标（反映变化量），而等比 K 线的纵坐标是等比例坐标（反映变化比）。

举例说明：100 点上涨 10 个点与 1000 点上涨 10 个点，在普通 K 线上反映是等长的，但股民的盈利率是不同的。100 点上涨 10 个点，涨幅是 10%，1000 点上涨 10 个点，涨幅是 1%，那么如何将盈利率用 K 线表现出来呢？那就是使用等比 K 线，也就是说 100 点上涨 10 个点与 1000 点上涨 100 个点其 K 线实体是等长的。

实战案例分析如下：

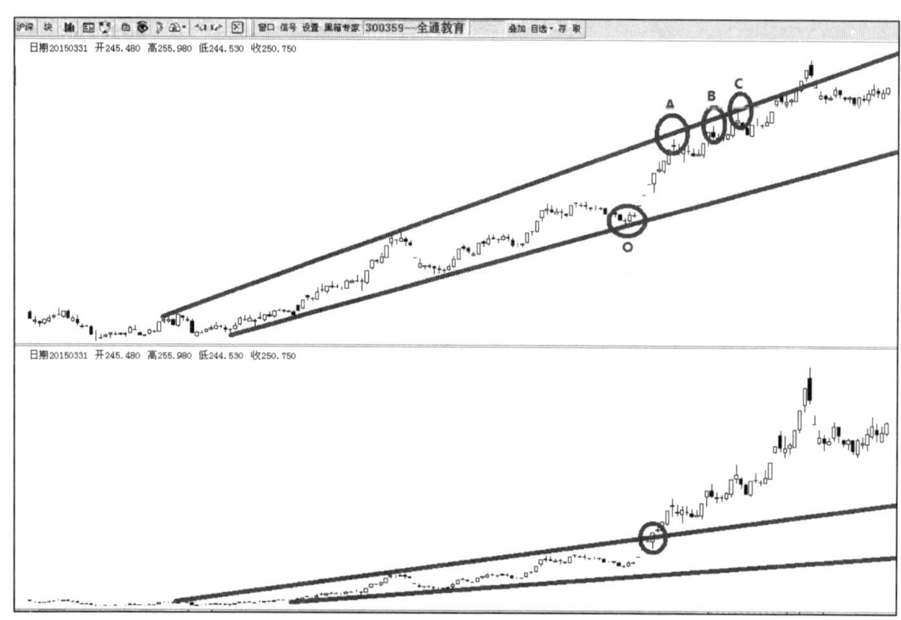

图 2.2.11（本图来自于弘历软件）

图 2.2.11 为 300359 全通教育 2014 年 4 月 23 日至 2015 年 4 月 1 日的走势图，上方为等比 K 线，下方为普通 K 线；从图中我们能清晰地看出其不同之处，等比 K 线给我们明确指出 O、A、B、C 四个区域的支撑与压力位，而下图普通 K 线却无法很明确指出支撑与压力位。

等比 K 线的优点：准确反映盈利比率，摆脱点位与价格对股民思维的约束，能更准确地反映趋势的变化。

四、等速 K 线

等速 K 线是通过对实际股价进行开方运算，以开方后的价格定义价格坐标轴，并等比例显示 K 线实体大小的 K 线图表。

等速 K 线是 K 线分析的又一次革命，它在平方根 K 线的基础上结合了等比 K 线的优势，更加科学、更加真实地体现了股价波动的规律。

举例说明：一只股票从高点 100 元，下跌到了 81 元后开始反弹一波，

之后又下跌到64元才止跌回升。从表面的价格上看，好像看不出什么规律，但是将其价格开平方根后，不难发现实际上是其平方根后的价格10.9.8以价格差为1等速下跌的。

实战案例解析如下：

1. 等速K线内在波动测算。A. 重要低点加1，测算上涨目标位；B. 重要高点减1，测算下跌目标位。

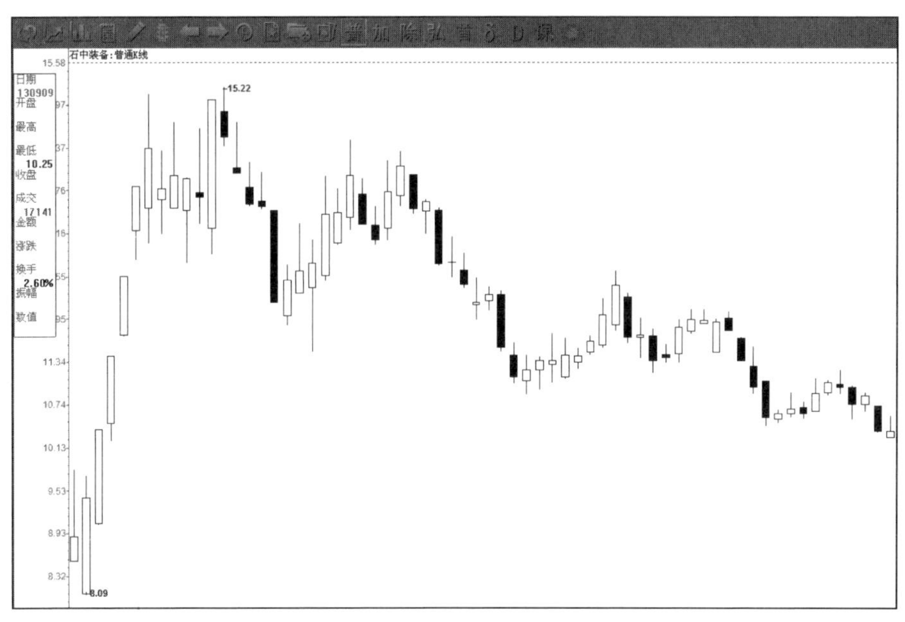

图 2.2.12（本图来自于弘历软件）

图中，上涨目标位 $=\sqrt{8.09}+1=3.84$，还原实际股价为 $3.84\times3.84=14.78$ 元，实际股价运行到此，价格区域出现滞涨现象。

2. 等速K线箱体动测算。确定初始波段的箱体空间，第一目标位 = 第一箱体下沿减一个箱体差价，第二目标位 = 第二箱体下沿减两个箱体差价。

等速K线的优点：等速K线伴随着股价的运行始终保持匀速，能很好地将较高价格的股票走势和低价坐标的比例关系真实反映出来。所以

等速K线比较能真实地反映价格的走势，尤其是有利于作图，更加有利于画趋势线。

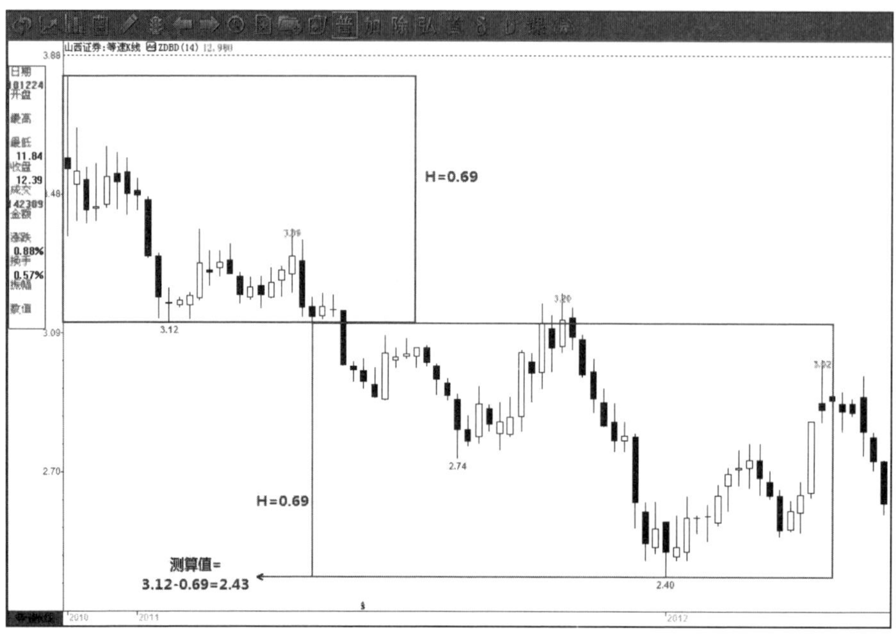

图 2.2.13（本图来自于弘历软件）

第三章

单根 K 线及用法

第一节 长白实体与长黑实体

K线派就是专门以研究K线形状和组合为基础的，学习K线要由简到繁、由认识单根K线的意义再到了解多根K线的组合。让我们先来认识一下单根K线的不同类别及意义。

一旦行情向下修正，会在这个长白实体的中点或蜡烛图底部（下影线的下端）获得支撑。根据个人经验，涨势中的实体构成支撑，在下跌市场中，长白实体也有支撑功能。在一根长白实体之后，价格很容易出现回抽。因为价格需要跌去部分涨幅，以缓解超买状态。a. 高价区的长黑实体。低价区的长白实体，有可能是努力构筑底部的信号；同理，高价区如果出现长度明显大于先前数根蜡烛线的长黑实体，则有可能是顶部信号。长黑实体表明空头已经取得盘面的控制权。先前的涨幅越大，超买的情况越严重，这根长黑实体作为谨慎信号的可靠性就越强。b. 长黑实体构成阻力。如果市场以一根长黑实体形态由阻力位急剧下跌，可以确认该阻力位的有效性。如果市场以一根长黑实体的方式突破支撑，表明了该突破的严重性。长黑实体本身构成了阻力。后续走势可能受阻于这根长黑实体的顶部。

第二节　开盘价与昨天的关系

如果开盘价在前一根阳线实体中点以下，行情呈空头态势。反之，如果开盘价在前一根阴线实体的中点以上，可视为一个积极信号。对于比较激进、偏好风险的交易者来说，这是相当有用的概念。因为可以根据开盘价决定买卖，而不需等待收盘价。这个技巧在股票市场中的适用性超过期货市场。

第三节　纺锤线

判断一根 K 线是否为纺锤线，取决于实体部分是否很短。纺锤线警告我们：市场正在丧失动能。如果纺锤线出现在新高点或其附近，尤其是在急升之后，有可能代表上涨动能不济，先前的涨势有可能停滞于此，投资者需要谨慎。我们可以通过纺锤线与成交量结合起来，看市场所发出的语言：纺锤线出现在低价区同时成交量放大，说明有人在积聚筹码；纺锤线出现在高价区同时成交量放大，说明有人在派发筹码。因为积聚一般发生在低价区，成交量放大而价格呆滞；派发一般发生在高价区，成交量放大而价格呆滞。

第四节　锤子线和上吊线

形状相同的蜡烛线有时是看涨的，有时是看跌的。这取决于它在市场趋势中所处的位置。在这个问题上，东西方的思路如出一辙。比如，西方技术分析理论中有个岛形顶和岛形底的概念，也是一样，形态相同，就看其在市场中所处的位置。接下来我们用三个标准来识别锤子线和上吊线：1. 实体处于整个价格区间的上端，而实体本身的颜色是无所谓的（当然，上吊线的话，黑色实体看跌的意味更浓；锤子线的话，白色实体看涨的意味更浓）；2. 下影线的长度至少达到实体高度的 2 倍（当然，在某些市场条件下，也不是非得达到 2 倍以上）；3. 应当没有上影线，即使有也是极短的。一般来说，下影线越长，上影线越短，实体越小，这类蜡烛线就越有意义。还有一点非常重要，当上吊线出现时，一定要等待其他看跌信号的证实。上吊线的实体与上吊线次日的开盘价之间向下的缺口越大，则上吊线越有可能构成市场的顶部。或者在上吊线之后，如果市场形成了一条黑色的实体（阴线），并且它的收盘价低于上吊线的收盘价，这也是对上吊线成立的一种佐证。

第五节　上插线和弹簧线

价格上插，突破阻力位上方，收盘价又缩回到阻力位下方，这便形成了上插线。这是一种空头态势。价格从被穿破的支撑位下方弹回上方，便是弹簧线。当然这就是一种多头态势，如图 3.5.1 和图 3.5.2 所示。

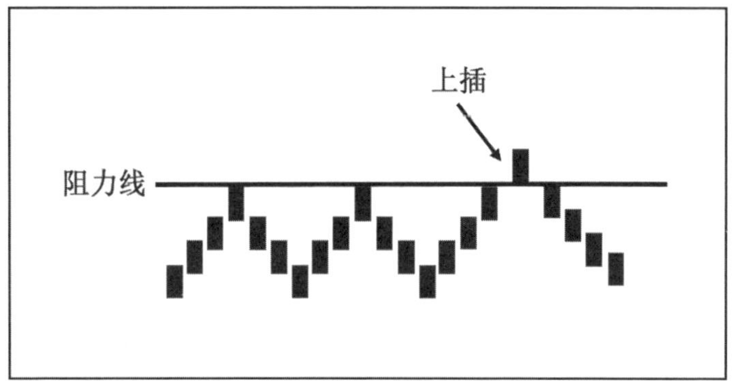

图 3.5.1

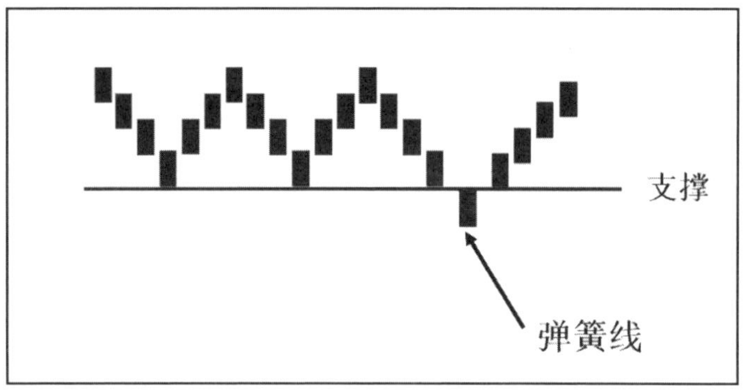

图 3.5.2

第六节　十字星技术

确认十字星的关键是，整个交易时段的开盘价和收盘价相等（或几乎相等）。交易者应该将其视为市场处于过渡状态的一个信号，而不是直接将它认定为反转蜡烛形态。因此，十字星出现以后，交易者应该再等一两个交易时段，等待行情变化的明朗化。

十字星技术有个非常关键的地方，就是要考察这个十字星在趋势中的位置。一般来说，如果十字星发生在上升或下降趋势的成熟阶段，则较有可能

是变盘的征兆；如果十字星出现，当时的行情处于横盘之中，十字星既不代表走熊，也不代表走牛。只表示市场正处于犹豫不决的状态。如图 3.6.1。

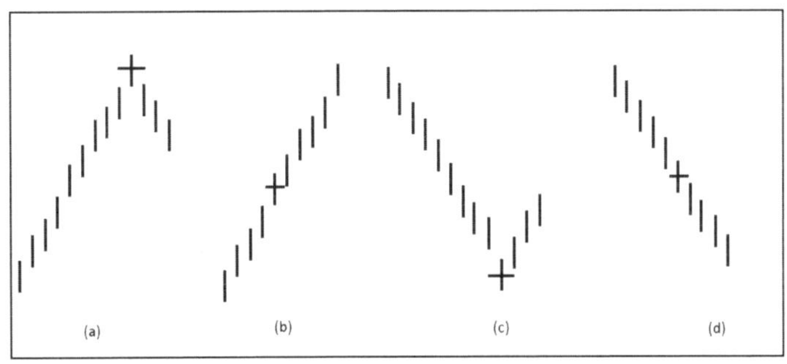

图 3.6.1

在急升之后或超买状态中出现的十字星有可能是见顶信号；如果十字星出现于行情上升之初，其构成顶部的机会就要小一点；十字星出现在大跌之后，就可能是行情见底的信号；如果市场刚开始下跌，出现十字星，行情可能继续下跌。所以，市场的超买或超卖情况越严重，十字星作为可能的反转信号的重要性就越大。

明确的上升趋势形成后，出现一个大阳线，之后出现了一个十字星，无论其位置在大阳线实体之上，还是包在实体之中，我们都要开始警惕了，这是多头上升动力不足的征兆。

如果在一段下跌行情后，出现十字星，而交易者急于买进去了，那么止损位便是十字星的低点（下影线的下端）下方。

十字星可能构成阻力。见图 3.6.2。十字星的顶端（上影线的顶端）经常意味着阻力。但是，如果十字星的顶点在此后被超越，则意味着上升趋势还将继续。如，墓碑十字星，从名字就知道不祥。它是开盘价，收盘价和最低价相等的特殊十字星。在整个交易时段买进的交易者，会“死得很惨”，变成“冤魂”。

备注：定义十字星的时候，开盘价和收盘价接近也可以近似定义

为十字星。那我怎么能够确定我所看到的这个家伙他与标准十字星具有同样的意义呢？这就要与最近几个交易日的价格变动做一个比较。如果有许多根很小的蜡烛线，那么几乎十字星的这个家伙就没有什么特殊意义了。

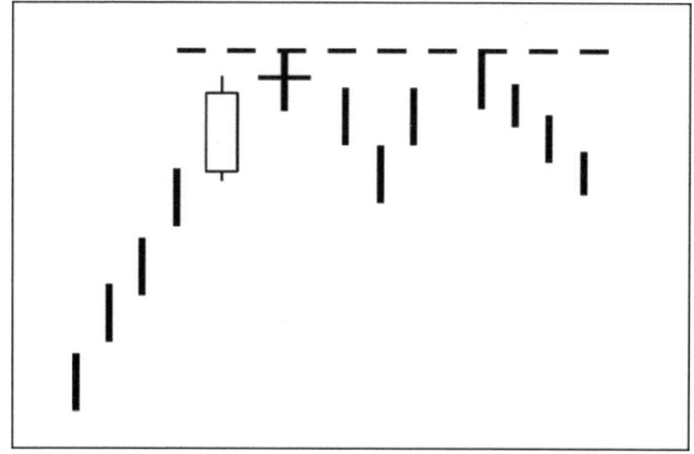

图 3.6.2

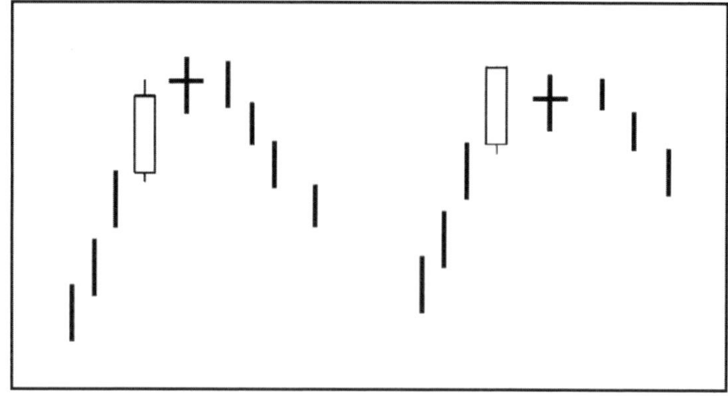

图 3.6.3

第七节 十字线

在一根完美的十字线上，开盘价与收盘价处于同一水平，不过这个标准也有一定的灵活性。这里需要指出的要点是，只有在一个市场不经常出现十字线的条件下，十字线才具有重要意义。如果在某张蜡烛图上有许多十字线，再出现一个新的十字线，我们就不应当将它视为一条有意义的技术线索。这一点正好解释了为什么在蜡烛图技术分析中，通常不采用时间短于30分钟的日内图表。在时间单位短于30分钟的日内图表上，许多蜡烛线都变成了十字线，或者变成了近似的十字线。

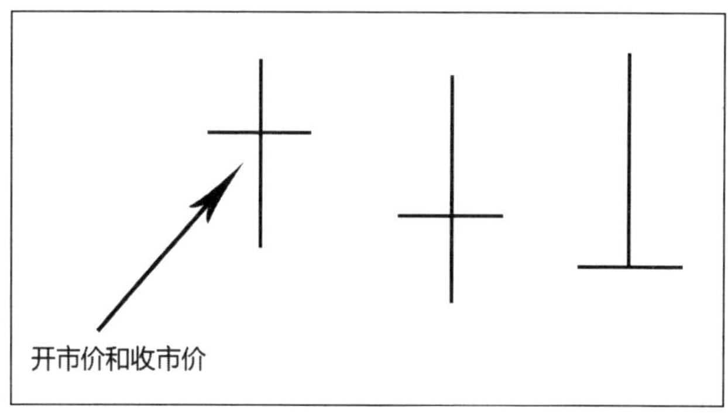

图3.7.1

备注：我们经常把十字线称为“趋势破坏者”。

第八节 长腿十字线和黄包车夫十字线

长腿十字线有很长的上、下影线（见图 3.8.1）。鲜明地表露出市场举棋不定的心理状态。多空双方在该交易时段旗鼓相当，斗争异常激烈。如果长腿十字线的开盘价与收盘价正好处于全时段价格范围的中点，那么这种蜡烛线就被称为黄包车夫十字线。长腿十字线发生在上涨行情之后，就构成了一个重大的危险信号。反映出市场已经失去了方向感，显得疲惫不堪了。看着长腿十字线挂在市场的上方，我们还可以戏称之为“下跌吊灯形态”。谈到长腿十字线，让我们回想一下以前讲过的一个形态——高浪线。它也具有长长的上影线和下影线，只是不同的是，它有实体，较小而已。高浪线也构成了一种反转形态，在有些文献中，也将此形态称为螺旋桨或者风大浪高线。

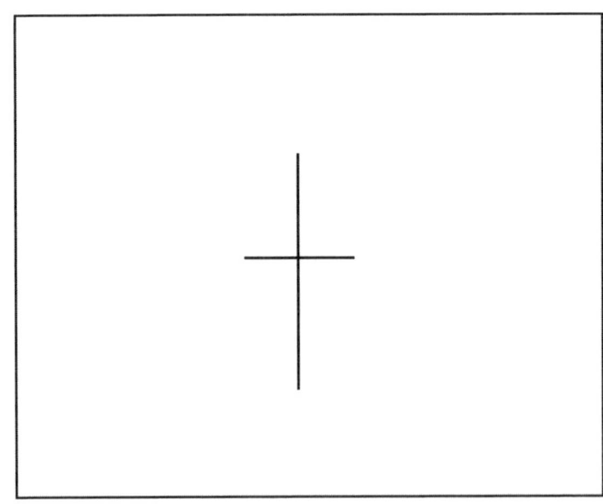

图 3.8.1

备注一：对于日本分析师来说，非常长的上影线或下影线的形成，就表示市场“失去了方向感”。

备注二：纠正一误点：“长腿十字线有很长的上，下影线”应该为“长腿十字线有很长的上影线或下影线”。

第九节　墓碑十字线和蜻蜓十字线

在某根蜡烛线上，当开盘价与收盘价位于整个时段的最低点时，就形成了一根墓碑十字线（见图 3.9.1）。正如其名字所预示的那样，市场为多方或者空方立下了墓碑，打算埋葬它们。虽然这种形态也会出现在市场的底部，但是，它最突出的长处是在于昭示市场顶部方面。位于上涨行情之后的墓碑十字线具有疲软的意义。该形态的上影线越长，所处的价格水平越高，那么这根墓碑十字线的技术意义就越疲弱。

接下来我们再来看一下蜻蜓十字线，因其长得和蜻蜓形状差不多，故而得名。蜻蜓十字线是墓碑十字线的镜像（见右图），在市场的底部和顶部都可能出现。它的出现也将意味着市场趋势将发生转折，得注意了。

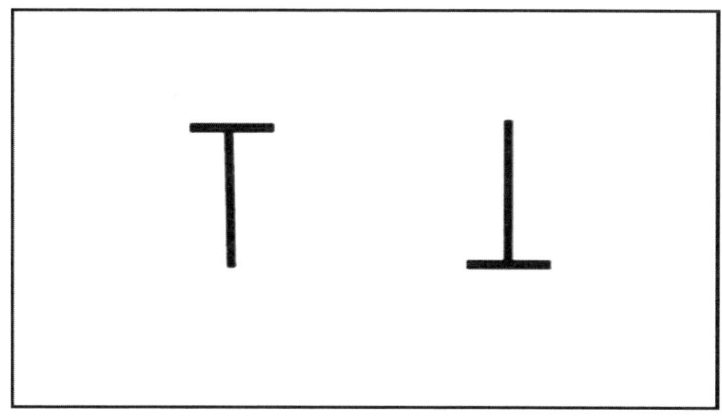

图 3.9.1

备注：其实墓碑十字线就是变体的流星线，因其没有实体，所以，墓碑十字线比流星形态更为疲软；而蜻蜓十字线则是变体的上吊线（或锤子线），该形态的长下影线也称为“探水竿”，在商场下降趋势中出现探水竿线，意味着下跌的结束，牛市的开始。

第十节　出现在市场顶部的十字线

十字线之所以极有价值，是因为它在揭示市场顶部方面有过人之长。在上升趋势中，如果前面出现一根长长的白色蜡烛线，之后跟着一根十字线，这种情况尤其值得注意。为什么十字线出现在上升趋势中具有负面意义呢？这是因为十字线代表着市场处于犹豫不决的心理状态。在上升趋势中，如果买方犹豫不决，看不准市场方向，或者不能当机立断，那么当前的上升趋势是维持不下去的。只有在买方立场坚定的条件下，上涨行情才能得到有力的支撑。另一方面，虽然十字线在引发市场顶部反转方面相当有效，但是根据我们的经验来看，在下降趋势中，十字线往往丧失了发挥反转作用的潜力。因为市场很可能因为自身的重力而下坠。所以，十字线在构筑底部反转信号时，比作为顶部反转信号需要更多的佐证。我们见图3.10.1，十字线1和十字线3在揭示顶部反转过程中，是何等重要。而当趋势转为向下时，市场接连出现了十字线4，十字线5，但是市场依旧继续下跌。只有十字线6出现后，市场才发生了反转。

备注：如果在十字线之后，出现了其他验证信号，就提高了预测趋势反转的成功机会。

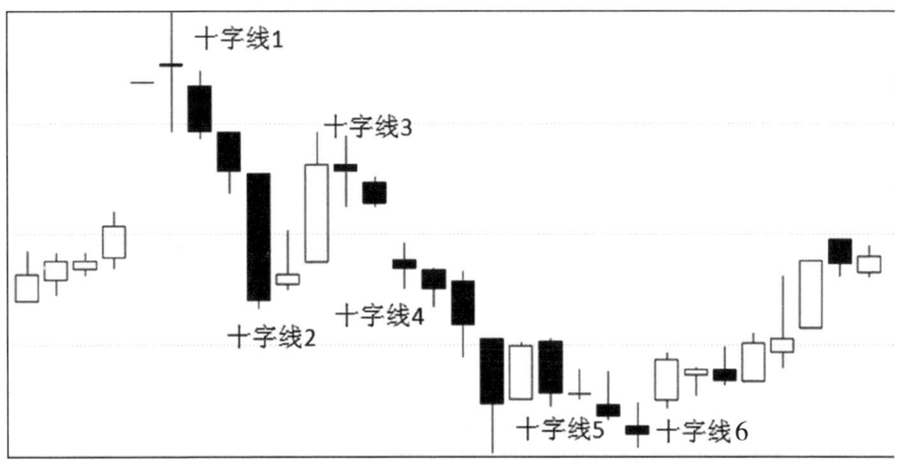

图 3.10.1（本图来自于弘历软件）

第十一节　长白实体后的十字线

当十字线出现在一根长长的白色蜡烛线之后，特别是在十字线发生在长期的上升趋势之后的情况下，常常构成了一个顶部降临的预警信号。还有一点，就是十字线有时候可能转化为一个支撑区或一个阻挡区，特别是当它出现在重要的市场顶部和底部的时候，尤其如此。

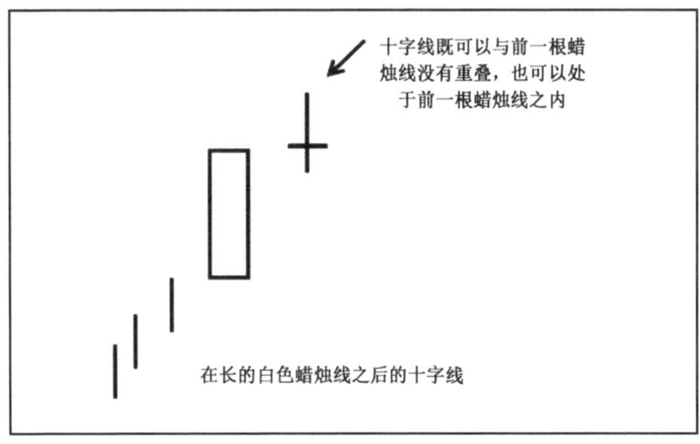

图 3.11.1

第十二节 流星线

流星线的上影线很长，实体很小且接近蜡烛线的低点，实体可黑可白。如果说锤头线的长下影线是个看多信号。那么流星线的长上影线就是个看空信号（上影线很长代表市场拒绝接受新高价格）。就像锤头线必须出现在下降走势之后，流星线必须发生在明确的上升走势之后。还有一点，流星线很容易形成上插线，一旦形成，看空意味更浓。

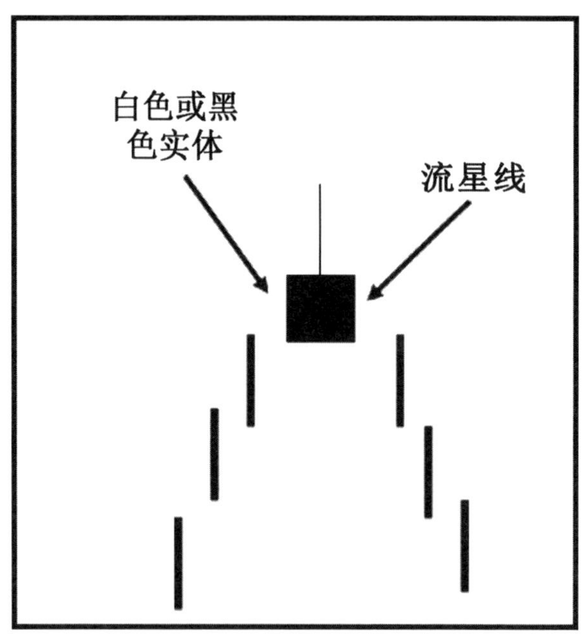

图 3.12.1

第十三节　高浪线

高浪线，俗称“螺旋桨”。上影线和下影线都很长的K线，代表多空对峙的状态。如果在一段上升趋势或下降趋势后出现高浪线，表明市场已经失去方向感，如此则先前的趋势可能岌岌可危。还有我们把上影线和下影线很长的十字星称作：“高浪十字星”或“长腿十字星”。

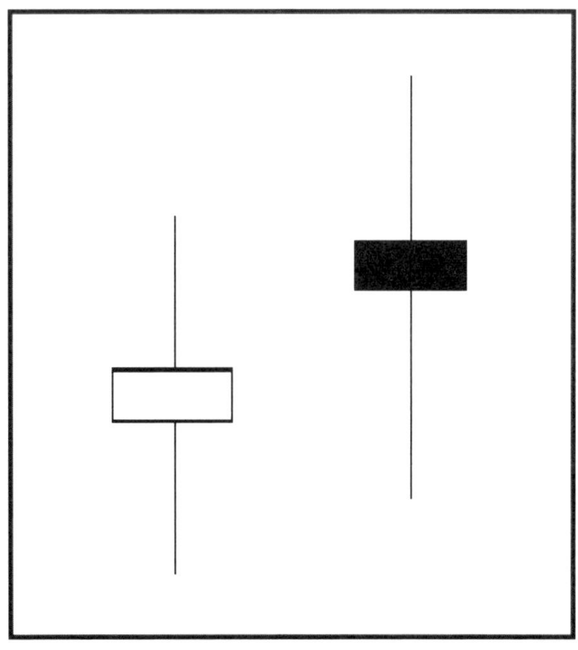

图 3.13.1

第十四节　上下影线

在蜡烛图中，实体被认为是最重要的部分，但是上下影线的位置与长度也会透露大量信息。一根长长的上影线，若发生在高价区、阻力区或超买区，就必须引起重视，因为这种蜡烛图暗示，在该高价区域卖盘沉重或买盘不断"蒸发"。不论哪种情况，长长的上影线有可能是走熊的一个征兆。反之，长长的下影线，如果出现在支撑区或超卖市道中，也有可能是一个重要的信号，表示空头正在丧失控制权。例如图 3.14.1，美都能源（600175）2014 年 10 月 10 日在高位出现了一根高浪十字星，打开了之后下降趋势的大门。

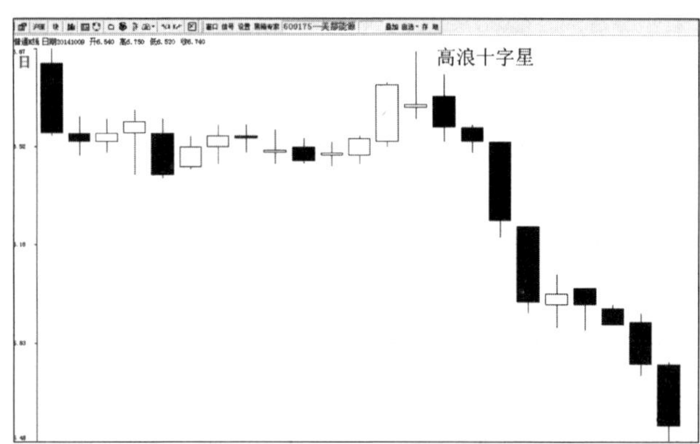

图 3.14.1（本图来源于弘历软件）

备注一：有长长上影线或者下影线或者同时都有的 K 线形态有哪些？

备注二：一般来说，底部越宽，上升平台便越稳固。

备注三：上下影线的长度往往可以传达多空各自的弹性。在反弹中出现了一根上影线很长的 K 线，显示空方有能力重新掌控市场。同理，在一

波下跌中，一根长长的下影线能很直观地表明：某个交易时段中尽管创出了新低，但多方有能力让市场上行。

第十五节 反冲形态

反冲形态（见图 3.15.1），左边是看涨反冲形态，由一根黑色秃蜡烛线和一根白色秃蜡烛线组成。两蜡烛线之间形成了向上跳空缺口；右边是看跌反冲形态。它由一根白色秃蜡烛线和一根黑色秃蜡烛线组成，之间形成向下跳空缺口。日本人认为该形态中不必理会原有的市场趋势，实体部分较长的蜡烛线预示着未来市场发展的方向。

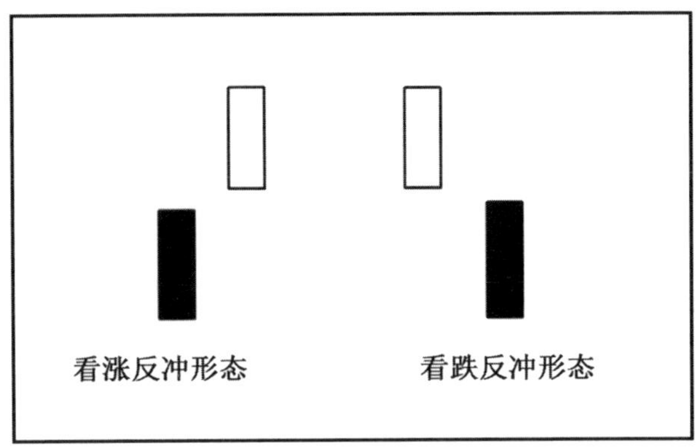

图 3.15.1

第十六节 分手线形态

分手线形态与反冲形态有些相似，反冲形态虽说之前的趋势方向对其重要性不大，然而我们还是把它归为了反转形态。而分手线形态则是货真

价实的持续型形态的一种。分手线形态与反冲形态的主要区别是：在分手线形态中，两根蜡烛线的开盘价相同；而在反冲形态中，两根蜡烛线之间形成了价格跳空。在市场的上涨过程中，如果出现了一个黑色实体（尤其是出现相对较长的黑色实体时），对于持有多头的市场参与者来说，可能成为一块心病。他们满腹狐疑，“熊方或许正在争得主动权？”无论如何，如果第二天开盘时市场向上跳空，开在了前一天阴线的开盘价的水平，就可以说明熊方已经失去了对市场的控制，若当天价格进一步向上运行收盘于较高的水平，从而形成一根白色蜡烛线。那么就说明牛方已经重新执掌了大权，先前的上涨行情将继续发展。还有一点，第二天的白色蜡烛线最好是一根看涨捉腰带线（即，其开盘价位于当日的最低点）。我们见下图，左边即为看涨分手线形态，右边为看跌分手线形态。看跌分手线形态与看涨分手线形态完全对应，只是方向相反而已。

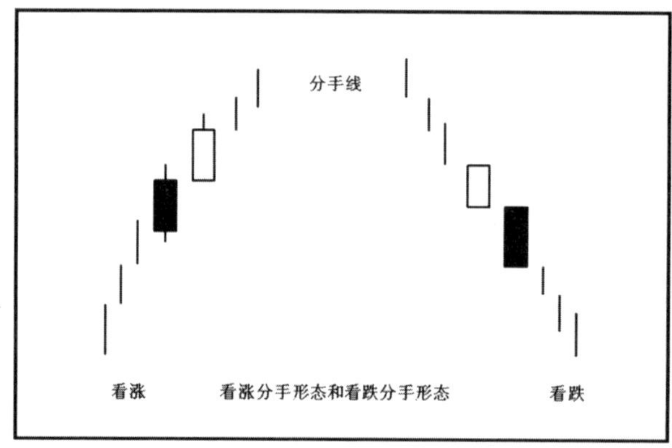

图 3.16.1

备注：之前讲过一个约会线形态。那是一个反转形态。而分手线形态则是一个持续形态。它们的主要区别是：约会线形态的两根蜡烛线颜色相反，有相同的收盘价；而分手线形态的两根蜡烛线颜色也相反，只是有相同的开盘价。

第四章
双根 K 线及用法

第一节　双 K 线基本分析

两根 K 线的组合情况非常多，要考虑两根 K 线的阴阳、高低、上下影线，一句话，两根 K 线能够组成的组合数不胜数。但是，K 线组合中，有些组合的含义是可以通过别的组合含义推测出来的。我们只需掌握几种特定的组合形态，然后举一反三，就可得知别的组合的含义。

（1）如图 4.1.1，这是多空双方的一方已经取得决定性胜利，牢牢地掌握了主动权，今后将以取胜的一方为主要运动方向。左图是多方获胜，右图是空方获胜。第二根 K 线实体越长，超出前一根 K 线越多，则取胜一方的优势就越大。

（2）图 4.1.2，左图一根阴线之后又一根跳空阴线，表明空方全面进攻已经开始。如果出现在高价附近，则下跌将开始，多方无力反抗，若在长期下跌行情的尾端出现，则说明这是最后一跌，是逐步建仓的时候了。第二根阴线的下影线越长，则多方反攻的信号更强烈。左图正好与右图相反。如果在长期上涨行情的尾端出现，是最后一涨，第二根阳线的上影线

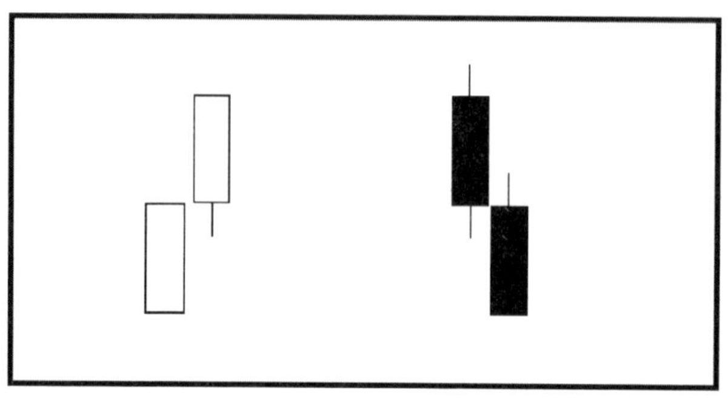

图 4.1.1

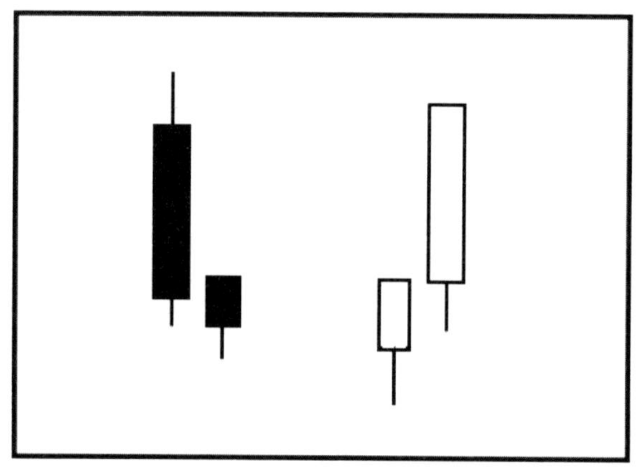

图 4.1.2

越长，越是要跌了。

（3）图 4.1.3，左图一阳线加上一根跳空的阴线，说明空方力量正在增强。若出现在高价位，说明空方有能力阻止股价继续上升。若出现在上涨途中，说明空方的力量还是不够，多方将进一步创新高。

右图与左图完全相反。多空双方中多方在低价位取得了一定优势，改变了前一天的空方优势的局面。

（4）图 4.1.4，左图连续两根阳线，第二根的收盘不比第一根低。说明多方力量有限，股价掉头向下的可能性大。

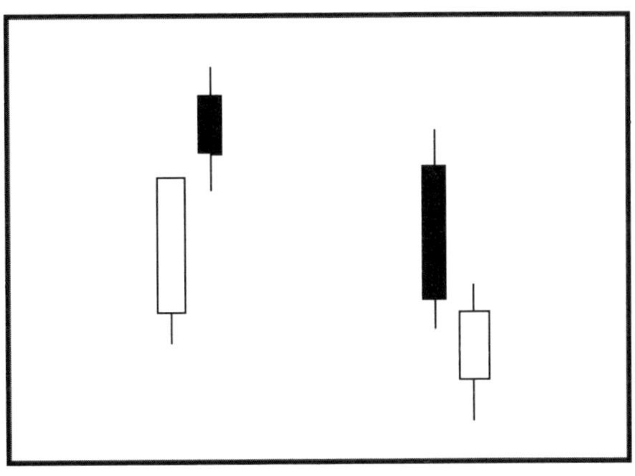

图 4.1.3

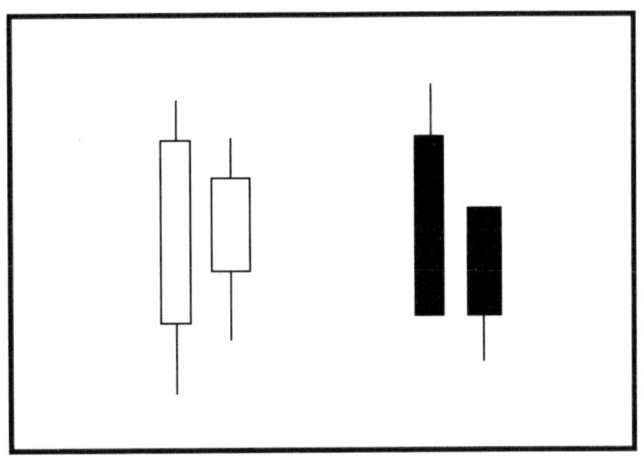

图 4.1.4

（5）右图与左图正好相反。是多方出现转机，股价可能将向上反弹一下。两种情况中上下影线的长度直接反映了多空双方力量的大小程度。

（6）图 4.1.5，左图一根阳线被一根阴线吞没，说明空方已经取得决定性胜利，多方将节节败退，寻找新的抵抗区域。右图与左图正好相反，是多方掌握主动的局面，空方即将瓦解。

（7）图 4.1.6，左图一根阴线吞没一根阳线，空方显示了力量和决心，但收效不大，多方没有伤元气，可以随时发动进攻。右图与左图刚好相反，

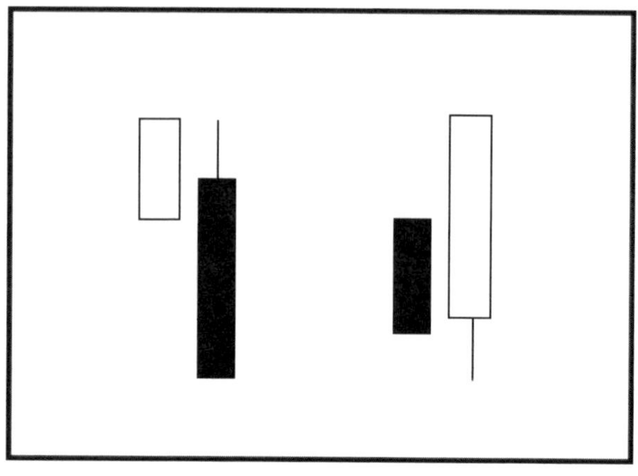

图 4.1.5

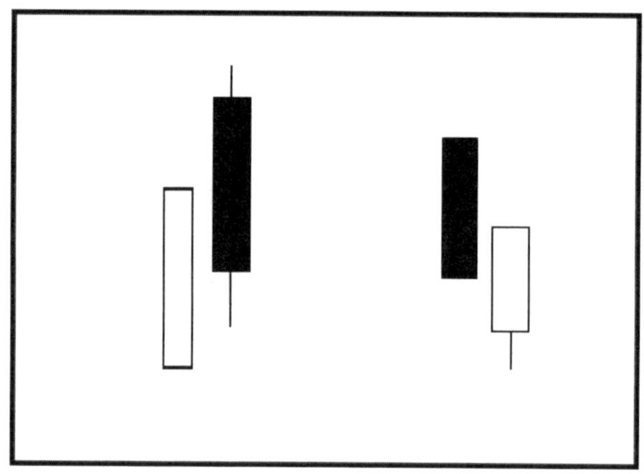

图 4.1.6

多方进攻了，但效果不大，空方还有相当实力。同样，第二根 K 线的上下影线的长度也是很重要的。

（8）图 4.1.7，左图为一根阴线后的小阳线，说明多方抵抗，但力量相当弱，很不起眼，空方将发起新一轮攻势。右图与左图正好相反，空方弱，多方将发起进攻，创新高。

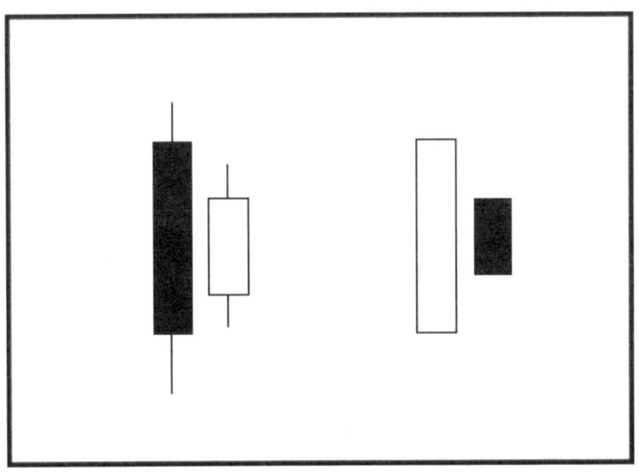

图 4.1.7

第二节　合成蜡烛线技术

合成蜡烛线技术，可以帮助判断某个形态的多空性质。其方法是将整个蜡烛线组合形态用一根蜡烛来表示，即把整个形态中的开盘价、最高价、最低价与收盘价绘制为单根蜡烛线。合成蜡烛的绘制分四个步骤：1. 取整个形态中第一个交易时段的开盘价作为合成蜡烛的开盘价；2. 取

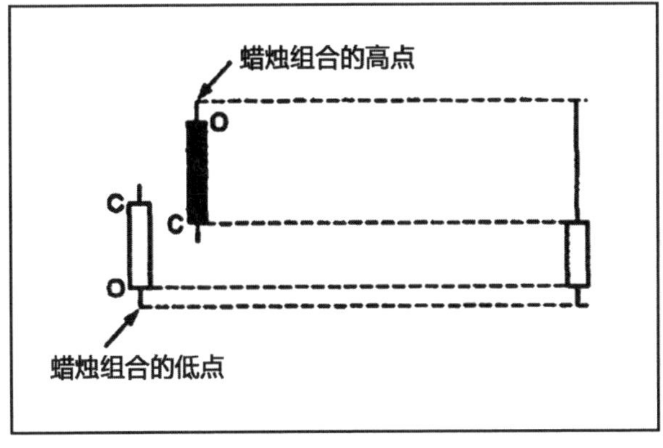

图 4.2.1

整个形态中的最高价作为合成蜡烛的最高价；3. 取整个形态中的最低价作为合成蜡烛的最低价；4. 取整个形态最后一个交易时段的收盘价作为合成蜡烛的收盘价。

第三节　乌云盖顶形态

乌云盖顶形态，如图 4.3.1，第一根蜡烛是强劲的长白实体，到了第二根，因为买盘力量尚存而惯性高开，但价格下行，收盘于第一个白色实体的中点以下。

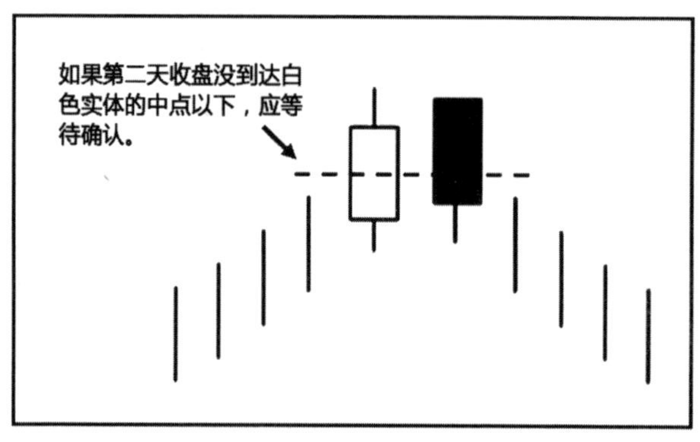

图 4.3.1

1. 乌云盖顶形态表示长白实体的上升动能被第二根黑色蜡烛线逐渐消耗。按日本人的说法，表示上涨概率很小。

2. 乌云盖顶形态经常成为后来的阻力位（见图 4.3.1）。但有一点，在任何技术分析中，行情总是会在某个时间点出现出人意料的变化，此时我们就必须调整判断。以乌云盖顶来说，如果此后行情的收盘价穿越该形态的高点，行情就可能继续上行（仍见图 4.3.1）以跳空的形式穿越，这里就能产生一个买点。还有一点，乌云盖顶也可以用来确认先前的阻力位。

3. 不标准的乌云盖顶形态（见图 4.3.2）。第一种变体是阴线的收盘价并未深入第一根阳线的实体中点以下。第二种变体是阴线的开盘价并未创昨日阳线新高，只是高于昨日阳线的收盘价。这两种变体自然就不如标准乌云盖顶形态的空头意味浓（阴线切入昨日阳线实体越深，反转信号越强烈；阴线开盘价高于昨日最高价比高于昨日收盘价产生的反转信号更强烈）。

图 4.3.2

4. 如果阴线的收盘价没有达到昨日阳线实体的中点以下。我们就要等待下一根 K 线能否走弱再来确认这个乌云盖顶形态是否成立。

5. 股票和商品期货市场对于乌云盖顶形态的研判会有些差异。股票市场上要稍微灵活一些，第二根蜡烛线的开盘价只需要高于第一根蜡烛线的收盘价而不是最高价，即可判定为乌云盖顶形态。

第四节　顶部穿头破脚和底部穿头破脚

穿头破脚是一种 K 线组合的名称。意即第二根 K 线将第一根 K 线从头到脚全部穿在里面了。穿头破脚有两种形态：顶部出现。而与之相类似的破脚穿头，则是在底部出现，呈相反形态。

一、顶部穿头破脚

口诀：

顶部穿头破脚，遇见快跑快跑。如若视而不见，套你没完没了。

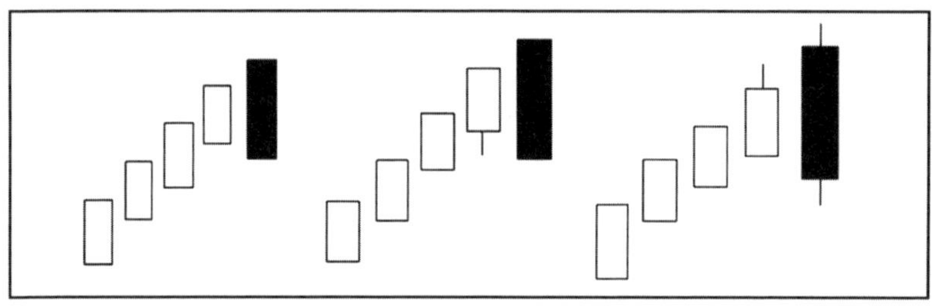

图 4.4.1

特征：

（1）在升势中出现。

（2）第二根 K 线，即阴线的长度必须足以吞吃掉第一根 K 线即阳线的全部（上、下影线不算）。

（3）在升势末段中出现穿头破脚，趋势逆转的可能性就越大。

技术含义：

提示股价强烈下调的信号，将由原来的升势转为跌势，可相对比底部

穿头破脚，此时空方急于抛盘，资金大量逃出。

如图 4.4.3 天津松江（600225），2014 年 12 月 8 日与 9 日连续的两根日 K 线构成阴吞阳形态，穿头破脚出现之后价格向下调整，空方力量强于多方，股价下跌。

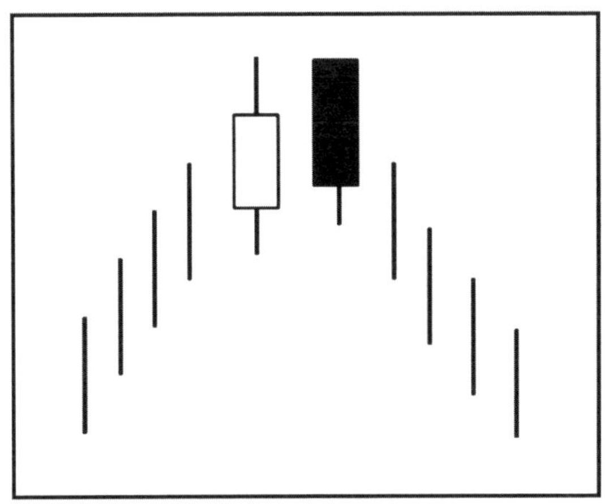

图 4.4.2

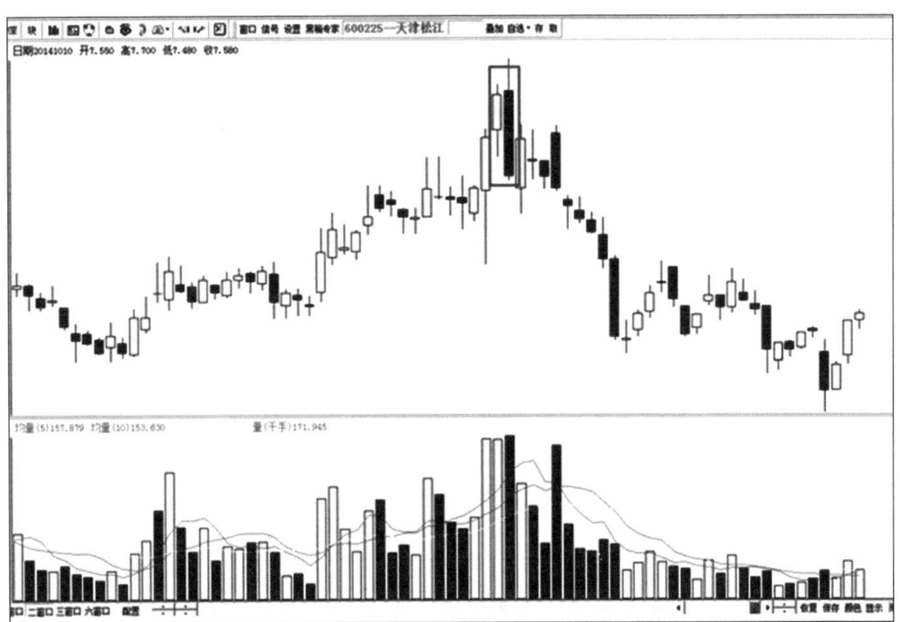

图 4.4.3

二、底部穿头破脚

口诀：

底部现穿头破脚，又见买入机会来。

底部见到锤头线，双底呼应又出现。

特征：

（1）在下跌趋势中出现。

（2）第二根 K 线，即阳线的长度必须足以吃掉第一根 K 线即阴线的全部（上下影线不算）。

技术含义：

提示股价强烈回升的信号。开盘空方因短期获利卖盘，多方见股价回落后急于求成，包吃了之前的上下影线，说明多方资金强大，空方无力。

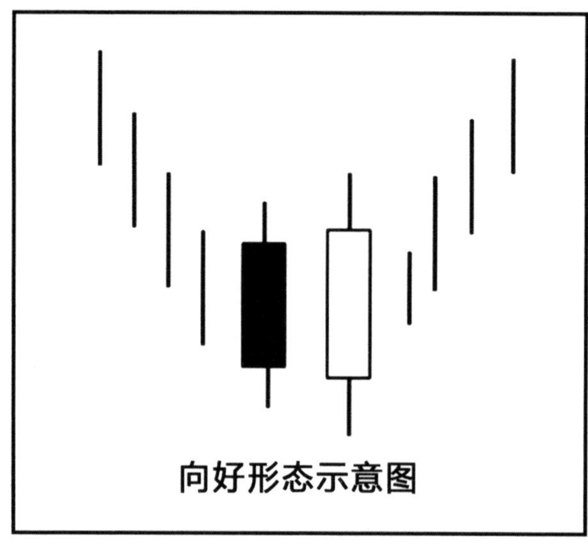

图 4.4.4

如图 4.4.5 商业城（600306），2015 年 1 月 19 日、20 日日线走势图，股价在经历缓慢的下跌之后，在途中位置出现的向好的穿头破脚 K 线组合。由图中位置的阳吞阴形态引发的上升趋势，典型的穿头破脚。

图 4.4.5

三、顶部穿头破脚与底部穿头破脚的异同

一般说来，无论是底部，还是顶部的穿头破脚，都是转势信号，即由原来的跌势转为升势，或由原来的升势转为跌势。

通常这种转势信号的强烈，与下面的因素有关：

（1）穿头破脚两根 K 线的长度越悬殊，转势的力度就越强。

（2）第二根 K 线包容前面的 K 线越多，转势机会就越大。

（3）在跌势末段中出现，穿头破脚的阳线越大，趋势逆转的可能性就越大。

（4）若连续两个或者更多穿头破脚出现，则后期趋势逆转力度将更大。

第五节 倾盆大雨和旭日东升

一、倾盆大雨

口诀：

倾盆大雨太毒辣，下跌趋势人人怕。

坚守阵地抗不住，离场出局是佳话。

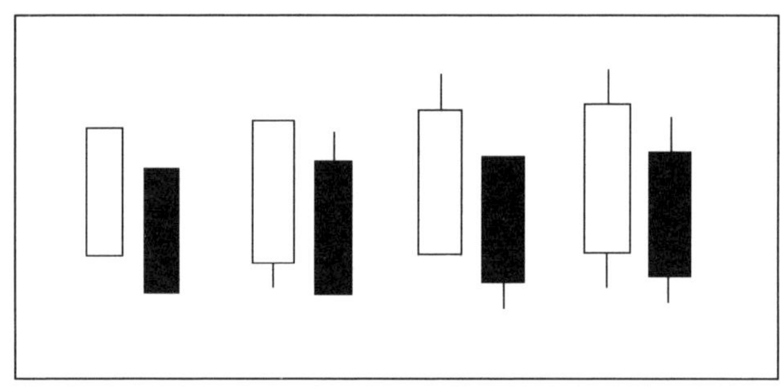

图 4.5.1

特征：

1. 倾盆大雨常出现在上涨趋势末期中。

2. 由一阳一阴两根 K 线组成。

3. 股价先收一根中阳线或大阳线，但是次日股价直接低开，收出一根低开低走的中阴线或大阴线，阴线的收盘价已低于前一根阳线的开盘价。

技术含义：

见顶信号，后市看跌。阴线实体低于阳线实体部分越多，转势信号越强。

如图 4.5.2 力源信息（300184），2014 年 4 月 9 日、10 日出现倾盆大雨形态，造成股价快速下跌。

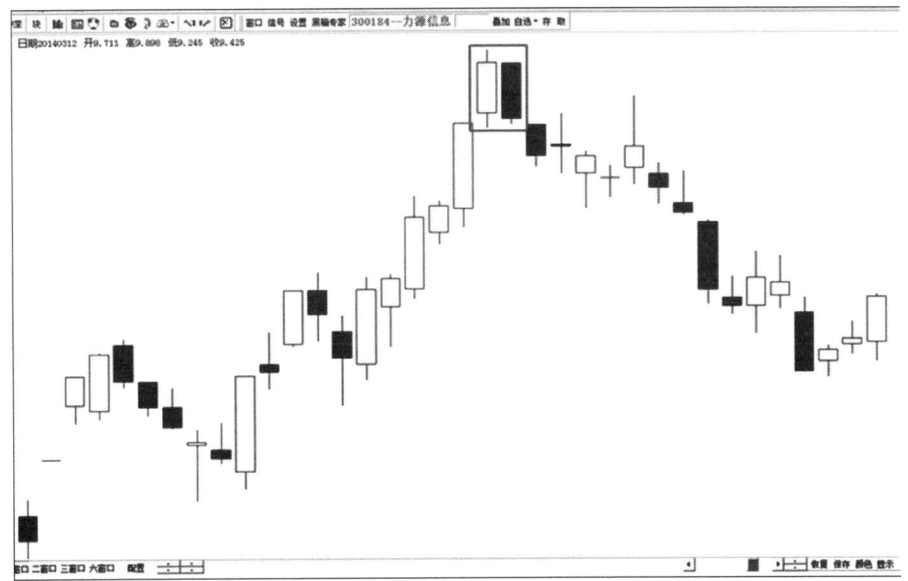

图 4.5.2

二、旭日东升

口诀：

旭日东升放光芒，全仓买入就起航。

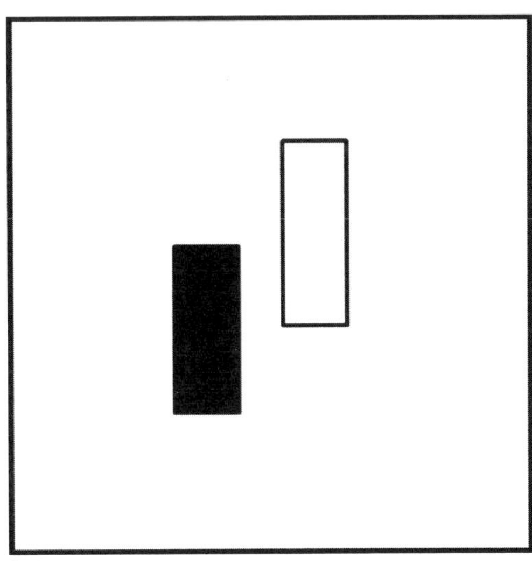

图 4.5.3

形态简介：

当股价形成下跌趋势，出现连连暴跌时，通常会低开低走，甚至连续收阴，而随着空方力量的逐渐耗尽，多方在次日立即还以颜色，令该股的股价突然大幅跳空高开，延续上升至终盘，令股价收出近乎光头光脚的长阳线，并一举将上一交易日的阴线覆盖，这种K线组合形态就叫作“旭日东升”。

操作策略：

下跌趋势中出现旭日东升形态，表示短线见底，后市看涨，见底不意味着马上涨，只是跌不下去的意思，一般出现这种形态，短线出现反弹的概率较大。

形态要点：

1. 出现在下跌趋势中。

2. 由一阴一阳两根K线组成。

3. 阳线收盘价高于阴线开盘价，阳线实体高出阴线实体部分越多，转势信号越强。

图 4.5.4

如图 4.5.4 依米康（300249），2014 年 12 月 30 日与 31 日连续两天构成旭日东升形态，形态之前经过一轮快速下跌趋势，出现旭日东升之后，股价大幅上涨。

第六节 身怀六甲

一、身怀六甲

口诀：

顶部身怀六甲，涨跌细辨真假。

复合见顶快跑，千万不要发傻。

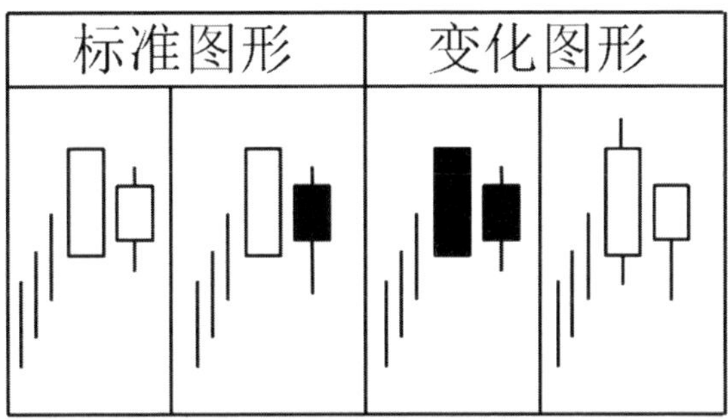

图 4.6.1

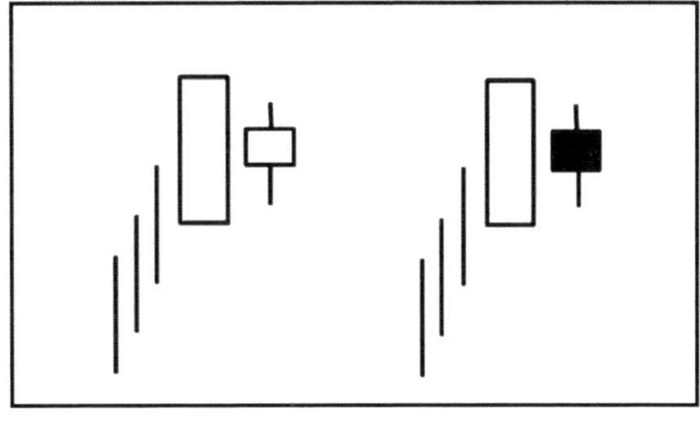

图 4.6.2

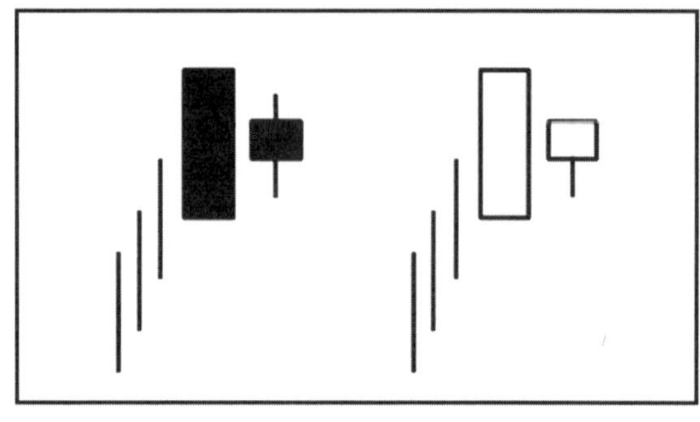

图 4.6.3

特征：

严格意义上的身怀六甲形态，就是后一根短 K 线不仅被前一根 K 线的最高价和最低价所包容，还被前一根 K 线的开盘价和收盘价包容。

“身怀六甲”形态的出现，一般预示着市场上升或下跌的力量已趋衰竭，随之而来的很可能就是大盘或股价的转势。

投资者在运用该形态时，应注意以下几方面问题：

1. 成交量。该 K 线形态最理想的量能变化是前一个交易日成交量有效放大，而后一个交易日成交量又迅速萎缩，并且如果行情继续调整，则量能也随之减少，这表示后市行情出现反转的可能性较大。

2. 股价或指数。出现该 K 线形态后，走势上一般会有一个短期整理的过程，使得原来大幅震荡的走势逐渐平稳，然后再寻求突破方向，投资者如果在方向确认后介入比较稳妥。

3. 市场的环境。“身怀六甲”K 线形态如果是出现在极度低迷的弱市中时，往往更容易形成强烈的反转行情。

如图 4.6.4 湖南天雁（600698），2015 年 1 月 19 日与 20 日两根日 K 线形成身怀六甲。显示空方力量减弱，多方力量增强。股价在小幅上涨调整之后出现大幅上涨。

图 4.6.4

二、十字胎

十字胎在日文的意思是怀孕。“身怀六甲”本身是转向形态之一，可以在顶部或底部出现。如图所示。

举例说明：在上升市势当中，出现一只实体较长的阳线之后，突然出现一只实体非常短小的K线，不论是阴线或阳线都是身怀六甲的图形，这表示上升力度较弱，市势有见顶回落的可能性。

虽然“身怀六甲”的形态，可以由阳线或者阴线构成，但通常在见顶的“身怀六甲”形态中，多数会出现一只阴线；相反来说，单独一个身怀六甲的形态，意义并不重大。

十字胎是身怀六甲形态中的一种。如图 4.6.5 所示。

无论在上升或下跌市势当中，出现较长的K线之后，突然发现十字胎，表示大市上升或下跌的动力已经逐渐消失，大市在这段时间出现转向的机会自然高一些。

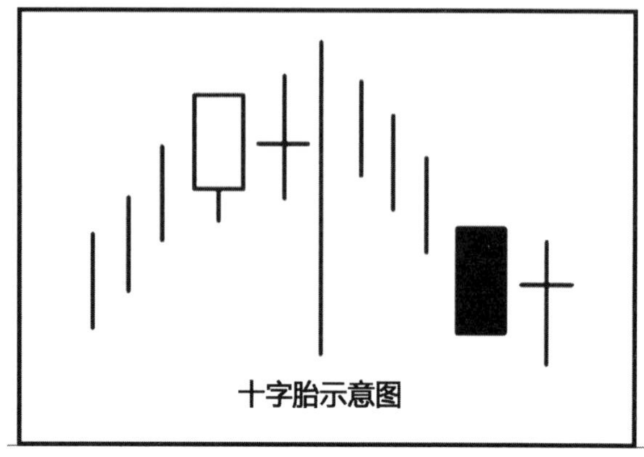

图 4.6.5

三、阴孕阴

形态简介：

在下跌行情中，股价在低位收出大阴线，次日空方继续发力，再拉一根小阴线，但此小阴线完全孕育在前一条大阴线内，暗杀空头的抛压已有所减弱，股价的下行速度将减慢，行情有转盘迹象。

操作策略：

阴孕阴形态是低位止跌的信号，这时行情可能接近底部。后市走势有两种：一是横向整理，二是反转向上。两者的动向取决于成交量。简单地说，放量就反弹，无量则描盘。若能放量收中阳则可视为反弹的开始。在此形态出现后，空头应立即回补买入，多头也应迅速以低价买入，等待反弹。

形态要点：

1. 大阴线处于下跌趋势中 . 且之前还有若干个小阴线。

2. 次日的小阴线出现的同时，成交量出现缩量。

如图 4.6.6 中房股份（600890），2015 年 2 月 9 日与 10 日在连续下跌之后形成十字胎，3 天之后股价大幅上涨，成交量持续放大，形成上涨走势。

图 4.6.6

第七节　好友反攻和淡友反攻

一、好友反攻

口诀：

好友反攻探底明，肩底呼应更见晴，

火炬之星大胆买，不断拉升我真行。

特征：

在下跌行情中，出现一根中阴线或大阴线。接下来的交易日，股价延续跌势，跳空低开，可是此后盘中逐渐上涨，尾盘收了一根中阳线或大阳线，而且有意思的是，它的收盘价收在与前一根阴线收盘价相同或相近的位置上。

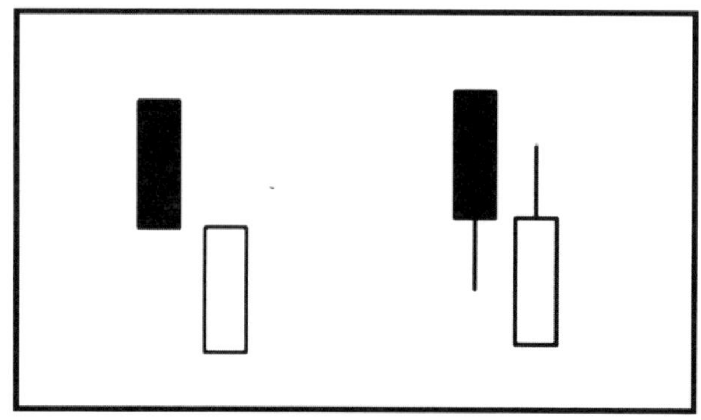

图 4.7.1

操作建议：

好友反攻是见底信号，它提示投资者不要再盲目抛售、做空。其实它与之前讲过的曙光初现颇有相似之处，只是区别在于：第二根阳线实体未深入阴线实体，见底回升的可靠性不如曙光初现。但至少意味着，投资者见此 K 线图形后，持筹者不要盲目去割肉，空仓者可适量买些股票。

如图 4.7.2 太极实业（600667），2014 年 4 月 29 日低开高走，收盘 3.761，与上一个收盘价相同。这两根 K 线组合成一组“好友反攻”，后期股价立即发生反转。

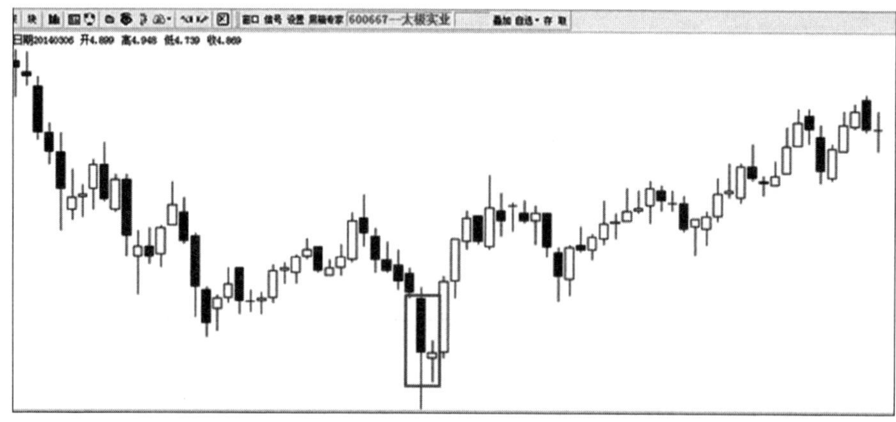

图 4.7.2

二、淡友反攻

口诀：

淡友反攻，适宜作空，

成交放大，注定下冲。

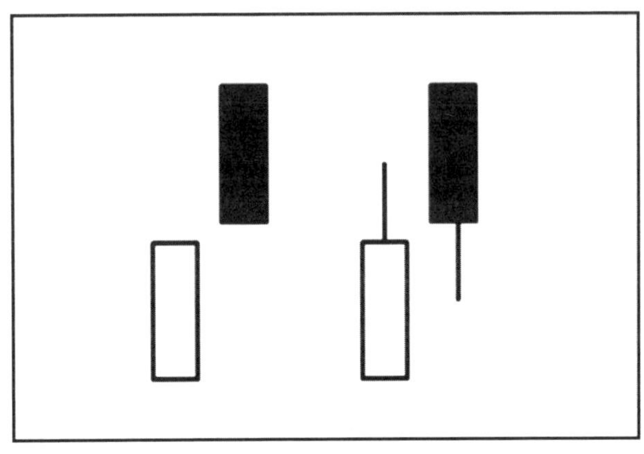

图 4.7.3

特征：

1. 在上升途中出现；

2. 由两根 K 线组成；

3. 第一根 K 线为大阳线或中阳线；

4. 第二根 K 线为跳空高开低收，收出一根大阴线或中阴线；

5. 第二根 K 线阴线的实体，没有深入到阳线的实体内。如果深入到阳线实体内的 1/2 以上，为乌云盖顶。

注意：

在上升行情中出现淡友反攻，如果有成交量的显著放大，下跌动力不亚于乌云盖顶，甚至超过乌云盖顶。

如图 4.74 海南橡胶（601118），2014 年 12 月 22 日、23 日在持续上涨之后形成淡友反攻线，之后出现震荡下跌。

图 4.7.4

第八节　搓揉线

形态简介：

搓揉线顾名思义，股价像织物一样在洗衣机中反复搓揉的意思，一般出现在上涨的势头中，由一根 T 字线和一根倒 T 字线组成。在上涨过程中，第一天股价出现上攻走势，但收盘回落至开盘价位置，呈 T 字线；第二天股价则出现下探走势，收盘则反弹至开盘价附近，形成倒 T 字线。主力做搓揉线有两个目的：一是洗盘；二是变盘。

操作策略：

在上涨过程中出现搓揉线，多数为主力清洗浮筹，以减轻拉升压力，后市继续看涨，可以跟进；当股价出现较大涨幅以后，主力借做搓揉线扰

乱市场以达到出货目的，后市看跌，坚决出货。

形态要点：

1. 搓揉线为一正一反T字线形态构成。

2. 看涨搓揉线形成过程可没有成交量配合；但是在高位形成搓揉线，成交量必定显著放大。

第九节　双针探底

形态简介：

由两根K线组成，这在邻近（也可以中间隔几条K线）的K线中，均带有较长的下影线，且两条下影线的最低价相同或相近。

操作策略：

双针探底形态出现在低位，像两根探雷针，已基本探明股价的底部，

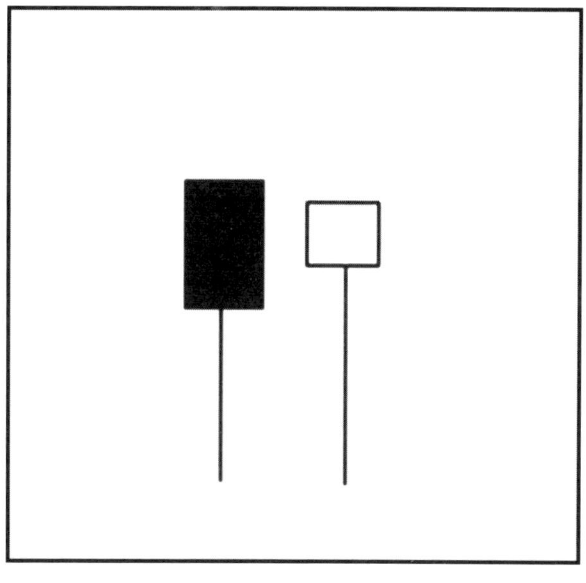

图 4.9.1

显示见底信号，此形态确认后可适当介入。

形态要点：

1.“双针探底”形态必须出现在低位，如果所处的位置偏高，即前期的下跌幅度小于 20%时，就应慎重操作。

2.“双针探底”形态中的“两针”，可以是紧密相连的两条长下影线，也可以是中间隔有几条图线的“两针”走势，但相隔的天数不能过多，多于五条以上图线的“双针探底”形态，就变成“双底”形态了。但二者操作基本一致。

3.“双针探底”形态出现后，股价一般是立即反弹，走出一波气势不凡的上涨行情。但有的股票，“双针探底”形态出现后，仅向上“虚晃一枪”就跌了下来，经过一段时间的调整后，才正式展开上升攻势。碰到这一情况时，应耐心等待，适时还可补仓。

如图 4.9.2 东吴证券（601555）周 K 线图，2012 年 11 月 30 日到 2012 年 12 月 7 日的周 K 线留下下影线，其下影线的位置接近相等。形成“双针探底形态”之后股价快速上涨。

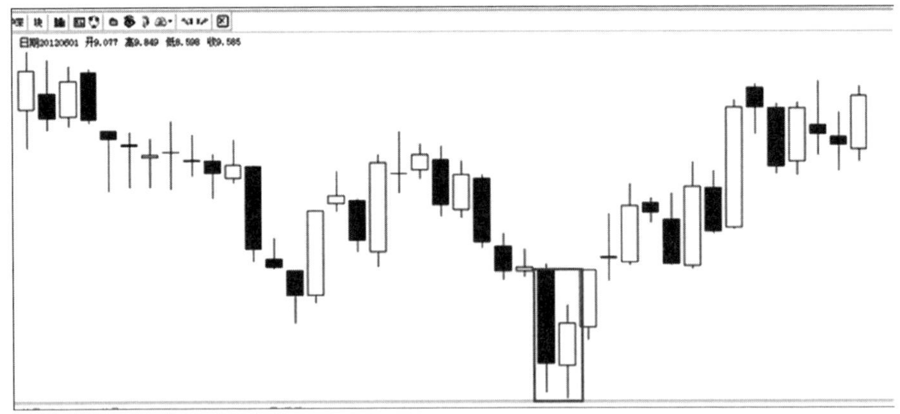

图 4.9.2

第十节　分手线

形态简介：

分手线是由两条运动方向相反的图线组成，如同两人分手后向各自的方向走去。两根 K 线具有相同的开盘价，此形态属于持续信号。分手线分为两种形态，一种是前阴后阳组合形态，多显示买入信号；另一种是前阳后阴组合形态，则多显示卖出信号。

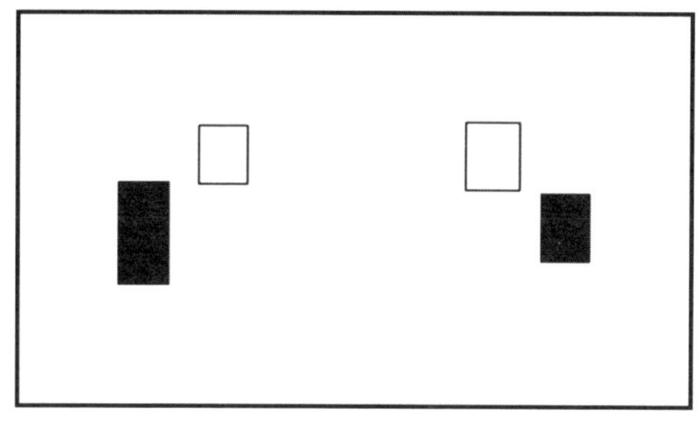

图 4.10.1

操作策略：

分手线出现的频率不高，一般出现在上升行情和下降行情的运行途中。处在上升行情中的分手线，可适时做多，处在下降途中的分手线适宜做空。

1. 低位的阴线分手线出现后，不能在当日做多，应等到收阳线时，才可买入。因为阴线分手线的最后一条线是阴线，属于下跌走势，在下跌惯性的作用下，股价还会继续下行，收了阳线，才是止跌迹象。

2. 处在高位的分手线，无论是阴线分手线，还是阳线分手线，均是强烈的卖出信号。高位分手线出现的频率很低，一旦出现，就要毫不犹豫地出手，不然就会失去一次难得的逃顶机会。

形态要点：

一阴一阳两条图线实体的长短要求大体相当。若是一条过长一条过短，会降低判断的准确性。

如图 4.10.2 北辰实业（601588）周 K 线图，在 2013 年 5 月 17 日与 5 月 24 日周 K 线图形成分手线，之后股价出现 6 周的下跌走势。

图 4.10.2

第十一节　刺穿形态

刺穿形态与乌云盖顶形态恰好相反。体现为一个白色实体（阳线）切入前一个黑线实体（阴线）之中（见图 4.11.1）。显示在低价区有强劲的买盘。

第二根白线切入第一根黑线的程度越深，信号越积极；如果切入的深度不够，表示多头反攻的力度不够，卖盘可能还会涌出。刺穿形态中，第二根蜡烛开盘越低，收盘就越能切入前蜡烛的上部，这个形态就越理想（采用合成蜡烛线技术，我们发现，只有开盘越低，下影线才会越长）。

根据经验，乌云盖顶的发生频率高于刺穿形态。其部分原因是“贪婪与恐惧”，两者都是非常强烈的情绪，但恐惧更易造成行情的剧烈波动。两者相比，在顶部区域的恐惧则更有威慑力。

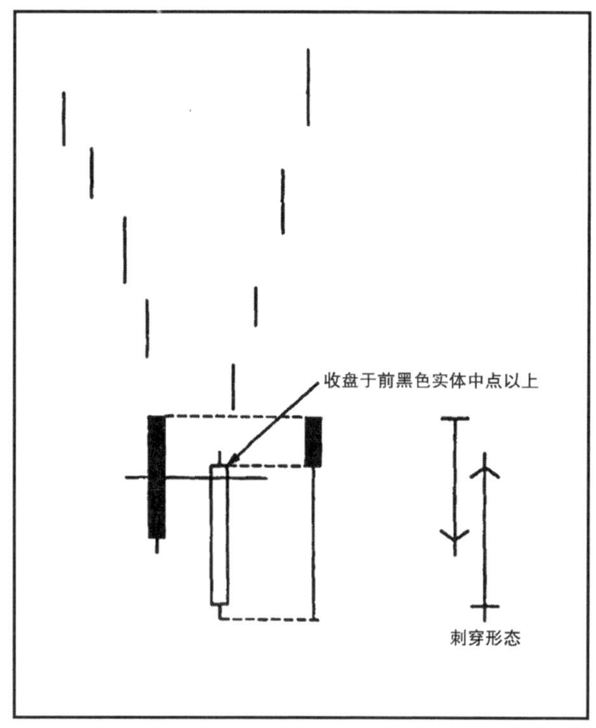

图 4.11.1

备注：在日本的有些技术分析书籍中，对刺穿形态有过这样生动的描述：多方最多的力量被逼到了角落后跳出来进行悲壮的一搏。这种神风特攻队员的姿态总是非常可怕的，空方只得暂时退避一旁。在这个静悄悄的时刻，多方就有可能获得支援，而空方在大幅抛售之后，后续供应之路可能已经被截断。

第十二节　实体的大小、频率与颜色

比较一组蜡烛的相对高度、频率与颜色，可以判断市场状况。如图 4.12.1，中国医药（600056）在 2013 年 3 月 7 日出现了一根久违的大阴线，紧接着出现一个向下跳空的缺口，这是明显的预警。此后价格持续下跌。直到 7 月 10 日的大阳线为止。这根大阳线的长度为数月之最，表明大牛强力进场。

图 4.12.1

备注一：如果在一段上升过程中，出现一根阴线实体较之前很长一段时间内的所有阴线实体都要大时，就得提高警惕。反之在下降过程中，出

现一根阳线实体较之前很长一段时间内的所有阳线实体都要大时，也可以开始关注了。

备注二：今后还会进一步探讨缺口的问题。日本蜡烛图术语中叫“窗口”，缺口对未来的走势会有阻挡和支撑作用。仍然以中国医药为例。图中的那个向下跳空缺口对后来走势起到了明显的阻挡作用。股价三次打到缺口水平，突破未果而选择向下。

第十三节　吞噬形态（一）

1. 基本定义：第二根蜡烛线的实体完全吞噬前一根相反颜色的实体。

2. 最严格的定义：第一根蜡烛线实体很短，第二根蜡烛线的实体很长，而且第二根蜡烛线的实体完全包裹第一根蜡烛线，包括影线在内。

3. 第二严格的定义：包括影线在内，第二根蜡烛线包裹第一根蜡烛线。也就是说第二个交易时段的高点高于前一时段的高点，而低点则低于前一时段的低点。

吞噬形态分为多头吞噬和空头吞噬（见下图 4.13.1，图 4.13.2），形态形成的前提都是之前有一段下降或者上升的走势。与乌云盖顶形态一样。如果收盘价超过了空头吞噬形态的高点（即上影线的高点），盘面由看空转为看多。吞噬形态的信号价值高低取决于实体的相对长度，影线之间的关系以及其他因素。一个理想的空头吞噬形态，应该由一根长黑实体包裹一根小白实体。小白实体，表明上升动能开始不济，随后出现的长黑实体代表空方力量完全压倒多方。然而，如果构成吞噬形态的两根蜡烛线的实体长度大致相当，走势可能趋向横盘而不是反转。

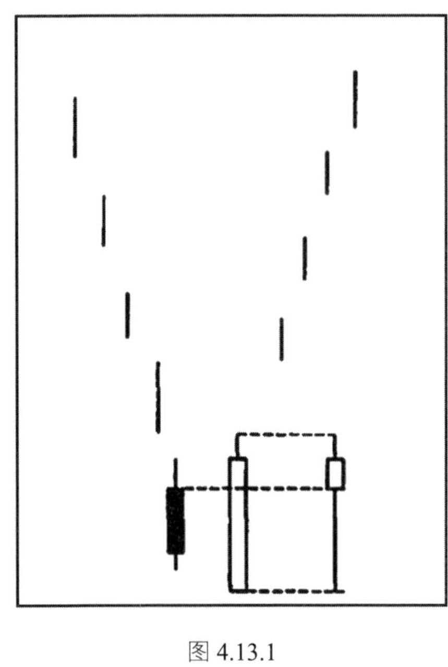
图 4.13.1

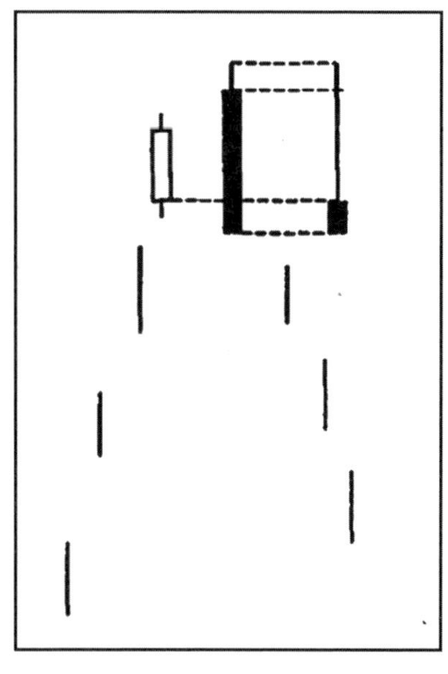
图 4.13.2

备注：吞噬形态直观地显示多空力量的前后逆转。这里请大家思考一下，空头吞噬形态与乌云盖顶形态，反转信号孰强孰弱？多头吞噬形态与刺穿形态，反转信号孰强孰弱？

第十四节　吞噬形态（二）

空头吞噬形态对后期价格走势会形成阻力。多头吞噬形态对后期价格走势会产生支撑。同时也可以确认先前的支撑和阻力作用。见图 4.14.1，浦发银行（600000）在 5 月 30 日和 5 月 31 日形成空头吞噬形态，确认前面跳空缺口的阻力作用。

在定义吞噬形态方面，股票市场要比商品期货市场来得更灵活宽松一些。相对期货来说，股票的开盘价与前一天的收盘价之间通常变化不大。所

以，如果第二根蜡烛线的开盘价与前一根蜡烛线的收盘价相同，我仍然视之为有效的吞噬形态。看浦发银行的5月30日和31日的K线组合，前一根阳线收盘价与第二根阴线收盘价基本相同，所以我仍然把它定义为吞噬形态。

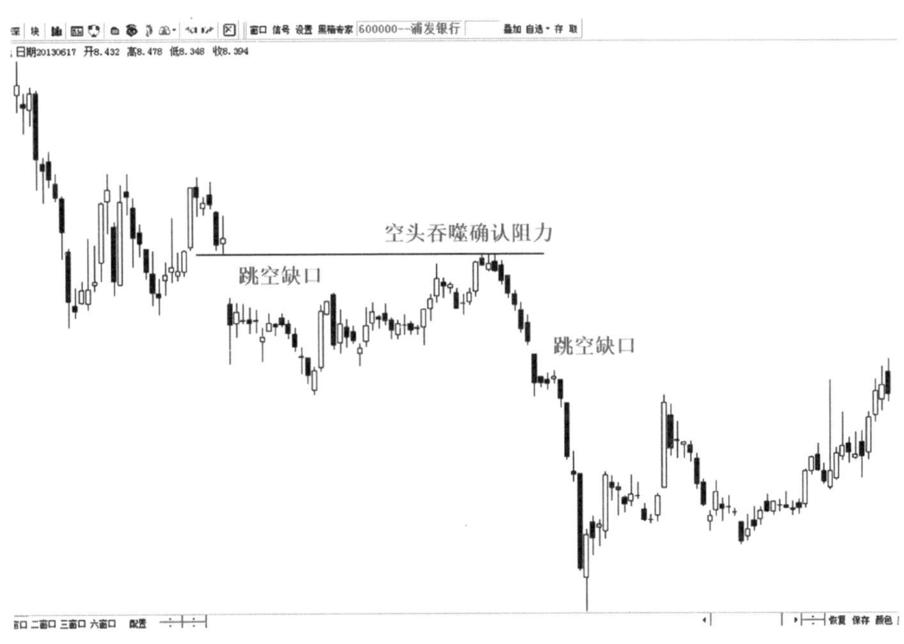

图 4.14.1

第十五节 吞噬形态（三）

如果空头吞噬形态发生在十字星之后，更增加了不祥之兆，尤其要将其视为一个空头形态组合。举例来说，中牧股份（600195），5月30日出现一根十字星，之后紧接着来了一个空头吞噬形态，两者结合，加重了空头的意味。而且之后还出现了一个向下跳空缺口。可见反转的意思变得越来越强烈（如图4.15.1）。

图 4.15.1

备注：吞噬形态可能对后期价格构成支撑和阻力。中牧股份这只股票也验证了这一技术，在 8 月 12 日左右价格打到此处，受到了明显的压制作用。

第十六节　最后吞噬形态

1. 空头吞噬形态一般发生在一段上升走势之后。但是，如果发生在下降走势中，则有可能是底部反转信号，这种形态称为最后吞噬底。见图 4.16.1 左图。只要此后行情中收盘价位于形态中黑色实体上方，则这一形态可以视为由空转多的信号。2. 多头吞噬形态一般发生在一段下降走势之后，但是，多头吞噬形态如果发生在上升走势中，则有可能是个空头形态，

称为最后吞噬顶。见图 4.16.1 右图。按照蜡烛图理论，如果第二天行情的收盘价低于最后吞噬顶白线的收盘价，应该视为最后吞噬顶的转空信号获得了确认。3. 最后吞噬底形态出现以后，如果第二根长黑实体对应的成交量很大，可以视为卖压高潮。这个高潮的出现，会进一步增加最后吞噬形态的底部反转信号价值。

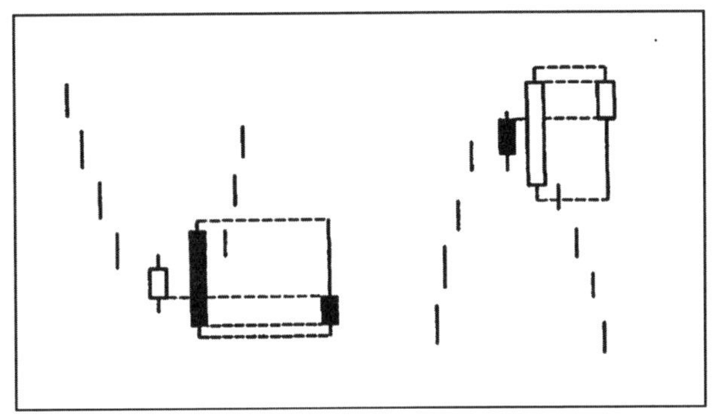

图 4.16.1

备注：日本人形象地将最后吞噬顶比喻成一对小情人“双双殉情”：最后的长白实体让你爱上市场，但此后你也和市场一起毁灭。这话说得有些绝对，但它传达了一个原则，即在出现最后吞噬顶之后，交易者必须小心行事。

第十七节 包孕形态（一）

包孕形态由一根长实体蜡烛线和一根小实体蜡烛线组成。与吞噬形态不同的是，包孕形态中，长实体蜡烛线在前，小实体蜡烛线在后，而且两根蜡烛线还不讲究颜色，可以都阴都阳，也可以一阴一阳。但是，如果在一段下行之后，先阳后阴或阳阳组合的走牛概率强于先阴后阳或阴阴组合。这是因为长白实体本身就有多头的意义，所以包孕形态中，如果有长白实体，那么市场跌势即将见底的概率就更大了。同样的道理也适用于上升走势后的包孕形态。包孕形态的第一根蜡烛线如果是长黑实体，则空头信号较强，超过了同一位置由长白实体所形成的包孕形态。因为长黑实体本身就是一个看空形态。（如图 4.17.1 和图 4.17.2）

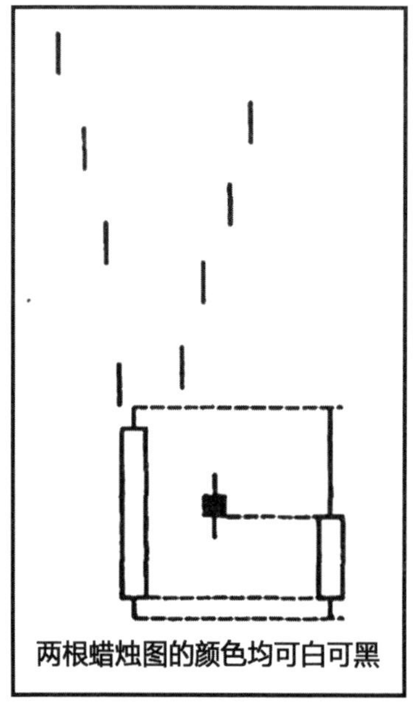

图 4.17.1

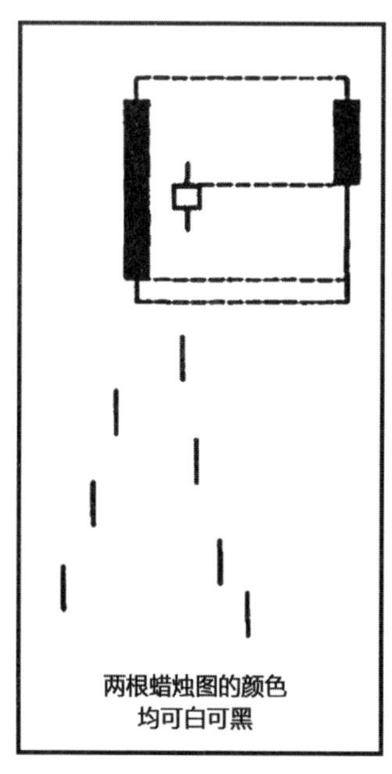

图 4.17.2

备注：在下跌趋势中出现包孕形态，代表“下跌的动能正趋于衰竭”；在上升趋势后出现包孕形态，则代表行情没能守住高位。

第十八节　包孕形态（二）

在包孕形态中，第二根蜡烛线对于整个形态来讲是很重要的。我将讲三点：1. 如果第二根蜡烛线的价格范围（包括影线）完全处于第一根蜡烛

线的实体以内，价格反转的概率比较大；2. 第二根蜡烛线的影线越短，实体越小，形态的信号越明确。如果没有实体，是根十字星，那么发生反转的概率更大，我们把它叫作“包孕十字”；3. 如果第二个小实体位在第一个长实体的中点，行情可能出现反转。但是在一段上升之后，第二根小实体靠近第一根长实体的上端，随后可能产生横向而非下跌的走势，我们把它叫作“高价包孕形态”；同理，在下降趋势中，如果第二个小实体靠近第一个长实体的低点，此后很有可能产生横盘而非返身上涨的走势，我们把它叫作“低价包孕形态”。

备注：要注意的一点是，在某些日本文献中，将包孕形态称为市场的过渡期。也就是说，在上升趋势中，如果行情走到了包孕形态的上面，则这个包孕形态是个多头中继信号；同理，在下降趋势中，包孕形态的低点被跌破，那么就可能出现更多的卖压。

第五章

三根及多根 K 线组合

第一节 三根 K 线组合

二根 K 线的各种组合较多，三根 K 线的各种组合就更多、更复杂了。但是，考虑问题的方式是相同的，都是由最后一根 K 线相对于前面 K 线的位置来判断多空双方的实力大小，观察投资者情绪的变化，洞悉市场资金的流向。

实战中我们不仅要看一至二根 K 线，还要看三至多根的 K 线组合，买卖双方决战时对抗力量的强弱变化，便可清晰洞察，双方的胜负一目了然。根据个人实战经验，本人将三根 K 线的组合分为六种模式，为了便于记忆，概括为："三，川，卜，1，小，V"六个字。

"三"字形态，为三连阳和三连阴，即传统常说的红黑三兵，一般情况下表示原有的趋势继续。但在实战中也要作具体的分析：如果是在波段的循环低点转折和趋势中途出现红三兵，表示股价会加速上涨；如果是在波段循环高位和趋势上轨或形态学的头部出现红三兵，代表多头力量已得到充分发泄，后市将会遇阻回落；如果是在波段的循环高点转折和趋势中途出现黑三兵，表示股价会加速下跌；如果是在波段循环低位和趋势下轨或形态学的底部出现黑三兵，代表空头力量已得到充分发泄，后市将会遇阻反弹回升。这里需要注意的是三兵的标准理想状态，是实体一个比一个长，红上黑下影线一个比一个短，如果是实体逐渐缩短，影线逐渐加长，表明阻力在逐渐增大，暗藏忧患。如果成交量再不配合，那么更应引起高度警惕。由三兵我们也可推导出四兵五兵等等，其意义是相同的。

“川”字形态，为中间一根较短的K线，被前后两根方向相反的K线完全包覆，即传统常说的“两阳夹一阴”和“两阴夹一阳”，不过，要注意与后面介绍的“小”型的区别。如果将中间阴线换成十字星或2~3根相间小阳线，我们又推演出了四到五根的K线组合了。其后市短期的趋势与第三根（最后）中大实体的趋势相同。“川”字形的实质为“三”字形的变种。

“卜”字形态，为一根实体较大的阴阳K线，与其后2~3根方向相反的小K线实体的组合，即传统所说的上升和下跌三法，但要注意的是，其后的三连阴或阳不能超越第一根K线实体的“中心值”，有时出现方向平移甚至是与第一根趋势相同的逐步递进情况。“卜”字形的后市短期趋势与第一根较大实体K线的方向相同。不过，请注意与下面的“1”字形的区别。

“1”字形态，为一根实体较大的阴阳K线，包覆着其后的三五多根阴阳相间的K线，与“卜”字形的区别是其后的K线超越了“中心值”。实战中有时会出现其后K线稍微创出新高或新低，但幅度实体极小，并不构成明显的“突破”，我们也将它们归为“1”字形。“1”字形其实是多空双方短期力量相当、暂时平衡的结果，其特点是波幅逐渐缩小，成交区域萎缩。其暂时平衡的趋势表示面临着变盘。

“小”字形态，为中间的K线实体明显长于包覆左右两根方向相反的K线实体的组合，“小”字形同样可以分为“两阳夹一阴”和“两阴夹一阳”，但要注意与通常所说“川”字形的“两阳夹一阴”和“两阴夹一阳”相区别。“小”字形态无论出现在上涨和下跌趋势中，都是短期趋势逆转的信号。

“V”字与倒“V”字形态，即传统所说的“早晨之星”和“黄昏之星”的组合，其实质是“川”字形的变种，代表的是已经逆转的短期趋势，与“川”型意义相同。当然，在实战中我们可以推演到多根即一组K线的组合，即形成圆弧顶、底的“U”形和倒“U”形。必须明确的是，只有出现一根较大实体的K线，才可以说是转势。

总之，“三”“川”“卜”字形是趋势延续型的组合，“1”字形是短期趋势平衡型的组合，“小”与“V”字形是趋势逆转型的组合。我们通过三根K线的组合，推衍出多根K线的变化分析，这些组合的定势要在实战中细微体察，方能真正掌握阴阳K线的精髓。

第二节　双飞乌鸦

双飞乌鸦又称“树上二鸦”，是由一条大阳线和两条向上跳空开盘且呈抱线形态的阴线组成的图形。第一条大阳线表示价格大幅上升，随后空头斩仓，尽管推动价格仍然上升，但以最低价报收，未能进一步攀高，第三天再次收阴线，并且是出线组合，表明股价会进一步下跌，后市看淡。如图5.2.1所示。

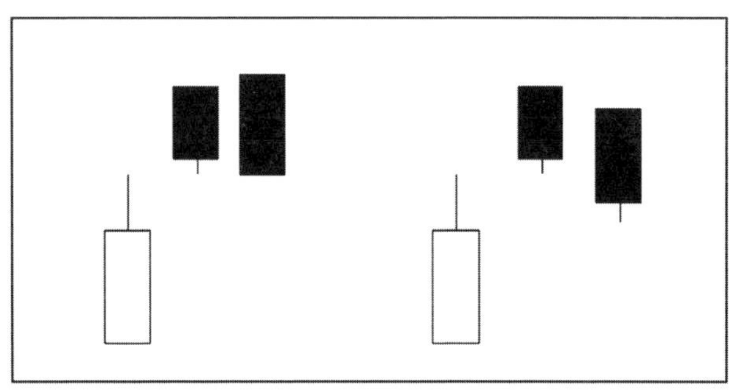

图5.2.1

口诀：

双飞乌鸦空中叫，顶部转势不祥兆，

成交放大量确定，下跌信号很可靠。

特征：

1. 大阳线后的两条小阴线，一是要呈向上跳空的走势，二是两条小阴线要形成抱线形态。不符合这两个特征的图线，只能算是非标准形态的树上二鸦。

2. 标准形态的树上二鸦，出现频率也相当低，因此有效性特高，应对这一形态多加关注。树上二鸦是典型的见顶信号，第二条阴线出现时，应毫不犹豫地卖出股票。

操作：见此 K 线形态，适量买入股票。

技术含义：

1. 双飞二鸦一般达不到标准形态的要求，在观盘时，只要发现是处在高位且是在阳线后出现的两条阴线，不管它符不符合要求，就应卖出，这是逃顶最省事的办法。

2. 双飞二鸦形态有时类似黄昏星的走势，在分不清它们的形态特征时，同样不管三七二十一，卖掉就是了。

3. 双飞二鸦形态的最佳卖出时间，是该形态形成的当天，如当天因故没来得及卖出，也应在第二天出手。出货时，丝毫不能手软，手一软，就要吃大亏。

技术含义：

在实战中，双飞乌鸦 K 线组合出现的位置，成交量的大小，高开缺口是否回补，以及接下来几个交易日股价的重心是上移还是下沉，应是每一位投资者关注的焦点，不同的走势，应采取不同的操作策略。

第三节 早晨之星和黄昏之星

一、早晨之星

“早晨之星”顾名思义：就是在太阳尚未升起的时候，黎明前最黑暗的时刻，一颗明亮的启明星在天边指引着那些走向光明的夜行人，前途当然看好。

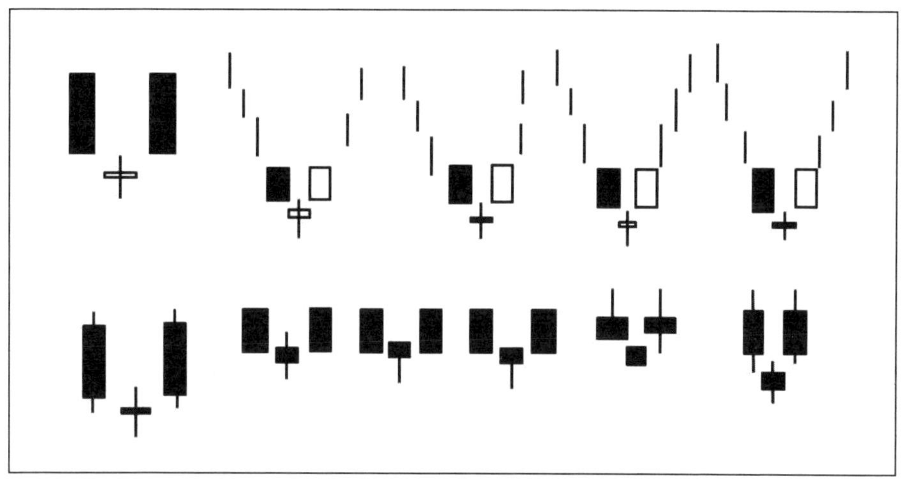

图 5.3.1

“早晨之星”，太阳即将升起，前途一片光明，后市自然向好。如图 5.3.2 所示。

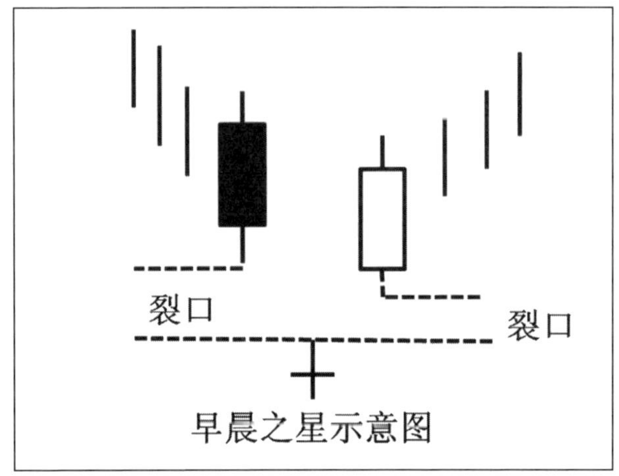

图 5.3.2

早晨之星（启明星）形态特征：

第一根是大阴线，第二根是一根向下跳空的小阴线。第三根是一根阳线，它将市场价格推进到第一天黑色实体所表示的价格变动范围内。理想的启明星形态是第二天的图形即“星”。

市场分析：

一根大阴线的出现，表明市场进入调整，第二天市场向下跳空开盘，但是全天价格波动不大。小实体的蜡烛线反映主力对市场未来的发展趋势犹豫不决。第三天，市场以高于第二天收盘价的价格开盘，并且买盘踊跃，继续向上推高价格，市场趋势反转信号出现了。

早晨之星技术要点：

1. 处在下跌趋势中的个股，第二日形成十字星的成交量较前期出现明显萎缩；

2. 第三日反转的阳线，成交量较前两日明显放量；

3. 第三根阳线的实体至少吃掉第一根中阴线的三分之二或全部。

使用技巧：

早晨十字星通常出现在股价连续下挫的过程中，它由三根 K 线组成，

第一根为阳线，第二根为十字线，第三根为阳线，阳线实体收盘价已深入第一根阴线实体之中，阳线深入阴线实体越多，信号就越可靠。

早晨之星是由三根 K 线组成的 K 线组合形态，它是一种行情见底转势的形态。这种形态如果出现在下降趋势中应引起注意，因为此时趋势已发出比较明确的反转信号，是一个非常好的买入时机。

二、黄昏之星

“夕阳无限好，只是近黄昏”，黄昏之星出现之后，太阳便会落山。因此，黄昏之星的图形，代表市势可能见顶回落。按图索骥，要伺机沽空。如图 5.3.3 所示：

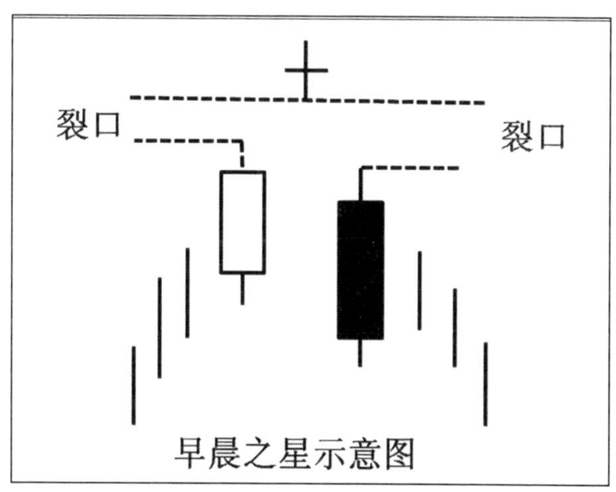

图 5.3.3

特征：

“黄昏之星”的图形，刚巧与早晨之星相反，亦由三部分组成。第一，市势继续上升，并且出现一只实体较长的阳线；第二，波幅缩短，构成星的部分；第三，出现阴线，而且下跌至第一只阳线的区域之内。

星体如果是十字形态，更加强了黄昏之星的作用。

解析：

黄昏之星是股价见顶回落的信号，有人预测准确率在 80% 以上。

黄昏十字星：股价经过一段时期的上涨，向上跳空升盘，出现开盘价、收盘价相同或非常接近，带有上下影线的十字星。接着第二天跳空拉出一根下跌的阴线。这就是黄昏十字星。

黄昏之星又称“暮星”，是一种类似早晨之星的 K 线组合形式，可以认为是后者的翻转形式，因此黄昏之星在 K 线图中出现的位置也与后者完全不同。

黄昏之星的情况同早晨之星正好相反，它是较强烈的上升趋势中出现反转的信号。黄昏之星的 K 线组合形态，假如出现在上升趋势中应引起注意，因为此时趋势已发出比较明确的反转信号或中短期的回调信号，对于我们来说，可能是非常好的卖入时机或中短线回避的时机。同时如能结合成交量的研判，对于提高判定的准确性有更好的帮助。图 5.3.4 是黄昏之星在实际 K 线图中的走势情况，可以看出在走出形态组合的同时，成交量也放出，其后该股走出一段调整走势。

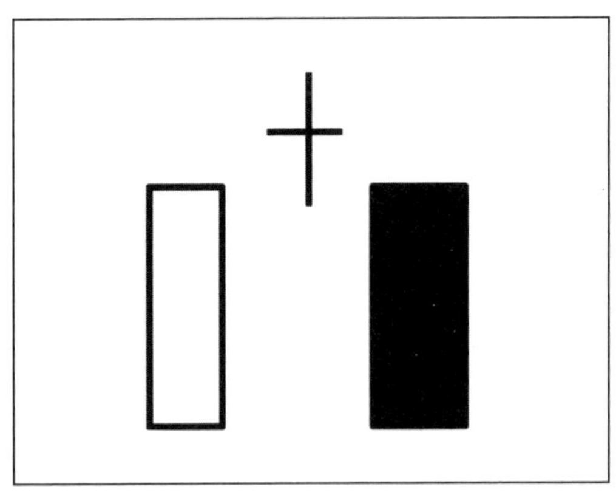

图 5.3.4

黄昏之星是一种类似早晨之星的 K 线组合形式，可以认为是后者的翻转形式，因此黄昏之星在 K 线图中出现的位置也与后者完全不同。

第四节　三个白色武士和顶部假三阳

一、三个白色武士

三个白色武士的图形，表示大势可能见底回升。如图 5.4.1 和图 5.4.2 所示：

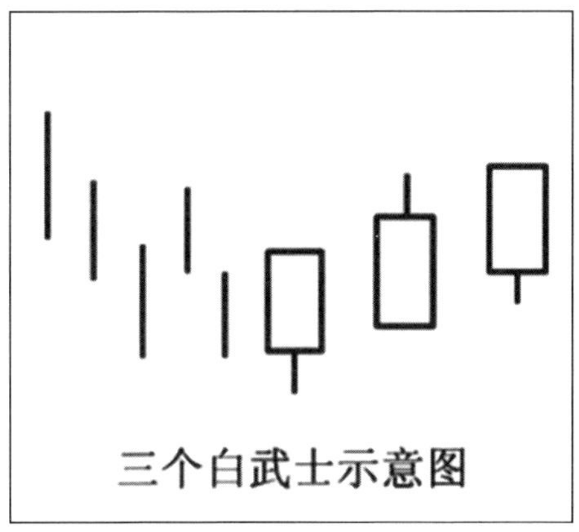

图 5.4.1

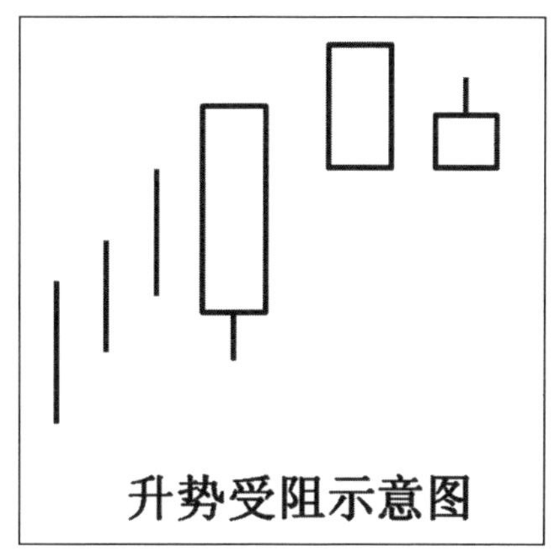

图 5.4.2

三个白色武士代表的三只 K 线，每日收盘价都向上移，武士勇往直前的精神跃然纸上，盘底趋升的形势甚为明显。假如在低价位或者平静的市势内出现此类图形，反映市势回升的机会很高。

值得注意的地方：

第一，在此图形之内，上升速度缓慢，但稳定；

第二，每日收盘价都接近全日最高价位。

升势受阻的图形，与三个白色武士比较，尚有一个明显的差别。在三个白色武士的形态内，每日收盘价都接近全日的顶价。相反，在升势受阻的形态内，可以发现最后一只 K 线有修长的上影线，表示没有足够力量以高价位收盘。如图 5.4.1 所示。

升势受阻值得注意的地方有两点：第一，K 线实体部分逐渐缩短；第二，最后一只阳线拥有较长的上影线。

二、顶部假三阳

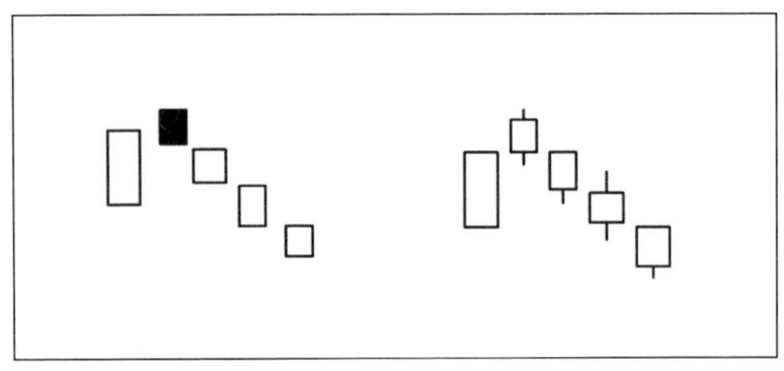

图 5.4.3

图形特征：

A. 在高价区出现。

B. 股价连拉三根阳线，但都是低开高走高收，且每根阳线的收盘价都比前一天阳线的最低价还低。

C. 这三根阳线都是假阳线，与三根阴线等同，股价一天比一天低，所以叫作假三阳，也叫倒三阳。

注意：

A. 这三根阳线都是假阳线，股价一天比一天低。

B. 假三阳多数在庄股中出现，是庄家出逃前放的烟雾弹，投资者不可受假三阳的迷惑，操作上有这样的股价一定要出局，特别是在成交量放大的情况下。

第五节　跌势双鸦和三只乌鸦

一、跌势双鸦

在上升市势当中，由两支阴线构成转向的形态。第一只阴线的开盘价与上一日收盘价出现缺口，构成起飞的形状，可惜后继无力，出现低收的情形。如图 5.5.1 所示：

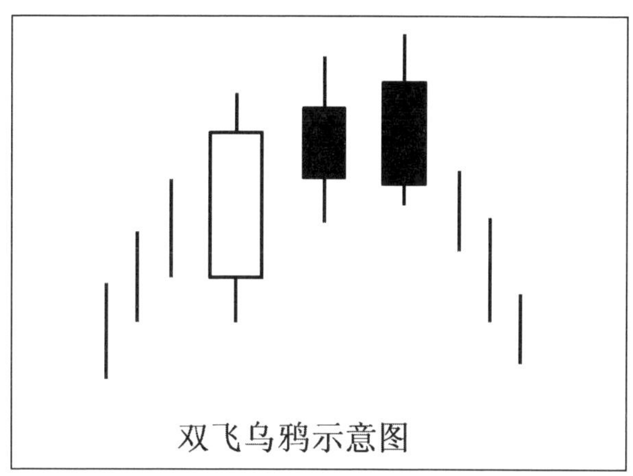

图 5.5.1

第二只阴线的实体部分较长。较为理想的图形是第二只阴线再次高于上日开盘价开出，然后低收。

出现双飞乌鸦的图形，表示升势之中连续两日高开，但未能贯彻始终，全部以低价收盘，构成两只阴线。上述表现，自然令看多者对后市产生疑虑，开始回吐，而造成市势向下调整的压力。

二、三只乌鸦

三只乌鸦由三支阴线构成，三日的收盘价都向下跌。

值得注意的地方，有下面几点：

第一，连续三支阴线；

第二，每日收盘价都向下跌；

第三，收盘价接近每日的最低价位；

第四，每日的开盘价，都在上日 K 线的实体之内；

第五，第一只阴线的实体部分，最好低于上日的最高价位。

第六节　上升三部曲和下跌三部曲

一、上升三部曲

值得注意的地方有三点：

第一，首先出现一只长的阳线；

第二，出现三只实体短小的阴线，收盘价持续轻微下跌，高低幅度则保持在第一日的幅度之内；

第三，出现一只强劲的阳线，收盘价越升第一日的收盘价。

上升三部曲的图形，与三只乌鸦类似，中段都可能包括三只阴线，但后果迥然不同。如图 5.6.1 所示：

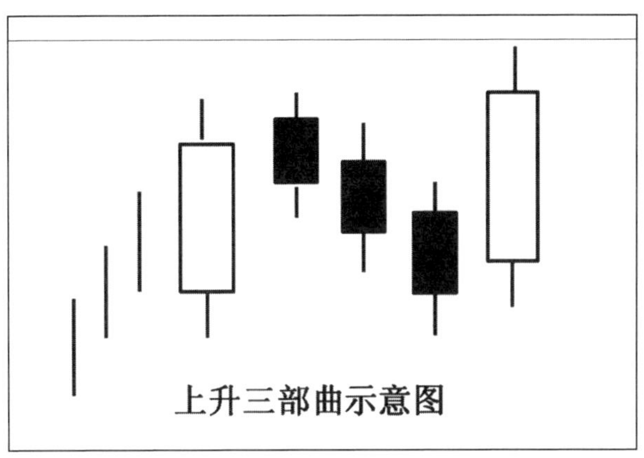

图 5.6.1

二、下跌三部曲

相对于上升三部曲的是下跌三部曲的形态，表示股价短期整固之后，将继续下跌。如图 5.6.2 所示。

构成下跌三部曲形态的过程，与上升三部曲雷同，但方向相反，简单地说，是指下列三个步骤：

第一，有一只长的阴线；

第二，出现三只或以上的短 K 线，反映市场反弹乏力；

第三，强而有力的阴线，跌破第一日收盘价而打破闷局。

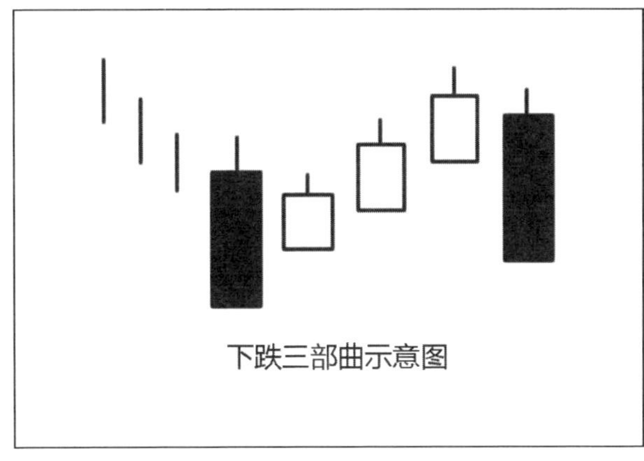

图 5.6.2

第七节　多方炮和空方炮

一、多方炮

定义：

判断多方炮不光从 k 线组合判断，必须关注交易量。交易量也呈现放量阳线夹缩量阴线，成功率就会提高很大。

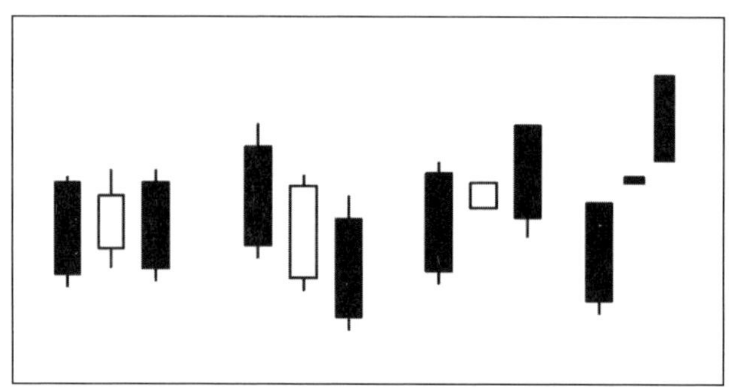

图 5.7.1

研判的意义：

当多方炮形态出现后，股价未必一定上涨，而接下来的走势十分关键：如果接下来股价出现跳空上行或继续放量上攻的情形，表明多方炮的技术意义有效，这时称之为多方开炮，两阳夹一阴的 K 线组合亦称“炮台”，表明后市股价将有上升空间。如果接下来股价没有出现跳空向上涨升或继续放量上攻的情形（也就是说无法持续向上攻击的势头），多方炮将变成哑炮，形成多头陷阱，股价将回落到原来的整理区间继续盘整，甚至于出现向下破位的情形。所以，并不是看见一个两阳夹一阴就认为它是多方炮，因为哑炮很多！

特点：

1. 多方炮须出现在一轮明显的下跌行情之后，股价有一个低位止跌横盘的过程；

2. 第一天放量阳线须是突破中期均线（如：30 日线）或创出新高；

3. 第二天出现跳空高开的阴线，成交量必须萎缩，而股价不可再回均线之下；

4. 第三天阳线的收盘价应高于第一天的收盘价，且须比第一天放量，但不可是巨量；

5. 第四天必须稍放量（匀量或温量）阳线；

6. 第一天阳线是上攻，但由于上方存在套牢盘，下方存在获利盘，因此第二天主力故意收阴线让抛压抛出，只不过主力并未出逃，所以成交量呈现萎缩。第三天主力再次上攻，多头占据主导。

但：对于空头炮一定要做空，也就是说只要见“两阴夹一阳”坚决杀跌！无须看量！

操作要点：

1. 两只阳线中间夹一只阴线，后一只阳线实体越大越好，如中间一只星线，特别是红星，后面涨势能量更强。

2. 骑墙过线看多头，第二根阳线要站在均线之上，均线要呈多头向上之势。

3. 后量超前真信号，具备了前两个条件不见得上涨，还必须看量能的态势，基本要求是超过前面的成交量，应在 3 倍以上，或是近期最大的当日成交量。

4. 符合前面三个条件，出现的是中线行情，而不是三两天的短线行情，所以一波涨幅至少看 10%~15%，不要微涨就出，错失大的利润。

二、空方炮

空方炮指在筹码分布图中的一种股票走势分布状态，即三根 K 线呈下跌之势，中间较两边短，两阴夹一阳的 K 线形态，属于股票 K 线的一种形态。

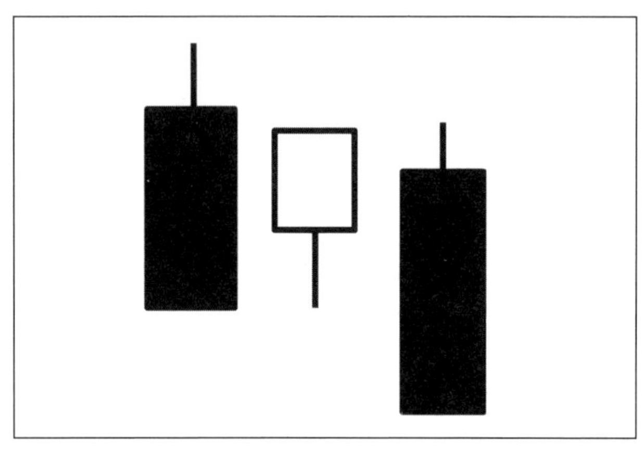

图 5.7.2

形态特征：

图中为两阴夹一阳的 K 线形态，两阴夹一阳的 K 线组合形态由两根较长的阴线和一根较短的阳线组成。阳线夹在阴线之中。

走势强劲的两阴夹一阳特征是：三根 K 线呈下跌趋势，阴线的顶部尽量低，阳线的实体尽量短。

市场意义：

在多空双方的力量对比中，空方取得支配地位，多方虽有反抗，但力量微弱，明显不敌空方，后市看跌。

两阴夹一阳的 K 线组合图形既可以出现在涨势中，也可以出现在跌势中。在涨势中出现，是见顶信号；在跌势中出现，继续看跌。

在涨势已持续很长时间或股价有了很大涨幅后出现两阴夹一阳，是头部信号。第一天阴线可能是庄家大量出货，将股价压低，由于长期的上涨使人们逢低即买，第二天买入盘涌入收阳线，第三天庄家见高价再次大量出货，再收阴线。这样，股价会在大量抛售的情况下继续往下跌。

两阴夹一阳出现在跌势中，继续看跌。此时多方的力量已经十分微弱，

下跌途中虽有反抗，但却改不了下跌的大局。

操作注意：

（1）股价在高位区域出现两阴夹一阳K线组合形态时，应立即卖出手中持股，以回避头部风险。

（2）两阴夹一阳K线组合形态中的阳线也可以是“十”字小阳线。有时出现两根大阴线夹数根小阳线，且第二根阴线把前几根小阳线全收复的K线组合形态时，同样具有看空意义，应卖出手中股票。

第八节　下跌三颗星

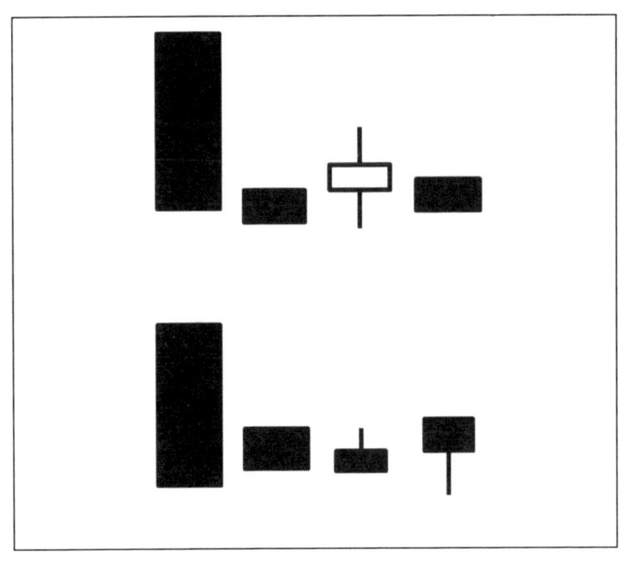

图 5.8.1

特征：

A. 在下跌行情初期中出现。

B. 由一大三小，四根K线组成。

C. 下跌时，先出现一根中阴或大阴线，随后在这根阴线的下方，出现了三根小 K 线，这三根小 K 线可阴可阳，也可以是十字星。

注意：

A. 看到下跌三颗星在下跌初期出现，投资者应先走为快。

B. 而在下跌途中出现的下跌三颗星，投资者要知道它还有下跌空间，如果把握住了下跌初期的离场机会，就没必要分析下跌途中下跌三连阴的意义。

第九节　两黑夹一红

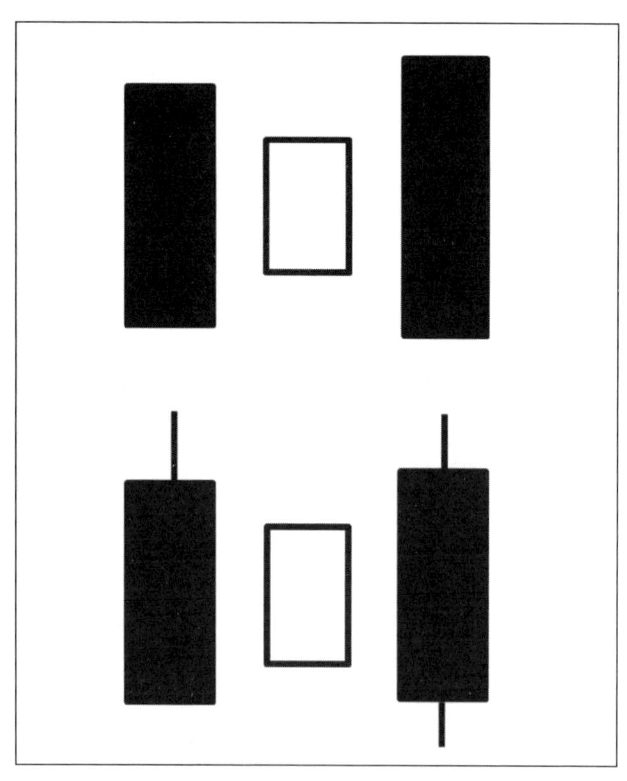

图 5.9.1

特征：

A. 该形态在涨势中或跌势中出现都可以，在涨势中出现是见顶信号，在跌势中出现是下跌中继。

B. 由两根较长的阴线和一根较短的阳线组成，左右两边是阴线，中间是阳线，两根阴线的实体要比阳线的实体长。

注意：

两黑夹一红的出现，是空方优势在逐渐加强，无论是在上涨中，还是在下跌中出现，都是看跌信号，操作上应该出局为宜，如果还有其他看跌K线发生共振，下跌概率更大。特别是对接式两黑夹一红，杀伤力巨大。

第十节　底部三阳

底部三连阳是股价上涨的信号，当股价见底回升时连续出现三根小阳线，在横盘整理后出现三根小阳线，都是后市大涨的信号。

底部三连阳的标准形态是一种稳健上升的信号，它处于上升的初期，升幅极小，但稳健地推进，是后市上涨的明显信号，此时买入，收获必大。对于短线投资者而言，运用底部三连阳指导实战时，一定要仔细研判，否则，可能铸成大错。

需要说明的是，有些看似为底部三连阳的K线形态，其实并不是底部三连阳。概括来讲，如果短线投资者遇到以下几种情况，就要予以高度警惕：三根阳线的排列顺序为大、小、大；第三根阳线的实体过长，是第一根的2倍以上；第三根阳线的实体小于第二根，且上影线较长，第二根阳线的实体较长，且创出新高，第三根实体较小；第三根阳线实体比第二根的小，第二根的又比第一根的小。

实践证明，一旦出现标准的底部三连阳 K 线形态，同时配合温和放大的成交量，意味着股价将会走出一波上升行情。而不标准的三连阳却往往是主力骗线，是典型的多头陷阱。

第十一节　跳空孕育十字线

所谓跳空孕育十字线，是指当价格跳空上涨后，拉出三根大阳线，随后又出现一条十字线。图 5.11.1 是跳空孕育十字线的图形。

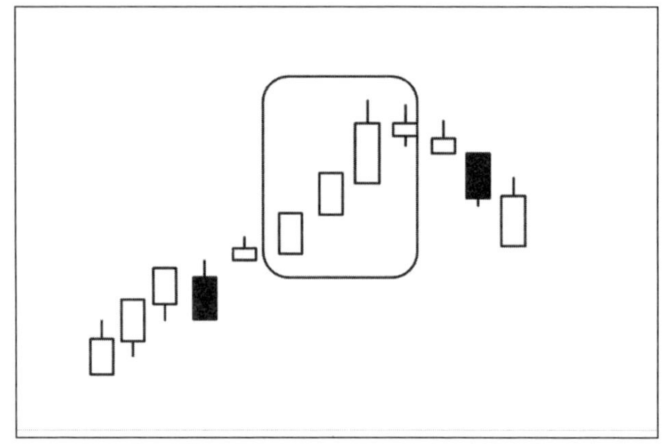

图 5.11.1

实战运用：

在实际操作中，一旦出现跳空孕育十字线，意味着涨幅过大，买盘不愿追高，持仓者纷纷杀出，市场价格将下跌。此时，投资者应该及时将手中的股票卖出，离场观望。

事实上，跳空孕育十字线的出现，也是融券放空者千载难逢的机会，股价会暴跌。所以，投资者应抓住时机抛出。

第十二节　台子线

概念：

所谓台子线，是指行情跳空上涨形成一根十字线，隔日却又跳空拉出一根阴线。

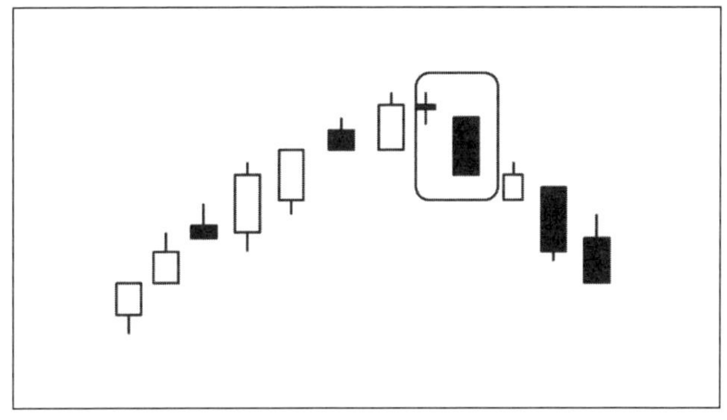

图 5.12.1

实战运用：

从上图可以看出：股价连续拉出几根阳线后，跳空上涨，形成一根十字星，随后又跳空拉出一根阴线，表明买方力量已不能使股价继续上涨，以致跳空而下，股票行情即将下跌，为卖出信号，投资者应卖出股票。

第十三节 上涨插入线

概念：

所谓上涨插入线，是指在上涨途中出现一根或两根阴线后，又出现一根低开高收的阳线，说明这一两根阴线是股价的短期回档，股价将继续走高。上涨插入线的图形如图 5.13.1 所示。

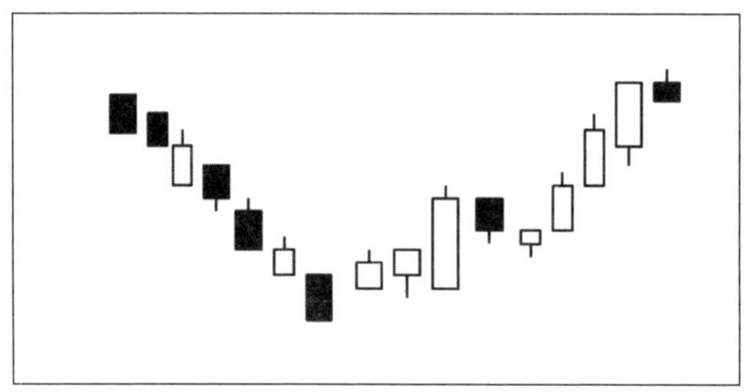

图 5.13.1

实战运用：

在实战中，上涨插入线的出现，表示买气仍将强盛，股价必将继续上升。此时，投资者应抓住机会吃进。

值得投资者注意的是，上涨插入线的前提条件不是大涨，而是股价行情在震荡中走向高价。

第十四节　变体黄昏之星

之前我们讲了标准的黄昏之星形态是怎样的。但是更多的时候不会有这么标准的形态出现，那么该怎样定义所看到的形态是黄昏之星呢？这就要视情况而定。一般出现以下两种情况，我们可以将其视为变体的黄昏之星。

1. 我们知道，典型的黄昏之星要求前面两根实体互相都不触及，后面两根也是如此，开盘都出现了跳空。但是股市相比于期市要灵活一些。实体之间的相对位置允许有某种程度的弹性。见图 5.14.1，第一根阳线的收盘价同第二根小阳线的开盘价再同第三根大阴线的开盘价相等。我们仍然可以把它定义为黄昏之星形态。

图 5.14.1

2. 如果第三根阴线不是大阴线呢？这就要视情况而定。下图 5.14.2 的黄昏之星形态不标准，因为第三根是小阴线，但是我们仍然可以定义为黄昏之星。原因是这根小阴线插入到了第一根阳线实体的深处，同时我们看到前面一根流星线，后面还有一根大阴线，可见这个形态组合处于重要的阻力区，所以它与传统的黄昏之星一样为空头信号。

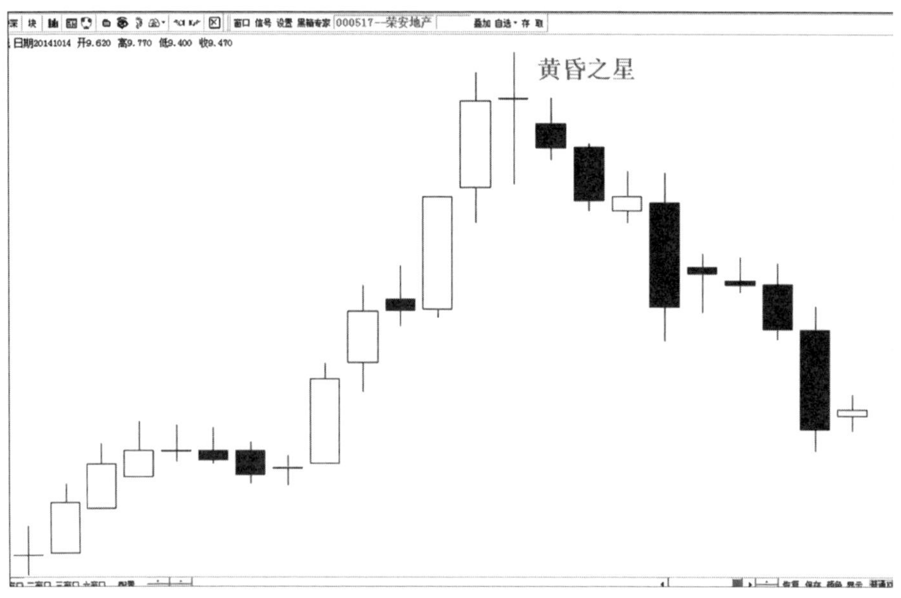

图 5.14.2

备注：我们还应该记住的要点是，出现的黄昏之星形态越接近标准，头部形成的可能性越大。

第十五节　崩盘十字星

在高价区行情继续上行，收了一根大阳线，之后却来了一个向下跳空的十字星，卖盘压倒了买盘。此后的一个交易时段如果再出现一个向下跳

空的阴线，就构成了崩盘十字星。这个形态被认为是“大跌的前兆”。

崩盘十字星的三根K线长得和黄昏十字星的三根K线一样，差别在于十字星的位置：在黄昏十字星中，它位于长白实体的上方；而在崩盘十字星中，它位于长白实体的下方。再来比较一下崩盘十字星和跳空十字星，它们的差别就在于所处走势的位置：跳空十字星是空头中继形态，也就是说它出现在下降的走势中；而崩盘十字星是顶部反转形态，出现在上升走势之后。如图5.15.1所示。

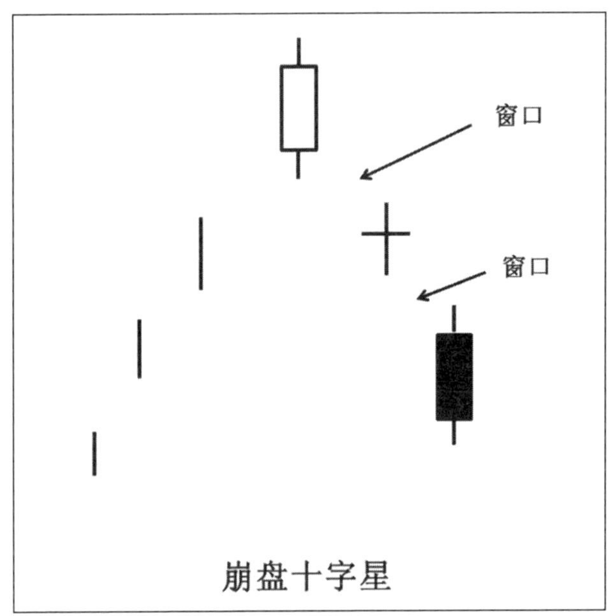

图5.15.1

备注：这里注意一个地方，崩盘十字星的十字星之后不需要立刻出现一个向下跳空的阴线，这两根蜡烛线之间可以夹杂几根蜡烛线，这样形成的K线形态不是标准的崩盘十字星，但仍有崩盘十字星的效果。

第十六节　不标准的形态

如何去看待不标准的形态？我们之前在讲一些 K 线形态的时候，侧重点都是标准的形态，但是如果我们碰到一个形态比如很像乌云盖顶，但是细细看又不标准，这个时候怎么办呢？我该不该将其与标准的乌云盖顶同等看待呢？在实际的交易过程中，我们不应只识别标准形态，而排斥不十分标准的形态，有时非标准形态也可能是有效的。所以，如果我们碰到了非标准形态，我们该怎么操作呢？以下是三点建议：

1. 先将这个形态看作标准形态，就把它当作信号，然后等待市场的进一步确认，得到确认了，可以与标准形态同等看待；2. 如果某个非标准形态确认了一个支撑位或阻力位，或出现在严重的超买或超卖区，形态构成反转的概率很大。此时可以与标准的形态等同看待；3. 还有一种方法，就是之前的合成蜡烛线技术，如果出现了非标准的形态。用合成蜡烛线技术将其合成为一根 K 线，然后看看这根合成蜡烛线给出的信号与这个形态的预测是否相符。若相符，则也可以将其与标准的形态同等看待。

第十七节　倒锤子线

我们已经知道什么样的形态叫流星线。而倒锤子线长得和流星线很像，只是在趋势中所处的位置不同。倒锤子线和流星线一样也具有长长的上影线，小小的实体，并且实体居于整个价格范围的下端，下影线没有或者有

却很短，短到几乎没有了。但是与流星线不一样的地方是，流星线是顶部反转形态，而倒锤子线却是一根底部反转的形态；流星线处于上升趋势之后，而倒锤子线却处于下降趋势之后。在分析倒锤子线时，有一点非常重要：当倒锤子线出现之后，必须等待下一个交易时段的看涨信号对它加以验证。倒锤子线的验证信号可以采用下面两种方式：

1. 倒锤子线次日的开盘价向上跳空，超过了倒锤子线的实体。向上跳空的距离越大（缺口越大），验证信号就越强烈；2. 倒锤子线次日是一根阳线，它的整个价格范围都处于较高的水平。市场维持在倒锤子线实体之上的时间越久，验证信号就越强烈。

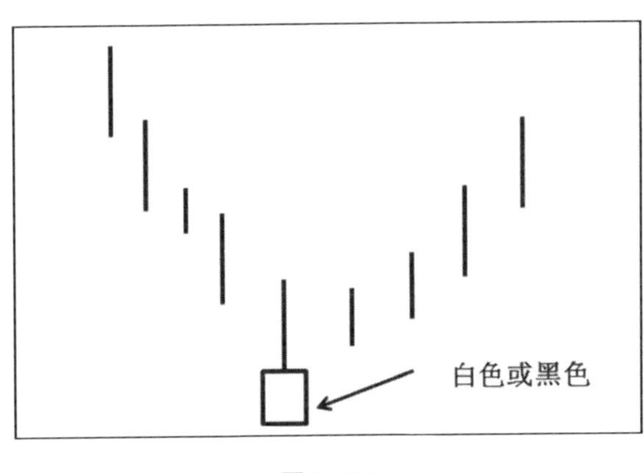

图 5.17.1

第十八节　失败的锤子线

我们来看图 5.18.1 五矿发展（600058）的日线图。在图中我们看到，6 月 21 日的那根具有长长下影线的锤子线形态（虽有上影线，但极短，所以我们仍可看作是锤子线）显然没有起到什么作用。这条锤子线就引出了关于锤子线形态分析的一个非常重要的注意事项：只有把价格形态与它之

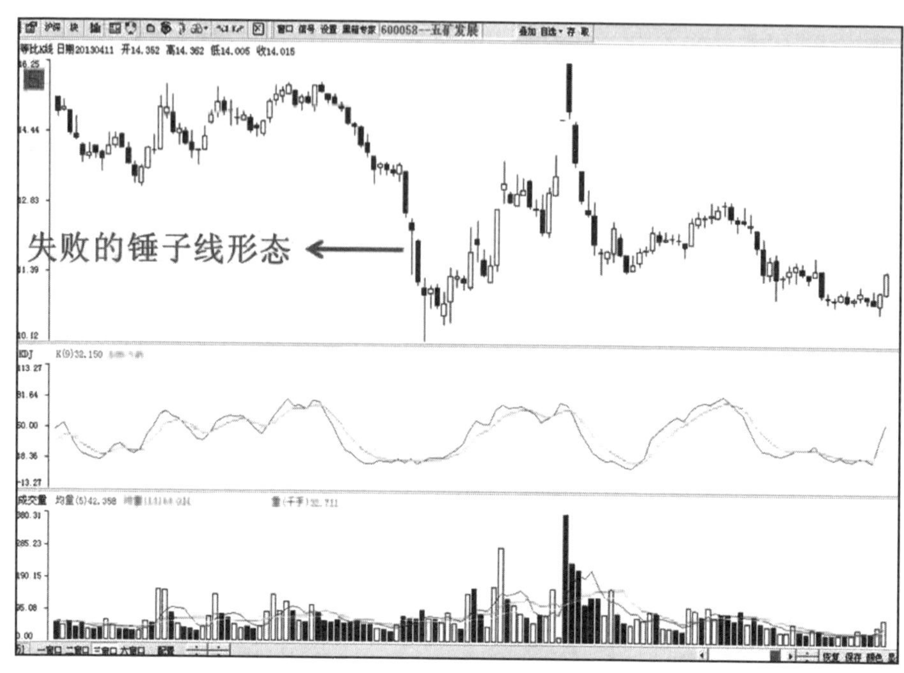

图 5.18.1

前的价格变化相结合，进行通盘的考虑，才能准确把握价格形态的意义。我们注意到，图中的那根锤子线前一天，市场走出了一条极其疲软的蜡烛线（即大阴线）。这条蜡烛线清晰地说明，市场具有强劲的向下动力。此外 6 月 21 日的这根锤子线还向下穿透了 2012 年 12 月 4 日所确立的那个重要支撑水平。所以，这根锤子线失败了。

那么，若以后出现这样的锤子线怎么办？稳妥的做法是，先等一等其他验证信号，看看牛方是否确实已经重新占据了上风，然后见机而作。比如说，当五矿发展 6 月 21 日的那种情况的锤子线出现以后，再出现一根阳线，并且它的收盘价高于这根锤子线的收盘价，那么后面的这根阳线就验证了锤子线的反转意图。我们可以参考一下 2014 年 6 月 25 日的上证指数的反转情况。

备注一：所有反转形态的出现，基本上都是得到市场的验证信号。比

如，上吊线出现时，表明当天多方还有力气夺回主动权，但是已经很脆弱了，之后一旦遭到空方的打压，就会不堪一击，迅速引发市场的向下突破。

备注二：锤子线和上吊线合称“纸伞蜡烛线”。

第十九节　白色三兵及前进受阻和停顿形态

白色三兵形态，前进受阻形态和停顿形态，如图 5.19.1 所示。下面我们分别介绍这三个形态。

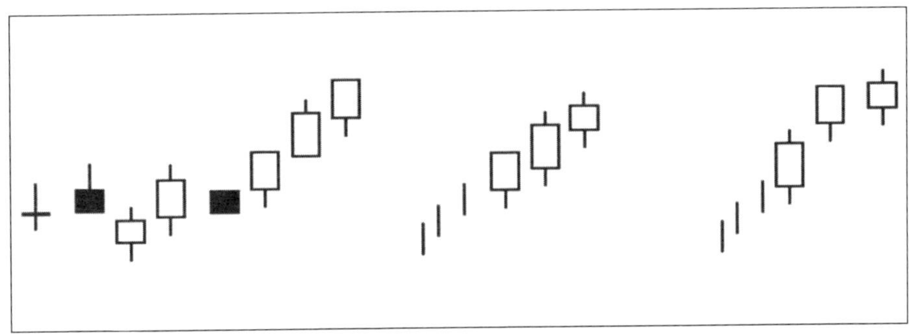

图 5.19.1

1. 最左边是白色三兵形态。本形态由接连三根白色蜡烛线组成，它们的收盘价依次上升，而开盘价则处于前一天实体之内。当市场在某个低价位稳定了一段时间后，如果出现了这个形态，就标志着市场即将转强。这是一种很稳健的市场攀升方式。标准的白色三兵形态，要求每一根白色的蜡烛线没有上影线或很短，且实体也不宜过大（若三根白线实体都较大，市场容易形成超买状态）。

2. 如果其中第二根和第三根白色蜡烛线有一个或者两个都表现出上涨势头减弱的迹象，就构成了一个前方受阻形态，也就是下面第二张图。出现受阻形态，意味着这轮上涨行情碰到了麻烦。特别是当上升趋势处于晚期阶段的时候，如果出现了前方受阻形态，则更得多加小心。在受阻形态中，作为上涨势头减弱的具体表现，既可能是其中的白色实体一个比一个小，也可能是后两根白色蜡烛线具有相对较长的上影线。

3. 如果在后两根蜡烛线中，前一根为长长的白色实体，并且向上创出了新高，后一根只是一个小小的白色蜡烛线，那么就构成了一个停顿形态，也称为深思形态。见下图最右边的图形，这一形态出现时，说明牛方的力量至少暂时已经消耗尽了。最后那根白色蜡烛线小小的实体暴露了牛方能量的衰退。

备注一：前方受阻形态和停顿形态，在一般情况下都不属于顶部反转形态。但是有时候，也能引起不容忽视的下跌行情。特别是当这两个形态出现在较高的价格水平上时，谨慎者可以暂时平掉手中头寸。

备注二：停顿形态又叫深思形态。正如其名，市场需要一段深思熟虑的时间，以便决定下一步的方向。所以，停顿形态并不是一个趋势反转信号。还有一点，停顿形态第三个小阳线既可能与前一天的大阳线形成价格跳空，也可能骑在前一天大阳线的“肩膀上”。

第二十节　南方三星形态

南方三星形态。这是底部反转形态。市场原有的趋势是下降的。但是出现的南方三星形态（见图 5.20.1），显示出这种下降趋势在逐渐减弱，虽然在蜡烛线上每天的收盘价还在不断创新低，但是下跌的力度在明显衰退。在这个形态中，第一天是根带有长下影线的大阴线，这个下影线很关键，它表明市场下跌时，逢低介入的买盘很积极。而且第二天市场又高开，

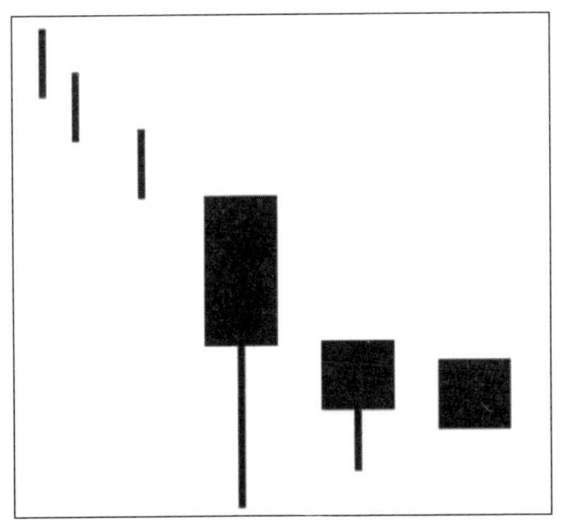

图 5.20.1

虽然市场的成交价没能上升，但是最低价已经较上一个交易日有所提高（第二天图形类似于第一天，只是有所缩小，而且没有触及第一天的最低价），第三天是一根小的黑色秃蜡烛线（可以有较小的影线），开盘价与收盘价都在第二天的价格区间之内。

在日本文化中，数字 3 具有特殊的文化意义。有趣的是，在西方技术分析理论中，有许多价格形态和技术概念都是建立在数字 3 的基础上的，同蜡烛图技术不谋而合。为了领略这一要义，接下来特开辟一单元讲解与 3 有关的蜡烛图形态。

第二十一节　三内升形态和三内降形态

三内升形态和三内降形态，这两个形态其实是孕线形态的演化，是它的确认形态。见图 5.21.1，三内升形态是看涨孕线形态的演化，在该形态中，第三天的蜡烛线是一根阳线，并且收盘价高于第二天的最高价；三内降形态是看跌孕线形态的演化，在该形态中，第三天的蜡烛线是根阴线，并且收盘价低于第二天的最低价。

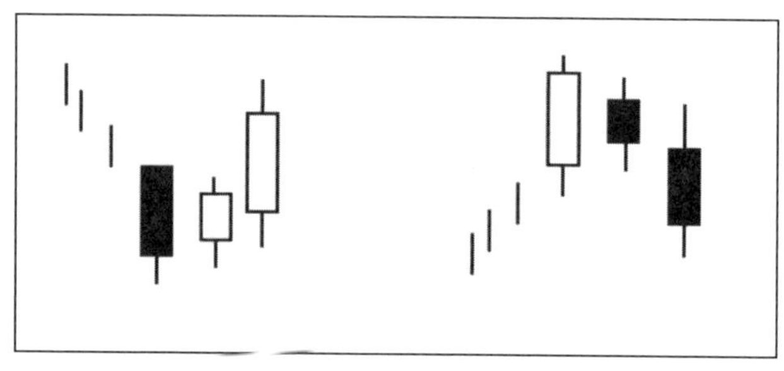

图 5.21.1

第二十二节　三外升形态和三外降形态

三外升形态和三外降形态，这两个形态其实是吞噬形态的演化，是它的确认形态。第三天的蜡烛线反映市场未来的走势是看涨或是看跌。在三外升形态中，第三天是阳线，并且价格是上涨的；在三外降形态中，第三天是阴线，并且价格是下降的。与前面所讲的三内升形态和三内降形态一样，第三天的市场表现将影响市场反转的强弱。

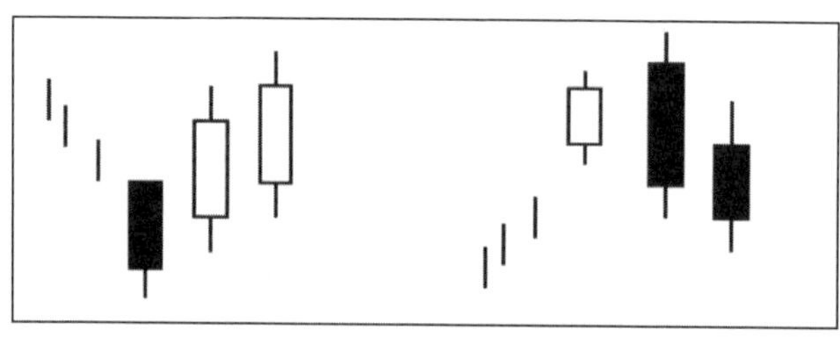

图 5.22.1

第二十三节　迭创新高（低）技术

在蜡烛图理论中，如果出现连续的8~10根新高（或新低），则意味着先前的趋势面临改变的可能性大大增强。通过图5.23.1我们研究一下迭创新高。首先，我们必须确定此前的下行行情走势中的最低点。在创出一个新低后第二个交易日的高点抬高，这就构成了新高蜡烛线图5.23.1，此后的某个交易时段（包括上影线）创出新高后，又形成新高蜡烛线2。请注意，两个新高蜡烛线中夹杂了一根K线，但是因为他并没有高过新高蜡烛线1的最高价，所以把它忽略。像这样被忽略的K线数量最好不要超过三根。一般来说，如果迭创新高8~10根K线之后，出现了具有空头意味的K线形态，那么卖出股票是明智的选择。图5.23.2是迭创新低的例子（与迭创新高相反）。如果出现8根新高蜡烛线时，说明市场处于超买状态。在这种情况下，多头很有可能获利了结，价格因此很容易突然下跌。图5.23.3则显示了，如果市场通过横向盘整或者大幅修正两个中的任一方

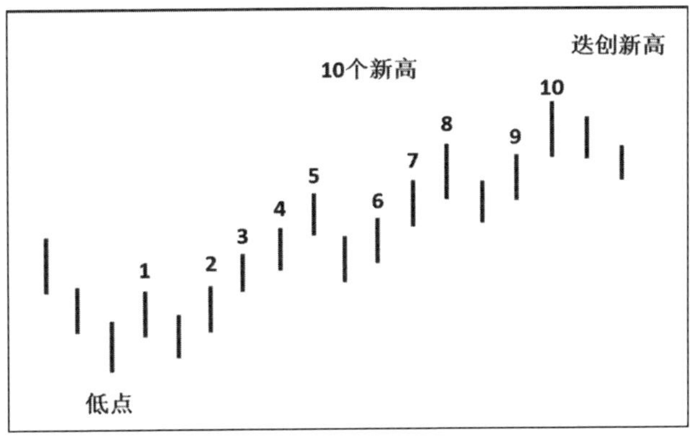

图5.23.1

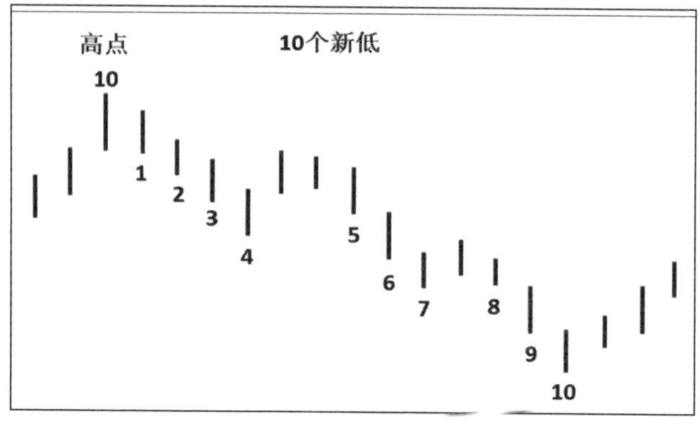

图 5.23.2

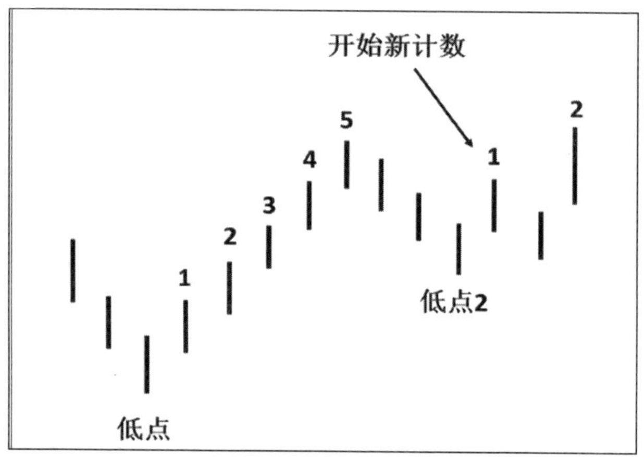

图 5.23.3

式化解市场的超买状态，则迭创新高形态也就不存在了。就要从新的低点开始重新计数。运用这一技术需要注意的是，8~10 根只是个参考值，对这个数字不要过分拘泥。不同的市场有不同的周期，有的市场可能只有 6 根或 12 根。

第六章
图形形态分析

继前面内容所讲，股票市场是由一根根阴阳 K 线构成的。每一根 K 线都好比是一个字、一个词或者是一种标点符号，市场通过它们向投资者传递着一些信息——或涨或跌或整理。但是，想要通过单独的一根 K 线或者几根 K 线，来完整地诠释市场中真实的含义还是非常吃力的，就好比通过某个人的只言片语去揣测他的真实用意一样。

当更多的 K 线出现并组合在一起时，就构成了一张完整的图表，这也是一段完整的语句表达，分析及应用起来将更有价值。

图表分析，又称之为图形形态分析，是技术分析领域中非常重要的组成部分。有些形态形成之后，市场的运行方向会被改变（原来上涨，转为下跌；原来下跌，转为上涨），我们把这类型的形态称之为反转形态；而有些形态形成之后，最终市场继续沿着原有的方向运行，此种类型的形态我们称之为整理形态，或者是持续形态。一般而言，形态震荡空间越大，完成时间将会越长；而完成时间越长，对后期的影响也就越大。

这一章，将重点给投资者介绍一下股票市场中的反转及整理形态。

第一节 反转形态

反转形态，顾名思义，这些形态的出现，将直接改变价格运行的趋势。而趋势又分为两个方向——上升趋势和下降趋势，如果该形态出现之后，市场的价格由涨势转为跌势，则被称之为顶部形态，如头肩顶、复合型头肩顶、圆形顶、双重顶等；如果形态出现之后，价格由跌势转为涨势，则称之为底部形态，如头肩底、复合型头肩底、圆形底、双重底等。

那么，这些形态是如何产生的呢?

首先，假定市场中有一些消息灵通而且资金量雄厚的投资者决定投资某公司的股票，现在该股的价格只有 10 元，价位很低，而这一公司的经营状况前景非常乐观，并且得到国家政策的扶持，未来升值空间很大，他们的资金就开始入场，买入所有的抛盘，而且，尽可能不为人所知。当他们已经搜集到足够的筹码，以便在后期股价拉升起来完成获利之后，开始持股观望，等待时机。由于前期不断接收抛盘，即使再隐蔽，股价都会或多或少地被带动起来，可能是 12 元或者 13 元了。此时，专业人士也开始心生疑虑，市场不断传出关于该股的异动传言，一些喜欢基本面分析的交易者，开始发现这一公司的良好前景，另一部分技术派交易者，也开始察觉股票运作中的建仓信号，场外资金纷纷介入，一轮行情随之展开。

其次，随着升势的不断加速，越来越多的投资者为飙升的价格所吸引，此时，良好的财务报表，专业人士的公开解读，各种频发利好更是对此推波助澜，而这正是提前入场投资者所期望的。最终价格达到他们

的预期位置，随后，将会有计划地派发出局，这一过程，要比建仓时更富有耐心。因为，如果他们不计后果地急于抛出自己手中的筹码，必然会严重地影响到市场本身的供求关系，本来一路飙升的涨势，会由于供应量的突然增加，瞬间转为跌势。而作为市场中的普通投资者，很多都是非理性的，如此异常的快速下跌，会瞬间击碎他们的买入热情，场外的投资者不敢再轻易入场，市场需求量进一步降低，场内投资者也会加入到抛售的行列当中，供应量进一步增加，从而导致价格狂跌。每个人都很难独善其身。所以，他们必须一点点地把趋势维持住，和在底部建仓时一样，尽量避免引起注意。但是，尽管他们很小心，随着不断分批次小量抛出，价格也会出现一定的疲软，甚至略微回落，为了维持场外投资者的买入热情，他们可能会再次买入一部分筹码，将价格再次推高，然后再继续分批次小量抛出，直到全部获利了结。

最后，当他们完全出局之后，价格再次回落时，将不再得到任何资金的主动维持，此时，一些精明的投资者为了资金安全，会选择抛出自己手中筹码，出局观望，而场外的投资者感觉到供应量的增加，也不再入场交易。供求关系严重失衡，价格急转直下，并且涨势一去不复还。

为了派发出货所留下的一些图形，就是我们所说的“顶部反转形态”。还有许多类似的形态出现在“底部”，我们就称之为“底部反转形态”，只不过这一过程所表明的是筹码的收集，而并非筹码的扩散。

一、头肩顶及头肩底

1. 头肩顶

其标准形态如图 6.1.1 所示。

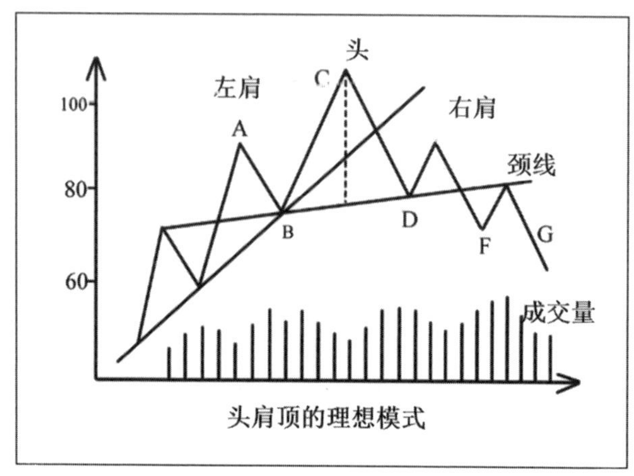

图 6.1.1

（1）形态完成过程

A、股价经过长期上升，此时出现一轮强劲的上涨，一般带有一定的爆发性，其目的是将市场中的交易热情再次提升，达到失去理性的状态，成交量随之大增，变得十分巨大。此时随着场内筹码的不断派发，股价出现小幅回落，成交量较前期上涨最后几个交易日有所下降。左肩形成。

B、伴随着可观的成交量，股价再次回升，并且突破左肩高点，突破的幅度可大可小，但肯定会形成向上突破。其目的，一方面解除前期调整时造成的恐慌心理，另一方面，股价再创新高，说明升势良好，场内投资者继续坚定持股，场外投资者积极入场接收筹码。随后，股价出现另一次回落，成交量相应减小。价位一般回跌至前一低点水准附近，有时高些，有时低些，但是绝对位于左肩的顶点之下。头部完成。

C、第三次上升，虽然价格再次回升，但成交量已不再出现过去庞大的成交量，一般会明显低于左肩和头部形成时所出现的成交量，并且，涨势亦不再凶猛，往往在到达前期头部股价水准之前就开始向下回落。这就是右肩。

D、随着抛盘不断增大，主动承接盘不足，价格持续下跌，最终跌破

了颈线，即由左肩与头部之间及头部与右肩之间的下跌底部所作出的一条直线，且收盘价突破颈线幅度超过该股市场价格3%以上，称之为有效突破。

（2）注意事项

A、形态。对于一个有效的头肩顶来说，前面所列举的A、B、C、D各项是必须要存在的。缺少其中任何一项，对整个形态的完整性、确认度及未来的预测价值，都会有很大的影响。

简单来说，作为一个有效的头肩顶形态，首先要有三个高点。中间高点最高，称之为头部，左右两个高点大致相等，称之为左右肩。但大部分右肩又略低于左肩，一般相差幅度不超过3%。并且有明显的颈线存在，也就是说，左肩与高点之间有一个明显的低点，高点与右肩之间，也能找到一个明显的回落低点。

B、成交量。成交量是图表分析中必不可少的一部分，缺少它，就好比中国的语言缺少了声调一样，一方面变得乏味，另一方面更会变得晦涩难懂。实际上，成交量与价格一样，也会形成一定的形态，二者趋于一致，也就是通常所说的“量价配合”，在一些特定的情况下，都需要满足特定的要求。

关于成交量，并没有一个定性的要求。当我们谈及放量或者高成交量时，我们指的是在一个特定时期内针对某一只股票而言，其交易的活跃程度比正常时期要大得多，通常也就是和近期的成交量进行对比。并且，对于不同的股票，对比每天的成交量大小，是没有意义的。比如说，A股票的流通盘有10亿，当天成交了500万，而B股票的流通盘只有1个亿，当天成交了200万，如果单纯从成交的数量来看，很明显是A股票的较多，但根据同一种股票指标最近的变化情况这一技术准则来看，A股票也许很低，B股票反倒是较高的成交量了。

在头肩顶形态中，我们在描述左肩过程时，曾提到过高交易量，这就意味着，某只股票在接近左肩顶部及左肩顶部处的成交量，要比前一轮上升的成交量大。实际上，根据量价关系来看，当头肩顶的左肩形成时，市

场或者某只股票仍然属于良好健康的上升趋势。当左肩形成之后，接着是一波小幅的缩量调整，这也属于上升趋势中的正常表现。再接着是一轮新的上涨，形成头部，此时的成交量表现较高，此“较高”意味着头部的成交量还是放大的，可以与左肩持平，可以略低于左肩，甚至还可能大于左肩的成交量。从这方面来说，任意两个典型而连续的上升运动，都可以看作是一个头肩顶反转形态的左肩和头部。

而当价格不能创出新高，成交量也明显低于前一次上升运动所对应的成交量时，这就意味着一个头肩顶形态的形成。如果这一成交量变化非常明显，并且价格也确实见到高点开始向下转折，则后市的发展应该更加密切关注。

所以，关于头肩顶形态成交量的变化，总的来说分为三种情况：第一，左肩 > 头部 > 右肩；第二，左肩 = 头部 > 右肩；第三，右肩 < 左肩 < 头部。

如图 6.1.2 所示，这是仙琚制药（002332）2010 年 6 月 2 日至 2012 年 2 月 10 日的一段日 K 线走势图。图中可以很明显地看到一个头肩顶形态：

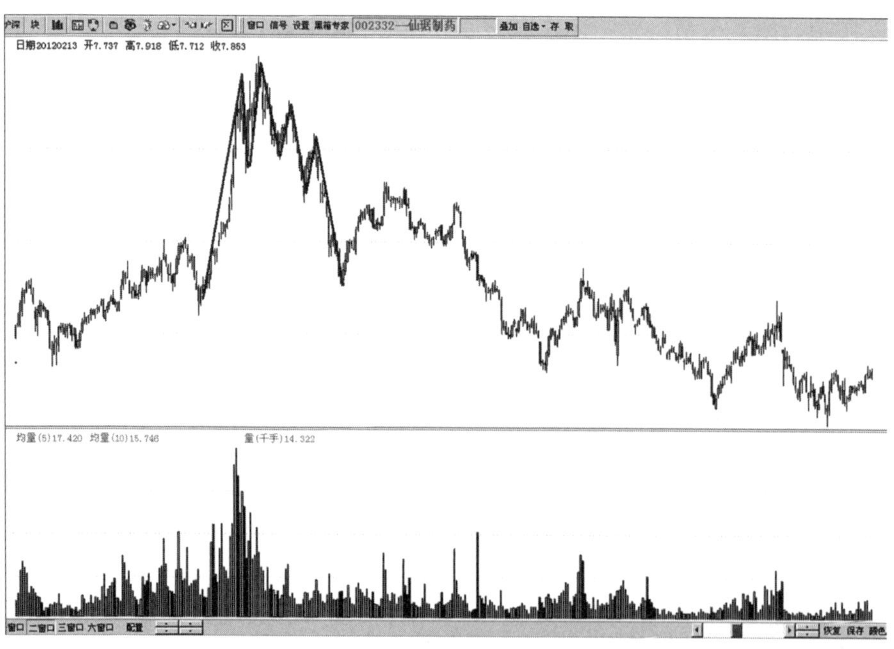

图 6.1.2

2010 年 11 月 16 日形成左肩高点，此时对应下方成交量是非常巨大的；2010 年 11 月 26 日形成头部高点，此时成交量也有所放大，但较左肩的量能出现一定萎缩；而 2010 年 12 月 16 日的右肩高点形成，对应的量能也是这三个位置最低的。

C、突破。说简单一点，就是对头肩顶形态颈线的突破，而只有在颈线被跌穿并达到决定性的幅度时才会完成，此时才能确认头肩顶反转形态的确立。

在突破之前，右肩的反攻所伴随的成交量未能恢复至以前的水平，此时是一种警告信号，需要提高警惕。当价格接近左肩顶部水平时，成交量依然相对较少，则头肩顶形态基本完成了 75%。此时，右肩与头部之间的低点也明显出现，头肩顶形态的颈线被有效确认，后期一旦下破颈线，下破的有效性一般通过“三三原则”进行确认，伴随着价格的突破，成交量此时可以缩量，也可以放量，但实际上缩量跌破的情况较多。

那么，有没有“虚假突破”呢？也就是说，头肩顶形态的颈线被穿透一定的幅度，但价格并没有进一步下跌很多，这种情况应该是很多投资者不想看到的现象。在这里，请投资者们放心，对于头肩顶形态来说，这种情况是极为罕见的，不论当时市场流传的消息和市场投资者的心态看起来与头肩形的预示多么的不相符合，一旦一个头肩顶形态被确认之后，后期保持继续下跌的可能性是如此之大，以致我们值得相信这种图形形态所给出的信号。

D、出货点。这应该是投资者最关心的问题，因为和每一位投资者的切身利益有很大关系。

在整个头肩顶形成的最后一步——颈线被向下穿透，并且是有一定幅度的穿透，如前面所讲，这一动作可能伴随着交易活动的增加而出现，但通常不会出现在刚刚开始的时候。如果随着价格下滑而成交量持续保持低谷，那么，接下来往往会产生一个反扑动作，使价格再次回升到颈线水平

附近，极少会对颈线位置再次形成有效上穿。这往往是“最后的挣扎”，随后价格会很快再次下跌，此时的交易量急剧放大，这几乎成为市场中普遍的一种规律。

所以，作为普通的投资者来说，当头肩顶形态颈线被确认突破时，为第一出货点，如果后期出现价格反扑，在颈线位置遇阻时，为第二出货点。

但是，会不会有反扑，或者反扑出现的概率有多少，这在一定程度上和当时的市场环境有很大关系。如果个股图表上出现了头肩顶形态，与此同时，市场总体的趋势也是看跌的，此时就可能不会有“反扑”产生。反之，如果市场整体表现强劲，那么，产生“反扑”的可能性就会大大提高。

图 6.1.3，是石油济柴（000617）2006 年 6 月 9 日至 2008 年 10 月 24 日的一段周 K 线走势图。实际上，很多图形形态不但日线上有效，周线上同样适用。

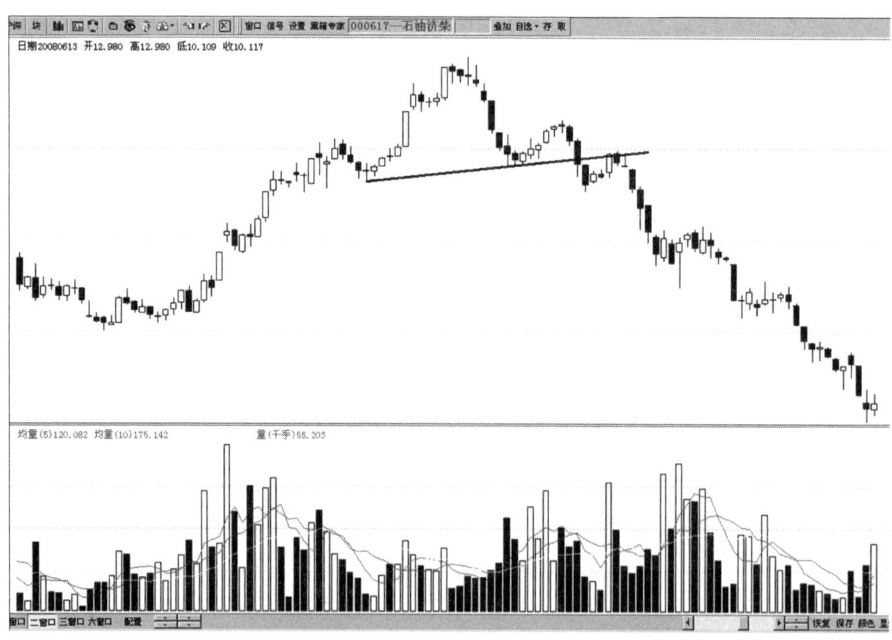

图 6.1.3

从这幅图中就可以很清晰地看到，前期价格一路上涨，最终经过一个完整的头肩顶形态之后，价格出现转势，由原来的上涨转为下跌。该股是在 2008 年 1 月 11 日形成右肩高点，随后价格出现持续调整，最终跌破该头肩顶颈线位，头肩顶形态确认，下跌开始。跌破颈线位处即可作为第一次出货位置。在该图中，投资者还可以很清晰地看到，该股跌破颈线位不久，又出现了明显反扑动作，在颈线位处受到明显压力，再次转折向下时，量能也随之增大。此处为第二次出货位置。

E、跌幅。也就是空间的测量。一般来说，当一个头肩顶形态被确认之后，首先测量出从头部的顶点垂直向下到颈线之间的空间，然后从紧随右肩形成之后价格最终穿透颈线的地方向下测量同样的距离。这种测量方法，标注的是下跌运动中最小可能的目标位。如图 6.1.4 所示。

如图 6.1.4，这是金陵饭店（601007）2010 年 7 月 9 日至 2012 年 2 月 17 日的一段周 K 线走势图。该股在 2011 年 9 月 9 日跌破头肩顶形态颈线位，确认头肩顶形态完成。

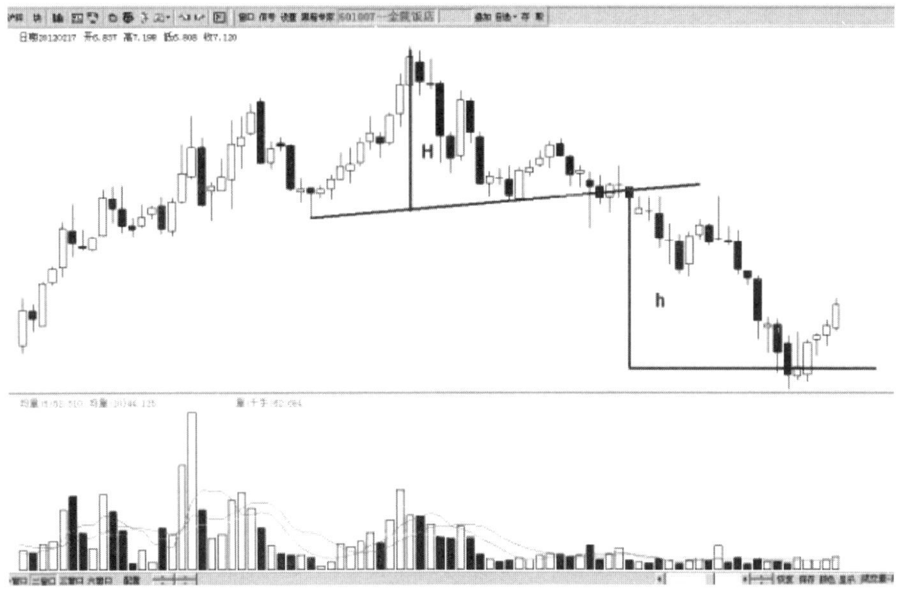

图 6.1.4

此时，从该股顶部2011年4月8日垂直向下至颈线位的空间，定义为H。则该图形形态完成之后，最小下跌目标位应为从右肩颈线位被突破处向下与H等幅的空间，定义为h。而金陵饭店最终在2012年1月份跌到该位置处即不再向下运行，在该价格区间经过长时间震荡整理之后，又展开了新一轮的上升行情。

这属于简单的一种测算，而在实际的价格运行过程中，有些时候真实的下跌空间可能会大于这个目标位，而有些时候又可能会小于这个目标位。针对下跌空间大于这个目标位的，后期价格一般还会以相同幅度的空间继续向下运行，直到最终下跌力度产生衰竭，不再能维持相同的下跌幅度，则说明市场空方动能已得到充分释放，此处形成价格反转的概率较大。针对下跌空间小于这个目标位的情况，可以结合头肩顶的形态特征来说。如果反转区域中形态之前的上升运动幅度不大，那么随之而来的下降趋势也不会那么明显。因而，作为头肩顶形态来说，我们实际上有两个最低限度，一个就是由前面讲到的测量规则得到的幅度，还有一个是头肩顶形态之前的上涨幅度，用这两个幅度进行比较，哪一个更小，一般最小下跌幅度就采用哪一个。

在整个头肩顶形态学习的过程中，实际上投资者还可以发现一个细节问题——颈线的方向。有些头肩顶的颈线方向是向下的，有些头肩顶的颈线方向是向上的，当然，还有一些可能是基本持平的，在这几种形态当中，颈线向下相对来说标志着一个更弱的市场情形。

补充：为了防止失败的形态给投资者带来不必要的损失，有两点可以辅助投资者提前进行预判：1. 若右肩高于左肩，图形有可能失败；2. 若反弹上破颈线，图形有可能失败。

2. 头肩底（如图6.1.5所示）

当头肩形态形成于趋势由下跌转为上涨的重要反转当中，此种情况，我们就称之为头肩底形态。头肩底形态在价格上与头肩顶正好相反，即头

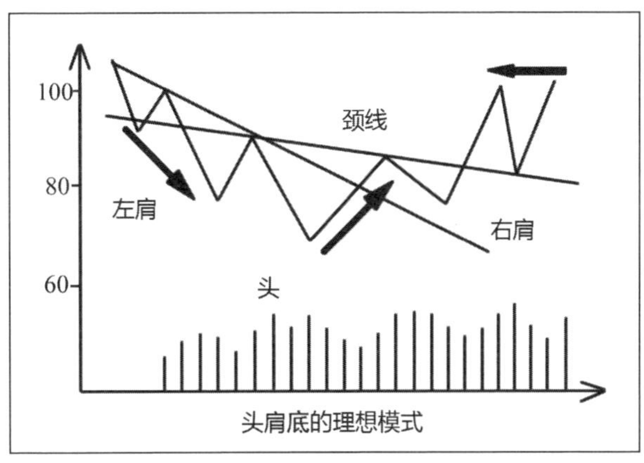

图 6.1.5

部向下，而在交易量方面，却与头肩顶形态多少有点相同，但其后半部存在一些有意义的变化，这是值得我们深入探讨的。

（1）形态完成过程解读

A、左肩。股价经过长期下跌，成交量持续萎缩，但在形成左肩的时候，伴随的是一轮多少带有爆发性的大规模下跌，并且交易量较前期也明显增加。一方面，爆发性的大规模下跌会给场内的投资者造成很大的冲击，令他们的持股信心产生动摇，方便市场中的先知者入场搜集筹码，另一方面，也让场外的投资者不敢采取行动，防止他们去抢筹。接着价格会出现一轮小幅反弹，成交量与下跌最后几天相比，不但没有显著增加，反而相应减少，其主要目的是看看市场中到底有多少普通投资者也在跟随收取廉价筹码，方便提前入场的先知者制定下一步的操盘策略。这就是“左肩”。

B、头部。反弹结束之后，股价第二次下跌，其价格低于左肩的最低价，而其成交量在下跌过程未减少，甚至略有增多，但通常与左肩下跌时的交易情况不相等，然后是另一轮反弹，使价格回升至左肩底价水平之上，此时交易活动可能会活跃起来，成交量迅速增加，无论如何都会超过左肩反弹时的成交量。这就是“头部”。

C、右肩。第三次下跌，成交量很明显地小于左肩和头部形成时所伴随的成交量，当价格跌至头部最低价之前即出现另一轮反弹。这就是“右肩”。

D、颈线的突破。头肩底形成后，可连接左肩与头部之间的高点和头部与右肩之间的高点画一条向上或向下倾斜的直线，该直线同样称之为颈线。当股价配合大成交量上升，突破颈线后，且收盘价突破颈线幅度超过股票当前市场价格 3% 以上，而且在颈线穿越时交易活动异常活跃起来。这就是有效突破。

（2）应注意的问题

头肩顶形态与头肩底形态的基本不同在于成交量上面。头肩底结构中的成交量在头部开始形成时会显现增长趋势，在头部的反弹中也总是极为明显地增长，而在右肩的反弹中更加活跃。并且，在颈线突破时必须表现出明显的放量，否则，这种突破就不被当作一个决定性的确认，甚至有可能是一种失败的头肩底形态。

在华尔街有句行话这样说：“抬升股价需要买入，但股票的自身重量却会让其下落。”因而，头肩顶形态中任何一次价格的突破都不要求成交量的配合，即使是很小的成交量，也可以认为是有价值的。而在头肩底形态中就不是这样，除非出现了明显的放量，我们才将其视为是有效的突破。

另外，头肩底形态一般较长而且较为平缓，比起头肩顶形态来说，它需要更多的时间。而且其完成过程中总的交易量比头肩顶要少。

关于头肩底形态的测量规则与头肩顶形态相同，包括颈线突破时出现的回调，也与头肩顶形态颈线被突破时出现的反弹大体一致。在这里就不做赘述。通过下图案例再加深一次印象。

从图 6.1.6 中可以看出，得润电子（002055）经过长期持续的下跌，从 2012 年 7 月 31 日出现一波明显的放量反弹，量能非常巨大，说明市场交易极为活跃，此为左肩。随后价格再创新低，并且量能较左肩明显缩小，伴随着量能的再次增大，股价出现了第二波反弹，此时头部形成。当价格

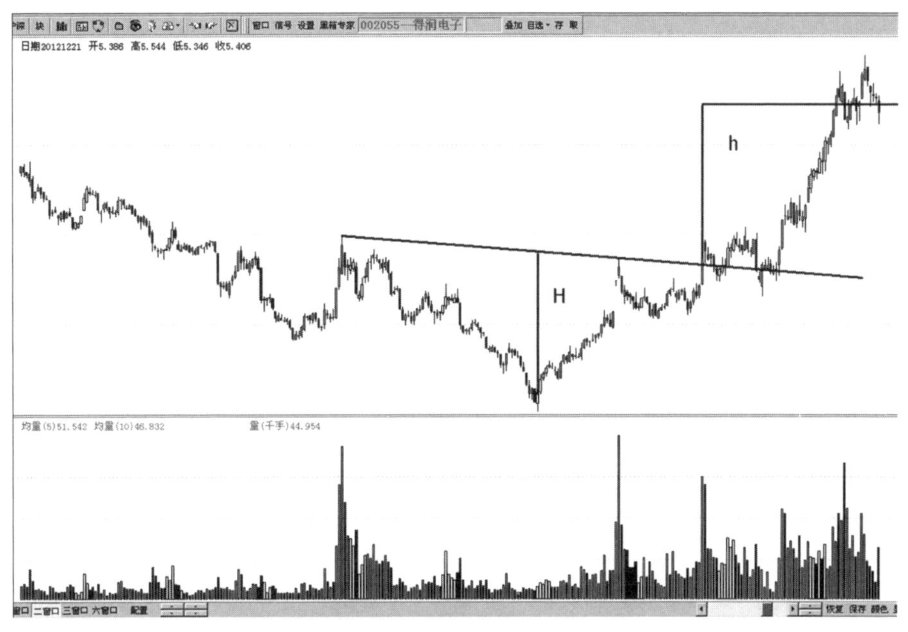

图 6.1.6

反弹接近于左肩反弹高点时再次向下调整，连接左肩与头部之间的高点以及本次反弹的高点得到一条向下倾斜的直线，称之为颈线。股价缩量回落，并未创出头部新低，然后随着交易活跃程度的增加，突破前期连接的颈线，此时右肩形成，并且头肩底形态得到确认。

那么，得润电子后期的上涨目标位如何测算呢？和头肩顶的测量原则一样，首先，测量出头部与颈线之间的垂直距离，定义为 H，如图所示。然后由头肩底颈线突破处向上等幅的高度，定义为 h，如图所示。而该股在 2013 年 5 月份达到这个价格位置，并且在此产生了为期一年半的横盘整理，在 2015 年才又展开另一轮强势上涨。

3. 复合头肩型

我们谈及的头肩形态，除了某些小的变异之外，基本都由三个明确的要素形成。在实际的图形分析中，往往又存在更多产生作用的要素，在形态分析上又与头肩形态有许多共同之处，这种变异形态，我们称之为多重头肩顶（底），或者为复合形态。在此，我们不再花费过多的时间对其再下定义，关于其形态特征，在前面头肩形态中已经作了十分充分的描述。正因为它们在本质上也具备这样的形态特征，所以才称之为复合头肩型。只是在这里，要么是双肩、头部，或者两者一起，出现了两次，或者直接演化成一系列明显的波浪。不像前面一样，每一个头肩形态只有一个左肩、一个头部和一个右肩组成。根据演变特征可分为二头双肩式、二头多肩式、多头多肩式。

（1）形状之种类

这种类型的形态在基本趋势的底部与顶部处出现得相当频繁，几乎任何一种符合形态都可能出现，但在底部比在顶部出现得更多一些。而中等反转中就不那么经常出现了。通常可以分为下面三类：

A、这属于比较常见的复合头肩形态，一般是由两个大致相等的左肩，一个头部和两个大小相等的右肩组成，并且左右两边形态走势与规模大致相同。

B、也有一些包含两个头部，而在头部两侧有两个或两个以上的肩部组成。

C、还有一种是由一个头部及头部两侧一系列肩部组成，其头部范围极小，却又具备头肩形态特征。这一情况常出现在主要趋势的反转当中。

（2）特征

A、复合头肩形态虽然比简单头肩形复杂，但是在对称性方面更加明显，易于确认。如果左侧是两个肩部，那么右侧也同样会出现两个与左肩大小和形成时间都相近的肩部（当然，只有右肩形成之后才能判定这是一个复合形态）。如果不考虑成交量，多数情况下这一形态的右边一半几乎就是左边一半的镜像。

如图 6.1.7，华斯股份（002494）经过长期下跌之后，在 2012 年 1 月份出现第一波强势反弹，此处为第一个左肩，最后股价回落，当达到第一

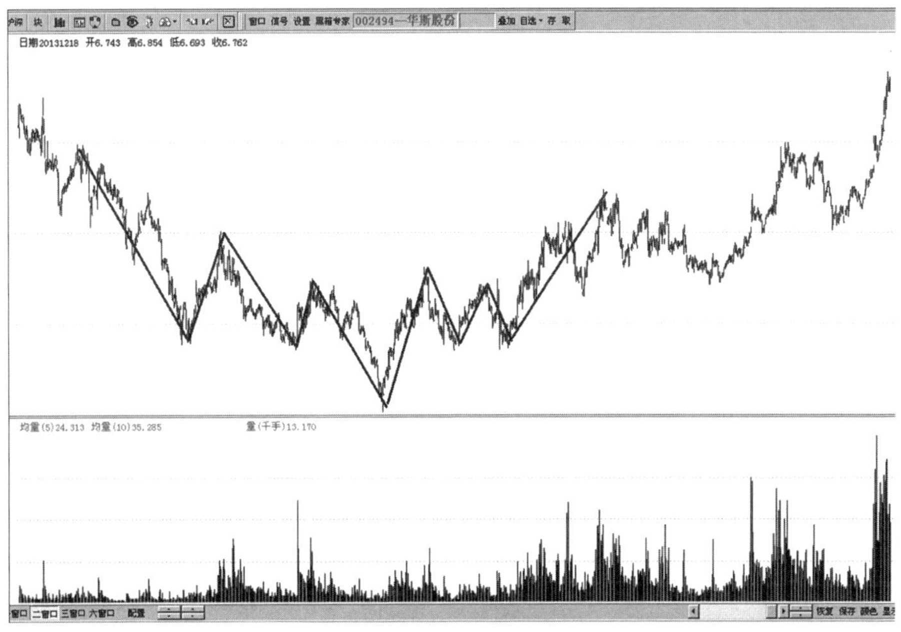

图 6.1.7

个左肩价位附近，再次出现反弹动作，两次价格低点基本在同一个水平位置，此为第二个左肩。由于第二次反弹力度较弱，价格再创新低，在 2012 年 12 月留下了一个完美的头部，随后该股在 2014 年 4 月和 7 月，基本复制左肩的走势，形成了两个低点基本在同一水平的右肩，至此，复合型头肩底形态形成。价格形成反转，展开了长期持续的上涨。

B、复合头肩形颈线因为肩与肩和肩与头之间的下跌并不一定落在同一条直线上，因此不太容易画出，这种形态也很少出现上斜或下斜的颈线，一般都趋于水平。更为常见的情况是出现一内一外两条颈线，而且只有当外面的一条颈线被突破时才会出现价格上的变化。

如图 6.1.8，这还是华斯股份（002494）这只股票。刚才讲了，该股在底部形成了一个很明显的复合型头肩底形态。两个左肩反弹的高点并未在同一水平线上，而两个右肩反弹的高点基本在同一水平。如果按照常规方

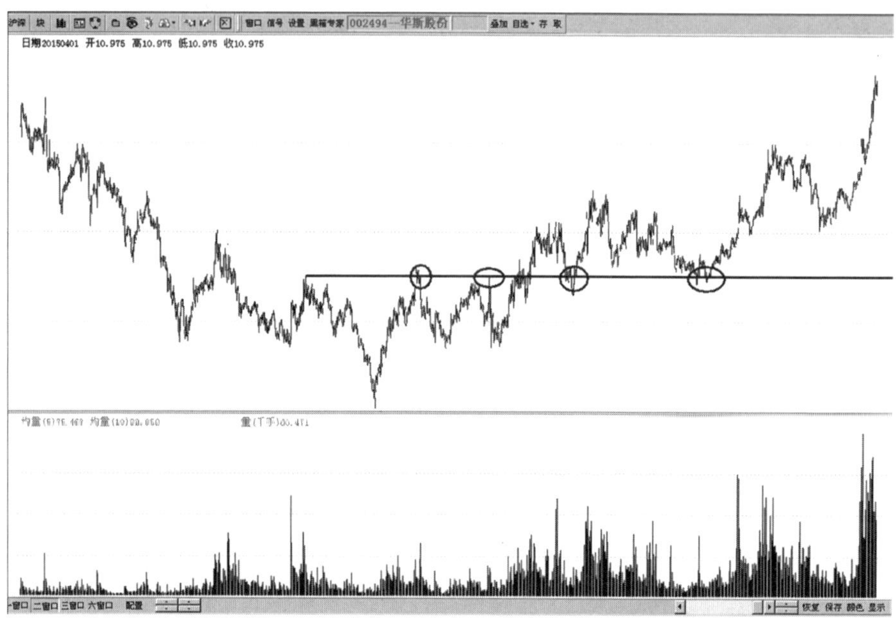

图 6.1.8

法来寻找颈线的话，很难找到理想的位置。

此时，细心的投资者可以发现，头部左侧第二个肩反弹的高点与两个右肩的高点基本保持在同一水平线上。所以，投资者可以通过第二个左肩反弹的高点向右延伸出一条水平线，这条水平线即是华斯股份这只股票的颈线位置。

C、可能由于复合形态比简单头肩形态需要更多的时间，形成过程中的成交量也更大，所以，大多数投资者会认为多重头肩形态的“力度”更易于高估而不是低估。然而，就其结果来看，复合形态一直表现出更低的力度。

复合与简单两种形态，最小测量规则是相同的，而且也以同样的方式进行，其不同在于达到最低目标之后的价格运动。以顶部形态为例，简单头肩顶形态最初的下跌经常很快就实现了该形态的最低预测目标（不考虑跌破颈线后的反扑运动），并且会超过这一目标。而一个多重顶部形态开

始的下跌往往是缓慢的，而且很少超出其最低目标——这种情况一般出现在中等趋势中。

当然，如果复合形态出现在一轮基本趋势反转中，价格将会走得很远，但即使这样，都经常会在“最小尺度”水平处出现一轮强劲的反弹（或者回调）。

图 6.1.9

如图 6.1.9，这是顺络电子（002138）2011 年 4 月至 2013 年 7 月的一段日 K 线走势图。随着持续下跌，该股由 20.5 元下跌至 7.95 元，并在 2012 年 7 月形成向上突破，在底部留下了一个近 9 个月的复合头肩底形态。

此时，由左肩 2011 年 11 月的高点向右延伸出一条水平线，此水平线正好连接右肩的高点，形成该复合头肩底形态的颈线位置。然后测算头部与颈线之间的垂直距离，定义为 H。在右侧找到颈线被突破的位置，垂直向上测量出与 H 等幅的高度，即为此复合头肩底形态突破之后的最小目标位置。如图所示，定义为 h。

通过后期走势，可以很明显地看到，该股在距离最小目标高点还有一段距离时即展开强烈回撤，并不像简单头肩形态一样，直接达到或者突破最小目标位。经过调整再次得到颈线位置支撑之后，该股才真正出现了大幅拉升。从 7.95 元又回到了 20.5 元，后期可能会更高。

二、圆形顶及圆形底

上面我们刚谈及的多重头肩形态，是通过一种普通头肩形态延伸或扩展而成，将这一过程进一步继续下去，复合头肩形就形成了另一类反转形态，即我们所知道的圆形反转。

在我们首次谈到反转形态时，我们看到了不论是由上升转为下降还是由下降转为上升，想改变原有的一种运行状态都需要一定的时间和成交量。头肩形反转形态中，在其最终放弃并撤退之前，趋势将不断地冲刺、挣扎、反抗，并且在价格上明显地表现出来，就形成了头肩形态中的双肩和头部。多重形态中，尽管也会出现类似的情况，但其强度要小得多，因为其持续的时间相对更长，行为做得更加隐秘，但持续一段时间后，供求平衡的转变也会变得极为明显。

圆形反转是这类技术现象中更简单、更符合逻辑的表现。由于买卖之间力量平衡逐渐地改变，在图形上就表现出趋势方向简单地、平缓地、渐进地并且十分对称地改变。需要操纵者具备更大的耐心和技巧，也是普通投资者极难发现的一种图形形态。

1. 圆形顶，其标准形态如图 6.1.10 所示

（1）形态。圆顶形态在低价股和中等价位的股票中极为罕见，只是偶尔在高价位个股图表上出现，因为圆形形态本身出现的频率就非常低。

当价格经过一轮大规模的上升趋势之后会出现这样的形态，股价上升速度不像原来那么剧烈，但多空双方供求关系又没有出现明显变化，此时

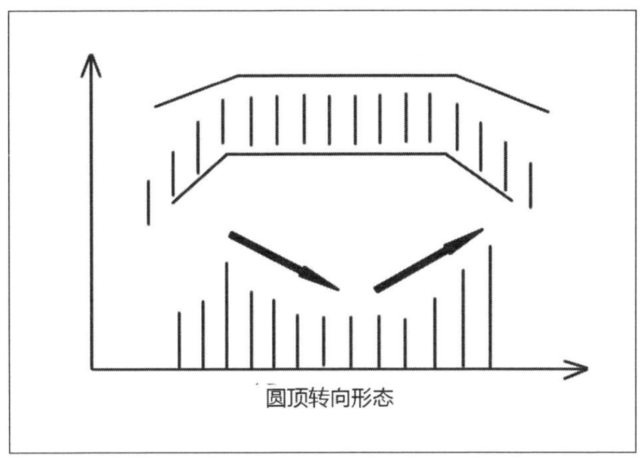

图 6.1.10

连接这一区域的价格高点，则会出现一种圆弧形态，称之为圆形顶，当股价不知不觉回落到左侧价格平台时会出现一定的支撑，此时会出现一个股价徘徊区，称之为碗柄。

（2）成交量。一般随着价格的运行也会呈现一种弧线形态。但多数情况下，成交量信号并不是那么明显，除非是直线下跌的情况才会不同。

（3）突破。如果圆形顶在形成之前有一个价格的整理区间，那么，当在圆形顶形成的过程中，价格达到这一区间时会受到一定的多方抵抗，在此产生一个对称的整理区间，后期价格穿透此处整理区间，则称之为突破。突破的有效性同样以“三三原则”进行验证。

（4）出货点。如果圆顶形态存在明显的碗柄形状，则在价格有效突破时出货，或者突破回抽时进行出局。在实际的图表分析中，圆顶就是一种稀少的技术形态，而带有碗柄的圆顶更是少之又少。由于圆顶的形成是极为隐蔽的，在形成的过程中很难被发现，所以，出货点也是极难把握的。

（5）跌幅。对于圆形反转形态目前尚无测量规则可循。但它同样几乎不欺骗我们，我们只能从导致其产生的趋势的强弱以及其形成所需的时间，大致地估计出它们对市场的预示。但通常情况下，一旦一个圆顶确认

之后，未来的下跌将是漫长的，而空间也是非常巨大的。所以，根据趋势的角度来说，圆顶形成的过程虽然难以发现，如果一个圆顶被确认了，那么，投资者在任何一次反弹出局都是正确的。同样，圆顶在周线图或月线图上也会出现，从某种意义上来讲，为了确认一个圆顶对后期价格的影响，通常可以结合周线图及月线图进行整体分析。

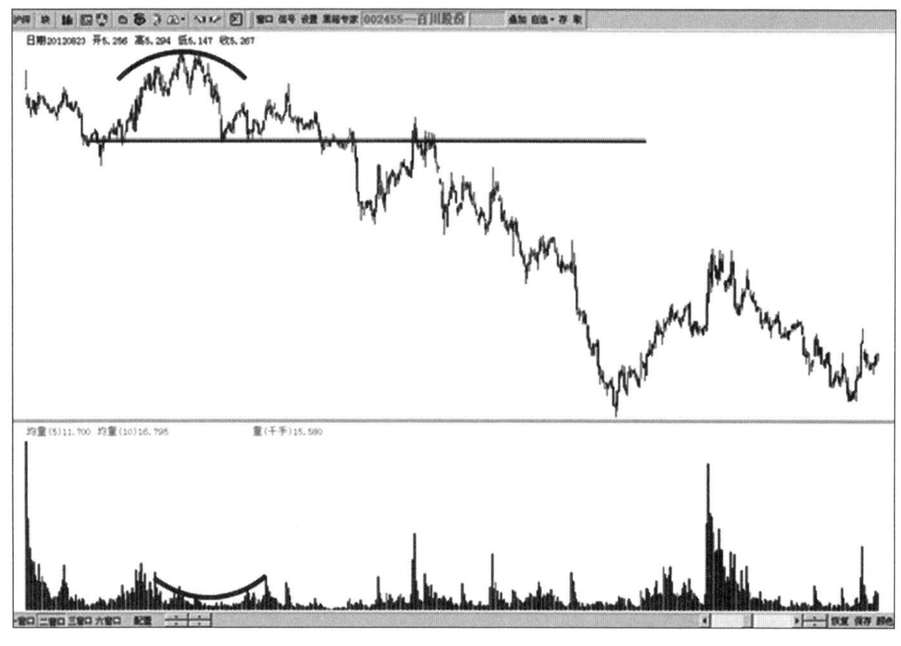

图 6.1.11

如图 6.1.11，这是百川股份（002455）2010 年 8 月至 2012 年 1 月的一段日 K 线走势图。

该股在 2010 年 10 月 19 日见到一个低点 9.68 元，随后股价展开一波上攻，最高上涨至 13.14 元，在高点附近，股价震荡运行，连接每一个上冲的高点，基本就得到了一个弧形的形状，称之为圆形顶，如图所示。对应下方的成交量也可以发现，刚开始左侧的成交量较大，然后逐渐萎缩，在顶部附近缩小至最低，最后再开始逐渐放大，形成一个“碗”形的弧状。

属于圆形顶的形态特征。

圆形顶形成之后，受左侧价格区间的支撑作用，百川股份在 2011 年 2 月份出现了一个较长时间的价格整理，此区间形态可以称之为碗柄。连接左侧价格支撑低点即碗柄低点即可得到一条直线，此直线可以称之为颈线位，如图所示。

当价格向下击穿右侧的整理区间时，意味着原有的基本趋势发生反转，长期的下降趋势形成。由 2011 年 5 月跌至 2012 年 1 月，才出现真正意义上的见底回升。价格也从 9.8 元附近直接跌到了 4.34 元，跌幅达 55.7%，可谓非常巨大。

2. 圆形底

简单来说，圆形底与圆形顶从形态上来说正好相反，但成交量及判别方法与圆形顶基本相同。

但是，与圆形顶不同，圆底最常见于低价股中，形成一种延伸的平底形状，它通常需要数月才能完成。

从形态意义上来说，圆形底的价格形态更加清晰而明确。第一步表现随着下跌的不断运行，卖出压力开始减轻，已达到高点的成交量也开始逐渐减少。虽然压力减小，但需求仍不旺盛，因而，下跌的趋势不会改变，只是速度会慢下很多，随着时间的推移，趋势也越来越趋于水平。第二步，当达到价格底部时，由于买卖双方力度达到平衡，相应的交易活动几乎停滞不前，市场表现极度低迷，价格好多天不涨不跌，而成交量也极为稀少。第三步，随着市场需求量的增长，价格开始转为上升，交易活动也逐渐活跃起来，成交量随着价格的加速不断增长。最终达到一种“垂直”的爆发性价格运动高峰。

通常情况下，圆形底形成之后，虽然意味着未来的上升空间极为巨大，但这轮涨势很少在圆形底刚形成时就开始猛烈飙升，而假如出现这种情况，那么，这种运动将难以持久，会在数周内结束。相反的，如果这一形态完成之后的上升趋势表现得极为缓慢，而且常常会被打断，让没有耐心的交易者精疲力竭，那么，它将会持续较长的时间，并且会带来更加客观的收益。

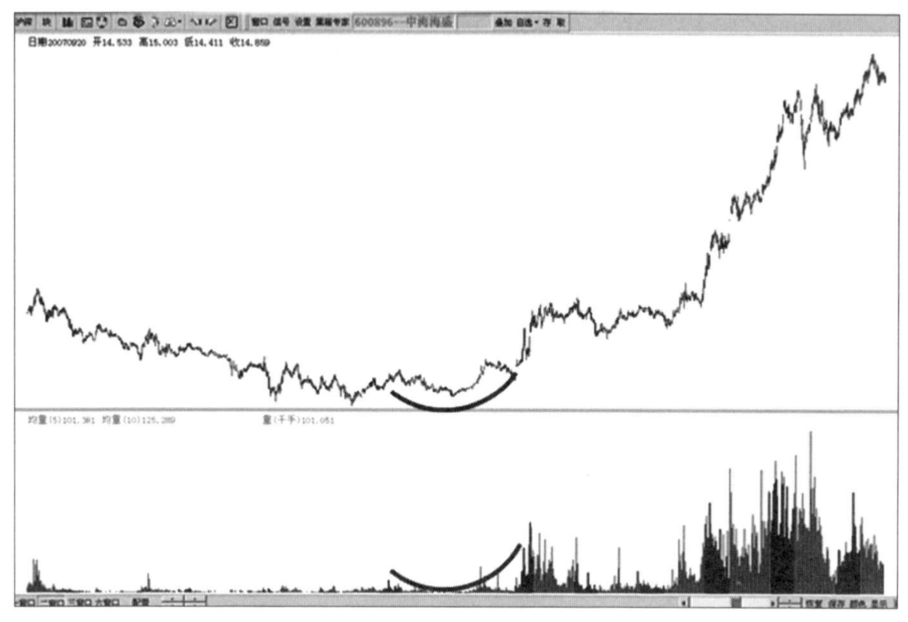

图 6.1.12

如图 6.1.12，这是中海海盛（600896）2004 年 4 月 7 日至 2007 年 9 月 20 日的一段日 K 线走势图。

中海海盛前期一路下跌，直到 2005 年 7 月份开始见底回升，当价格回升到某一高度之后，再次向下回落，并且这个回落价格的波段范围很小，如果连接每一次价格回落的低点，可以看到是一个很明显的圆弧形，如图所示。此时下方对应的成交量也发生同样变化，量能由大变小，然后再缓慢由小变大，形成一个很明显的“碗”形。说明此处是一个圆形底形态。

当这个形态完成之后，股价产生了第一次的推升，本次推升价格上涨缓慢，并且空间较小，仅从 2.00 元涨到了 3.1 元。但该股的持续上涨并未结束，经过长期的横盘整理，最终价格涨至 19.28 元才告一段落。这也是圆形底能给投资者带来的直接经济收益。

三、双重顶及双重底

对于“华尔街”中的老手来说，他们一度将双重顶（底）列为反转形态中最不起眼的形态。而对于那些只懂得一点点技术性“行话”，但不具有系统的专业技术知识与经验的投资者来说，双重顶（底）的名字比任何别的图形形态都要提及得多。为什么会产生这种差异呢？看似简单而普遍存在的双重顶（底）到底蕴含哪些玄机？接下来，就带领投资者深入了解一下这两种形态。

1. 双重顶（M 头）

双重顶，因为其价格形态酷似英文字母中的“M”，所以，又称其为M头。在讨论其之前，我们首先对其做一个定义。

首先，双重顶是这样形成的：股价已活跃的交易涨到某一价格水平，随后伴随着成交量的萎缩，价格出现回落。接着，成交量再次增加，价格又重新上涨到与前面顶部价格同一水平处（或基本上相同），但这时成交量的量峰并没有超越前一次的量峰高点，最后，价格又进行第二次回落，成为一主要或实质性的中等下跌。

但是，在实际的价格运行当中，有些股票或者某只股票有些时候也许已经有了同样的表现，但它们并没有形成价格的反转，最终继续上行并走得更高。所以，如果想将真实双重顶反转形态与两个顶部区分开，必须有某种规则或标准要明白。

这个规则或者特点是：如果两个顶出现在同一价位，但时间上相当近而且两者之间仅有一个细小回撤，那么，他们有可能为一持续区域；另一方面，如果在第一个峰出现之后，出现一轮长期、沉缓、深入且有些圆滑的回落，而且当价格重新上涨到先前高度时，出现明显的衰竭迹象，那么，我们可以怀疑其为双重顶形态的构筑当中。

那么，两个顶之间多深算深，多长算长？这是一个合理的问题，但不幸的是，很难给出一个简单而明确的答案，但可以努力近似。例如，两个顶部之间多于一个月距离，他们不大可能属于持续或者巩固形态。另外，第一和第二个高点之间的回落使价格偏离顶部最高点 20%，则有很大可能为双重顶形态。但是，这两条标准都是任意的，而且不是没有例外。有时，这两个峰发生的时间仅为两或三周，且两峰间的下跌仅为 15%，甚至更少，结果，却形成了双重顶的反转形态，价格至此产生反转，展开了较长时期的下跌。但是，绝大多数真实的双重顶形成都需要两个月或三个月甚至更长时间。一般来讲，时间因素比回撤深度更关键。两个高峰之间的时间越长，中间所需的价格下跌幅度越小。

这属于对双重顶形态形成过程的特征描述。如果价格在从第二个高点回落时，跌穿了前期的谷底，则一个从上向下的趋势反转信号发出，双重顶才真正地得到确认。而且通常为主要趋势的反转信号，尽管前期价格可能已回落了 20%，但在价格抵达底部之前还会有很远的路程。所以，千万不要轻视它。

至于双重顶形态的测量规则与头肩形类似。当价格跌穿双重顶之间的波谷时，后期的下跌空间至少是从双重顶波峰到波谷的距离。当第一次跌破波谷之后，价格反扑到“波谷”的价格范围是经常发生的行为。

还有一点：双重顶的两个顶点没有必要形成在精确相同的价位，通常是后一个顶点略低于前一个顶点，而极少数也会出现后期的顶点略高于前一个顶点。为了确保形态的有效性，这里可以使用前面衡量突破是否有效的 3% 规则来判断。比如说，第一个顶达到了 100 元，那么，第二个顶只要在 103 即可认为属于双重顶形态。这里有两个关键点：第一，就是第二个顶点不能将价格抬至一个决定性高度，第二，也是最关键的，当股价再次回落时，下面的支撑会被突破。

总的来说，作为一个完成并且成功的双重顶形态应该具备下面几个特征：

（1）形态。由两个高点组成，且两个高点的价格基本持平，可以允

许第二个高点高于第一个高点，但不会超过3%，并且，两个高点之间有一个明显的回落波谷，此波谷距离波峰的回落幅度一般在10%~20%。如果这些条件都满足，则认为是双重顶形态。

（2）成交量。在形成第一个高点时，伴随的量能是非常巨大的，中间的回落是正常的缩量，但在形成第二个高点时，成交量较前期明显减小。

（3）突破。也是对双重顶形态的最终确认。首先找到两个高点之间的低点，由此向右延伸出一条水平线，该水平线即为双重顶形态的颈线位置。其次，价格向下击穿，并且满足“三三原则”，可以认为是真实突破。最后，突破时对成交量不做特殊要求，可以缩量，也可以放量。但一般随着后期的下跌，量能会逐渐扩大出来。

（4）出货点。当价格真实向下突破时为第一出货点，当价格突破之后回抽颈线时为第二出货点。由于双重顶形态往往会出现反扑运动，所以，等待回抽出货是较理想的选择。

（5）跌幅。一般以头部最高点至波谷最低点的距离为最小下跌幅度。实际上，当一个双重顶确认之后，往往会大于这个空间。

如图6.1.13所示：

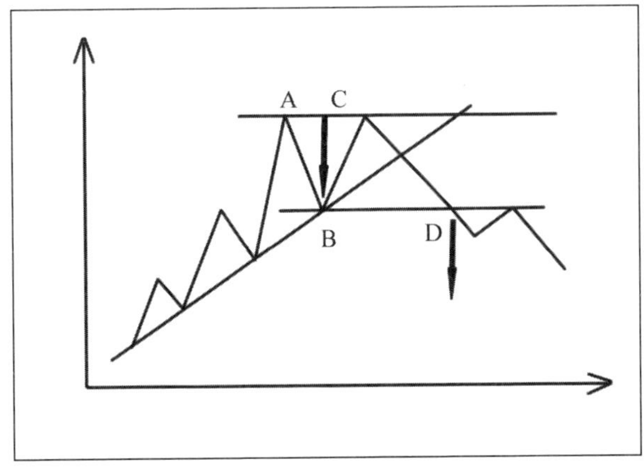

图6.1.13

这属于一个标准的双重顶示意图。A、C 为两个双重顶的高点，B 为两个高点之间回落的低点，D 属于对颈线的突破位置，并且突破之后往往会伴随有反扑行为。

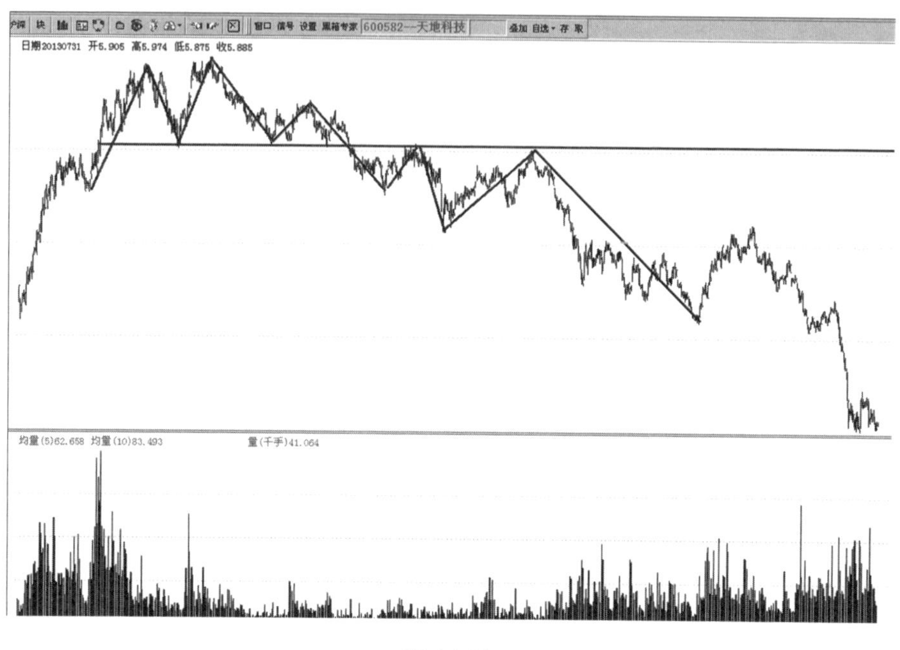

图 6.1.14

如图 6.1.14 所示，这是天地科技（600582）2010 年 7 月至 2013 年 7 月的一段日 K 线走势图。

该股从 2010 年 7 月开始展开一波上涨，最终在 2011 年 3 月见到高点，并且在此位置形成了一个明显的双重顶形态。第一个高点为 21.34 元，在 2010 年 12 月出现；第二个高点为 21.92 元，在 2011 年 3 月出现，虽然第二个高点高于第一个高点，但幅度完全控制在 3% 以内，符合要求。

两个高点之间的波谷低点为 15.73 元，是在 2011 年 1 月出现的。随后该价格在 2011 年 9 月形成向下突破，并在 2011 年 11 月和 2012 年 5 月出现回抽确认。至此，一个完美的双重顶形态形成。虽然前期由高点到波谷低点已经下跌了 28%，但假如后期不及时回避的话，该股直接由 15.73 元

跌到了 5.74 元，下跌幅度达到 63.5%。

所以，双重顶形态一旦确认，后期下跌风险不容小觑，投资者一定要引起高度注意。

2. 双重底（W 底）

从价格形态上面来说，双重底的形状类似于英文字母中的“W”，所以，又称之为“W 底”。

在识别双重底时，可以运用关于双重顶形态的所有概念，但自然是颠倒过来用。当然，也会有一些差别，这种差别可以对比一下头肩形顶与底的差异。因而可得出结论，双重底的第二个底通常相当沉缓且易于圆滑，一般交易量较小。而双重顶的第二个顶部则较活跃而且其轮廓几乎与第一个顶同样陡峭。从第二个底部开始的反弹表现了成交量增加，且当波峰价位（即两个低点之间高点的价位）被超过时，成交量应增长到一定的显著程度。在主要趋势反转中，双重底与双重顶出现得同样频繁，而在主要上升趋势中，双重底有时还出现在中等回落结束处。

从专业的角度来说，双重底的第二个低点也可以当作是被市场经常称为“测试”的一个例子。因为，第二个低点实际上是对前一个低点支撑作用的测试与证明。但是，测试的成功并不能证明支撑存在，这点是非常重要的，直到价格能够在成交量增长的情况下超过前面的价格高点。只有上面情形发生后，才有可能需要第二个测试（第三个底部），或第三个测试（第四个底部）……且其中某个测试失效后，价格会进一步下跌。上面的想法把我们直接带至下一个反转形态类型。

在开始下一个反转形态研究之前，先来看一个关于双重底的图例解析。

如图 6.1.15 所示，这是丰乐种业（000713）2004 年 9 月至 2008 年 3 月的一段日 K 线走势图。

首先，该股经过长期下跌之后，在 2005 年 7 月见到了低点 1.42 元，股价随之产生一波较强的反弹，当达到左侧价格平台时出现调整，此时双

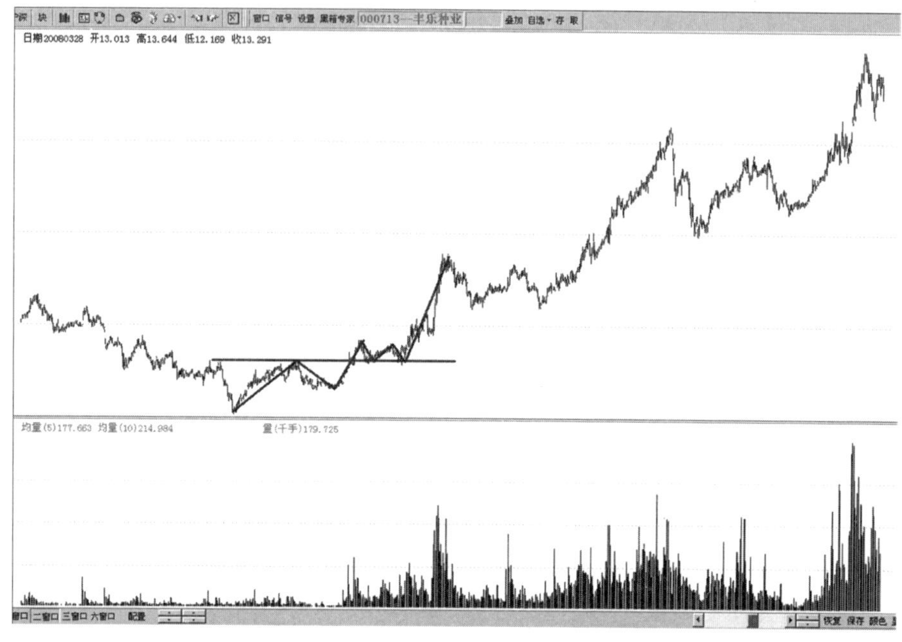

图 6.1.15

重底的第一个低点出现。当在此向下调整时，可以很明显看出价格相对前期来说，走势平缓，伴随着成交量的再次放大，股价再次回升，并且在2006 年 2 月成功突破两个低点之间的高点价格，双重底形成，并且得到确认。价格突破之后，在 2006 年 3 月和 2006 年 4 月分别对颈线进行确认，可以作为绝佳的入场位置。当时价位在 2.1 元左右，经过近两年的持续上涨，最高价格达到 16.8 元，获利颇丰。

四、潜伏底

潜伏底是建立在双重底的基础之上，如前面所述，之所以会形成双重底，是因为市场只对前期的低点进行了一次测试，测试成功之后即伴随着交易活跃，突破了两个低点之间的高点。而潜伏底所反映的情况是市场不止一次对前期低点进行测试，当然，最后也都测试成功，价格形成向上突破，

形成价格的反转。

如图 6.1.16 所示，这是厦门港务（000905）2002 年 7 月至 2008 年 4 月的一段日 K 线走势图，结合这幅图，我们再来详细认识潜伏底的形态特征。

图 6.1.16

1. 形态。该股经过前期长期下跌之后，在 2004 年 9 月见到低点 2.62 元，随后价格出现强势反弹，在 2004 年 11 月见到第一个高点，开始出现对前期低点支撑的第一次测试行为；2005 年 2 月测试成功，并未创出新低，股价再次上涨，在 2005 年 5 月略微突破前期高点后，股价开始第二次测试支撑的行为，2005 年 7 月测试成功，股价再次推升，随后在 2005 年 9 月和 2006 年 2 月分别对低点的支撑再次进行了测试。每一次的测试都未创新低（成功），股价在一个较狭窄的范围内横向移动，此形态即称之为潜伏底。

2. 成交量。当该股见到 2.62 元低点开始回升时，除第一次的反弹有较明显的放量之外，中间几次测试之后的推升，成交量表现并不明显，但在形态接近尾声时，又出现了较为活跃的成交量。所以，潜伏底的成交量表现为：放量（初次反弹）——不规则成交量（中间的测试过程）——放量（临近形态结束）。

3. 突破。想要研究突破。首先要找到潜伏底的颈线位在什么地方。这对于潜伏底来说，实际上并没有那么简单。因为，在潜伏底形成的整个过程中，不但成交量的变化没有太大的规律性，价格的波动也是比较复杂的——并不是每一次回调的低点都在同一水平，也并不是每一次的反弹高点都在同一水平。那么，该如何找到潜伏底的颈线呢？

这里有两个规则：一，可以选取潜伏底中某一个高点向右做一条水平的延长线，并且，后期多个反弹高点也都触及这条水平线，我们可以认为其有效，后期价格一旦形成突破，则可以考虑入场交易。二，选择潜伏底中反弹价位最高的点，然后向右延伸做出一条水平线，以此作为潜伏底的颈线位，当价格有效突破时，可以入场交易。如图所示。

颈线位找到之后，对于突破的要求就比较简单了，和其他任何的底部形态一样，第一，突破的幅度要足够大，一般超越颈线位 3% 的幅度；第二，突破时要配合成交量的放大。

4. 买点。第一个买点产生于潜伏底颈线被有效突破时，第二个买点产生于突破颈线后的回踩确认。从资金安全管理方面来讲，一般在回踩确认时低吸介入比较理想。

5. 升幅。潜伏底由于在底部潜伏时间较长，筹码收集比较充分，上涨空间往往非常巨大。例如本案例中，该股从 3.6 元附近突破颈线，随后直接涨到了 19.58 元，涨幅达 444%。潜伏底也可以用“横有多长竖有多高”来形容。

注意：潜伏底的时间越长，一方面意味着后期突破之后，打开的上涨空间将非常巨大。另一方面，“横久必跌”，也可能意味着风险越大。所以，当发现一只股票长期潜伏时，为了安全起见，投资者千万不要急于抢到更廉价的筹码而选择提前入场，一定要等到形态被确认突破之后，再入场交易。

五、V 字形态

这是反转形态中唯一一种不需要时间过程，而直接出现价格反转的形态。速度非常之快，如果成功捕获，短期利润也将非常可观——往往是以连续涨停的形式表现出来。

如图 6.1.17 所示：

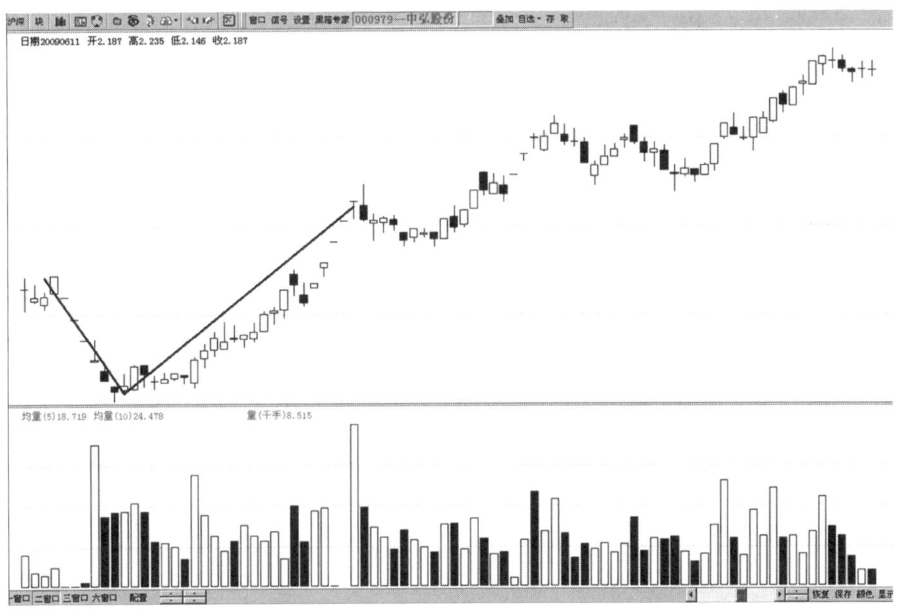

图 6.1.17

1. 形态。“V”字形态是一种极端的价格反转形态，正 V 字形是一种急跌暴涨的形态，如图所示。倒 V 字形正好相反，是一种急涨暴跌的形态。

2. 主要特征：

A、暴涨暴跌。一般在新兴市场和不成熟的市场中出现较多，另外，也可能会受到突发性利好或利空的刺激而造成。就笔者观察总结，正 V 字型的出现在很大程度上是一种主力的自救行为。

其形态形成通常是一只股票经过充分下跌之后，在某一价格低位出现长期的横盘整理，此时，市场中有部分主力资金开始入场收集筹码，但是由于受突然利空消息影响或者大的经济环境影响，卖盘突然增多，而主力又无力全部承接时，导致股价连续大幅度下跌。当市场情绪得到稳定，并且市场稍有好转时，主力资金再次大举介入，以迅雷不及掩耳之势迅速将股价向上推升，有时会直接越过前期横盘整理的价格区间，并拉升出一定的出货区间，开始进行横盘整理，完成前期主力被套资金的顺利出局。此时表现的往往是连续涨停的形式，让场外普通投资者资金无法在低位跟进，而场内投资者由于每天的涨停冲击，不愿意抛出自己手中的筹码，从而为主力的持续拉升减轻压力。而随着股价的强势上涨，场外投资者关注度会越来越高，当达到一定空间之后，主力不再直接封住涨停，而给场外资金留下入场的机会。此时即可顺利完成自己手中筹码的派发工作。

当然，有些主力可能实力较弱，反弹到前期建仓成本附近即开始产生横盘整理，逐步派发自己手中的筹码。如果市场回转维持的时间较长，主力也可能会借机再次向上拉升，如前面图形中所展示的就属于这种情况。

所以，V 形反转固然会在短期给投资者带来巨额的收益，但由于速度较快，很难在第一时间发觉，而 V 型反转确认之后的后期发展到底如何，也是很难判断的。对于普通投资者来说，此种形态的研究实际意义并不是太大。

B、在股票初期，倒 V 字形出现的频率远远大于正 V 字形，人们常说的“股灾”在很多情况下都是用倒 V 字形来表现的。但随着证券市场越来越规范，此种形态会出现得越来越少。

C、成交量。对于 V 字形来说，左侧的急跌在刚开始的时候量能表现并不是很大，但在下跌接近尾声时会突然爆出巨量（说明有大量资金涌入市场），而转折之后刚刚开始暴涨（往往以涨停的形式）的时候，量能也会维持较小，当拉升到一定高度之后，量能会逐渐表现出来（一般是主力

的主动派发引起的）。所以，对于投资者来说，也可以根据这种量能表现，在急跌放出巨量时尝试少量入场。对于倒 V 字形来说，一般是由突发性利空消息所致，下跌过程可有大成交量也可以无量空跌，但日后继续下跌时，成交量会逐渐放大。这种类型的股票，对于投资者来说，不经历过充分的下跌，不可贸然抄底介入。

六、喇叭形

喇叭形又称之为扩散形，是三角形的反转形态。扩散形的成交量一般保持很高而且在整个形态生成过程中没有规则。如果扩散形态生成于一轮上涨之后，启动该形态的第一个细小反转将产生非常大的成交量，而形态中的第二个反弹也会有大成交量，第三个是一样，且大成交量也经常地出现在一个或多个它的细小底部中。在整个图表中的表现就是，价格和交易量都是一种野蛮而且明显“不明智”的波动。其标准图形如图 6.1.18 所示。

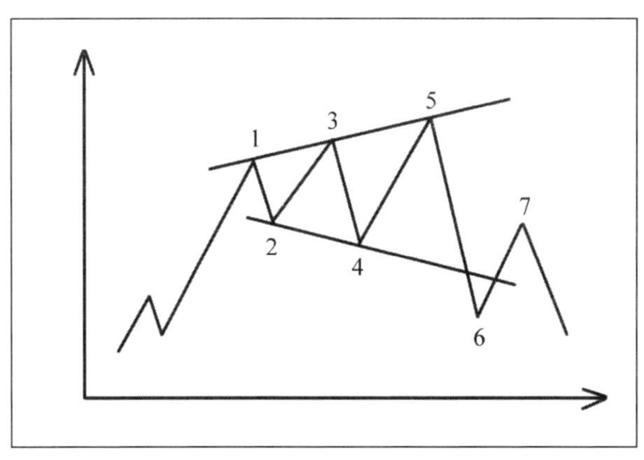

图 6.1.18

1. 形态。作为一个传统的喇叭口顶部来说，一般有三个高点，两个低点，三个高点一个比一个高，两个低点一个比一个低，从而形成上下轨——连接三个高点可以画出一条向上倾斜的直线，连接两个低点可以画出一条向下倾斜的直线。当形态未结束时，价格都会保持在这两条轨道线之内进行震荡运行，伴随着上下轨被突破，也就意味着该喇叭口形态结束。

许多情况下，喇叭口形态内的价格行为可以为突破方向提供提前的暗示。如果趋势即将脱离喇叭口区域，区域内最后一轮反弹可能达不到前一轮反弹的高度，从而打破了形态内部高点逐渐抬高的规则。在另外一种情况下，形态内的回撤可能不能将价格压到前一轮回撤的水平，从而打破了形态内部低点逐渐降低的规则。当喇叭口出现这些特征时，将意味着喇叭口从另一条轨道线突破的概率较大。

如图所示，当价格自第三个高点向下回落时，首先跌破了下轨道线，并且在反弹的时候高点不再创出新高，一般会在喇叭口整体震荡空间的二分之一位置受阻，此时意味着价格从下轨道突破的概率较大。

这种特征只属于提前的预警，对于投资者来说，不要抱有过度的自信而提前入场交易，最好等价格运行到形态另一边之后，更确切地讲，已突破轨道一段决定性距离（又是我们经常谈到的3%规则），再考虑入场交易。

2. 成交量。呈不规则的巨额成交，只有这样，才能代表市场的疯狂和不理性。有些投资者就会问，如果是出现在底部也是伴随着巨额成交量吗?

实际上，经过笔者多年研究，至今仍未找到一个符合条件的喇叭口底部。显然，在价格长期下跌之后，产生喇叭口扩散形态的条件是不存在的。首先，从价格形态上面来说，价格波动幅度越来越大，在价格经过长期下跌之后，向下的剧烈波动还比较容易做出来，但如果想让价格突然有很大幅度的回升，并且每一次的回升高度都会创出新高，这必然需要大的成交量，而在一个底部是十分不现实的事情。其次，从投资心理来说，底部是市场中先知者提前入场收集廉价筹码的位置，此时他们很明显是不希望有

过多的投资者去关注到价格的异常波动，而作为喇叭口形态，很明显是价格异常波动的一种表现，很容易吸引市场中的投资者关注。所以，从这方面来讲，喇叭口出现在底部也是不可能的。

3. 幅度。由于该形态的出现本身就是因为投资者的非理性产生的，所以，对于后期的下跌空间没有明确的度量方式。当通过一段时间的下跌，市场情绪逐渐冷静下来时，股价可能会反向上涨并创出新高，可能会继续下跌。所以，具体下跌空间是较难测算的。

七、菱形

菱形，又称之为钻石形态。首先从K线运行走势来看，其整体的形态类似于传统的钻石形状，故而称之为钻石形态。从专业的角度来说，这种形态一旦出现，相当显眼并且容易察觉，像钻石一样引人夺目。但从另外一个角度来说，钻石形态并非一种常见形态，像钻石一样，比较稀有。

菱形可以描述为具有V型颈线的较复杂头肩形，或者描述为由喇叭口和三角形组成的一个扩散形态。所以，它的发展需要相当活跃的市场，极少出现在底部反转中。

其标准图形如图6.1.19所示：

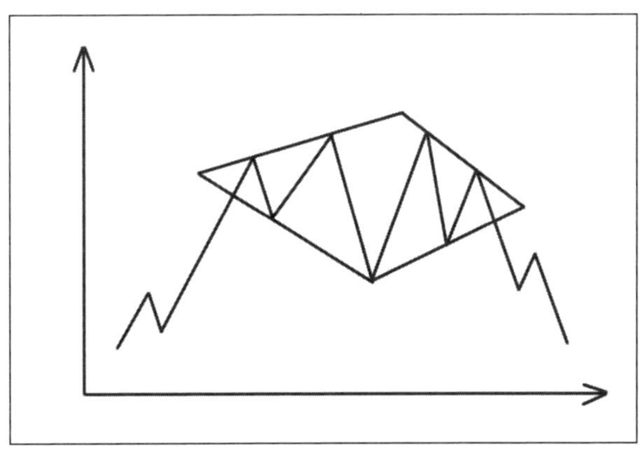

图 6.1.19

1. 形态。通过图形投资者也可以看出来，菱形的整体运行状态有点类似于头肩形——两个差不多的头部，配合一个左肩和右肩，但是，在这里需要提醒投资者的是，千万不要过分努力地将头肩形形态划分为菱形。

假如把这个形态从中间一分为二来看，左侧就是一个扩散的喇叭口形态（在前面已经介绍过），而右侧就是一个很明显的三角形收敛形态（将在后面的内容进行详细介绍）。所以，识别起来非常容易。

分别连接左侧的高点和低点，即可得到一条向上倾斜和一条向下倾斜、处于扩散状态的轨道线；连接右侧的高点和低点，同样可以得到两条轨道线，但这两条轨道线却属于收敛状态。由这四条轨道线即可得到一个明显的四边形，类似于钻石的形状，所以，又称之为钻石形态。

形态特征：四条轨道线构成一个明显的四边形形状。

2. 成交量。由于菱形的左侧一半是一种类似于喇叭口的扩散形态，所以，它的“天性”是主要顶部和位于大规模中等调整之前的高额成交量的顶部，也就意味着，菱形形态一般会伴随有巨大的成交量进行配合。

3. 突破。前面形态特征中提到，菱形可以画出四条轨道线，将连接低点的两条轨道线组合在一起，就形成了一个 V 形颈线。后期的突破将以右侧连接低点形成的向上倾斜直线为标准，突破的有效性也以 3% 为原则。由此可以看出，菱形颈线的突破要比头肩形的颈线突破信号发生得早，因而，更富有盈利性。所以，很多投资者都愿意将头肩形划分为菱形，以便于自己能提前进入或离开市场。

但是，奉劝各位投资者，在确切的信号没有出现之前，不要做这些毫无价值的主观预测，坚守形态形成会安全得多。除非形态的右半部分由一系列清晰且相互交叉的细小波动组成，并且可用相交边界线来清晰地表示出来，而且，除非交易活动像三角形中那样有明显的收敛行为。

4. 幅度。在学过头肩形测量公式后，你自己应该能推导出它的最小

测量规则了。即价格离开突破点的距离应大于或等于从顶部到底部的最大宽度。

必须强调的是，这是最小测量规则。一般情况下，当一个新的趋势形成，最终会将价格带到远远超过最小测量值的地方。

如图 6.1.20，这是方正科技（600601）2008 年 11 月至 2012 年 12 月的一段日 K 线走势图。

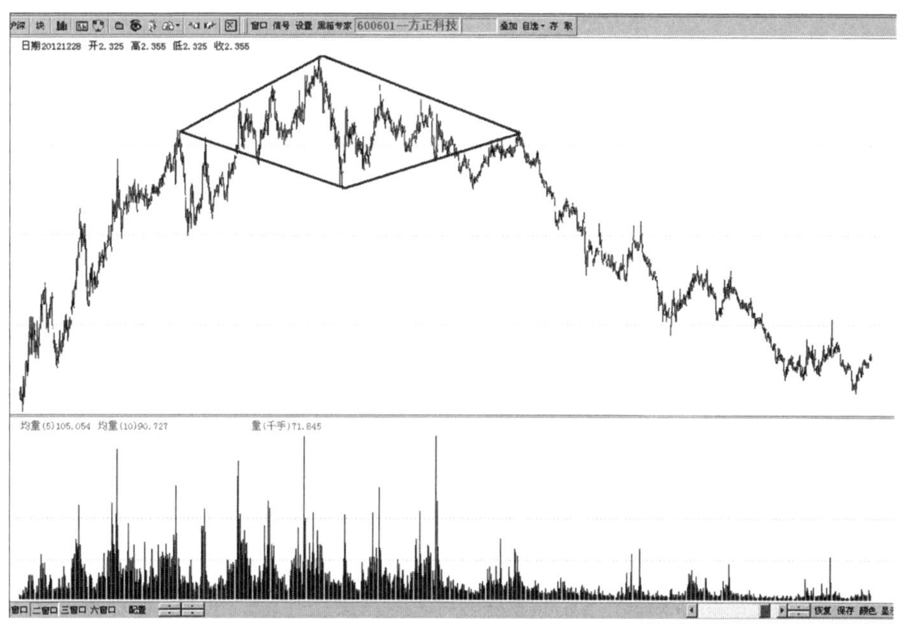

图 6.1.20

图中可以很明显地看到一个巨大的菱形形态，此形态的完成时间经历了一年之久，后期的下跌也是非常惨烈的。

其实，该菱形形态也可以看作是一个复合型头肩形态：一个头，两个左肩和两个右肩构成。但结合下方的成交量来看，在整个形态的构筑过程中，成交量一直维持较大的范围，所以，最终将该形态定义为菱形而非头肩形。

第二节　整理形态

当一支军队前进速度过快，战线拖得太长，同时遭到过多意外伤亡，并日军备物资补充不足时，则必须停止行军，甚至会退回到某一较易防守的位置，重新编制队伍，建立巩固的极低，以便后期发动新的进攻。

在股票市场中，当一只股票上涨或下跌过快，后续动力供应不足，另一方力量开始明显增强时，股价要么反转其原有趋势，要么回撤到某一较强支撑价位处“巩固”它的位置，以细小波动组成的“横向”图形形式存在，直到积聚到足够的力量，继续向原有的趋势不断推进，这个过程，我们称之为整理。在整理过程中所留下的形态痕迹，我们称之为整理形态。

比较明显的几种整理形态有三角形、矩形、旗型等。

一、三角形

三角形可以出现在一只股票的任何位置——顶部、底部、上升趋势当中或者是下降趋势当中。经过大量的图表分析总结，其作为反转形态出现的概率仅占 1/4，其他情况只代表原有趋势的停顿，经过整理之后，还将沿着原有的趋势继续发展。

其标准形态如图 6.2.1 所示。

1.形态。由一系列价格波动组成，每一个波动比其前者要小，也就是说，每个细小顶部都不能打动前一反弹的高度，而且每一细小回撤都停在前一底部的上方。结果就形成了波动范围越来越小的收缩形态，它的顶部可用下倾边界线较精确地界定，它的底部可类似地由一条上倾线来界定。如果

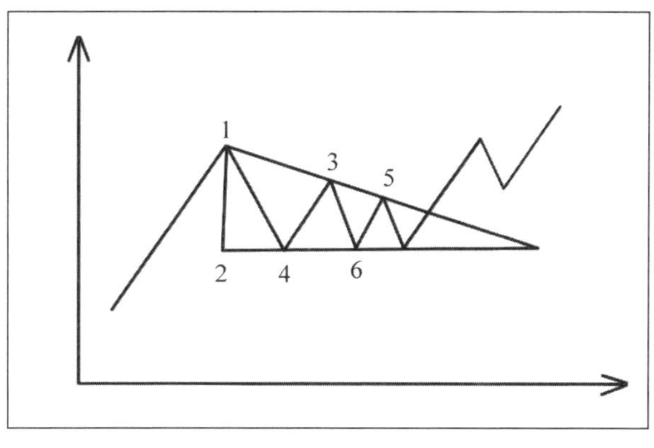

图 6.2.1

再将形态刚刚开始时的高点和低点连接起来，则在图表上留下了一个明显的几何图形——三角形。

2. 成交量。随着价格行为的逐渐收缩，交易活动相应的也会呈现收缩的趋势，或许趋势不规则，但无论如何，随着时间的推移，这种收缩趋势会变得相当明显。当价格以越来越窄的波动靠近顶点时，成交量也会缩减到一个极低的日成交额。

所以，在整个价格运行的过程中，成交量也相应萎缩。当价格波动范围越来越小，成交量也越来越小时，距离三角形的突破也就不远了。

3. 突破。通过笔者研究，在价格真实突破之前，通过三角形的图表很少能找到有预示价格在哪个方向上突破三角形的线索。有时，通过观察别种股票同时期的图表，你可能会获得关于即将突破情况的很好见解，但是，大多数情况你无事可做，只能得到市场下定决心要向某个方向运行。而且，在构造三角形时，“下定决心”也只是市场看上去在做的事情，但在最后结论得出之前，所有关于这个形态的信息，看上去都在代表着怀疑、犹豫和支吾、搪塞。

关于价格突破方面，位置的选择也非常重要。只有价格在某特殊点处成功突破后，随之而来的运动（上升或下降）才是最佳的。该特殊点一般选择在从底边（左侧的边界）到顶点（延长两条轨道线在未来相交的点）的水平距离的1/2和3/4之间。如果股价已经超过了3/4位置，尚未形成有效突破，此时价格将会继续一天天以越来越窄的波动方式“横向”运动，直到通过顶点，然后以一种沉缓的漂移或细浪方式继续向右运行，令投资者感到一片茫然，此时建议投资者最好选择离场观望。

假如价格选择从上轨道突破，和其他形态突破一样，必须有显著的成交量放大为证据，并且，收盘价距离形态边线的距离达到3%以上，可以认为有效。如果是从下轨道突破，则不需要成交量相配合，但当价格已经跌到比实际跌破处较远距离时，成交量会逐渐表现出来。

4. 测量幅度。一般有两种方式，以向上突破为例，第一种，当价格成功向上突破之后，此时，以三角形中的最高点为起点，做一条三角形下轨道的平行线，后期价格在这条线附近受到阻力的概率较大，由突破点到这条线的距离，就属于三角形突破之后的上升幅度。很明显，这种测量方式没有一个明确的标准，并且，价格达到这条线所经历的时间越长，上升的空间也会越大。第二种，由三角形的顶点至底边做一个垂直距离，后期的上涨空间至少是从突破点向上等幅的空间。

如图6.2.2，这是万丰奥威（002085）2008年1月至2010年1月的一段日K线走势图。

该股自2008年1月至2008年11月属于一个完整的下降趋势，股价由11.37元跌至2.51元；自2008年11月至2010年1月，该股又形成了一个完整的上升趋势，价格由2.51元又回到了11元左右。在这两次不同的趋势当中，都出现了一个三角形整理形态，如图所示。并且对应下方的量能来看，无论三角形出现在上升趋势还是下降趋势当中，其成交量的表现都是逐级萎缩的情况，唯一的区别是：三角形选择向上突破时，需要成交量放大来配合，如图第二个三角形位置。而选择向下突破时，可以不需要较大的成交量，但如果持续下跌，在某一低位会出现较大的成交量，如图第一个三角形位置。

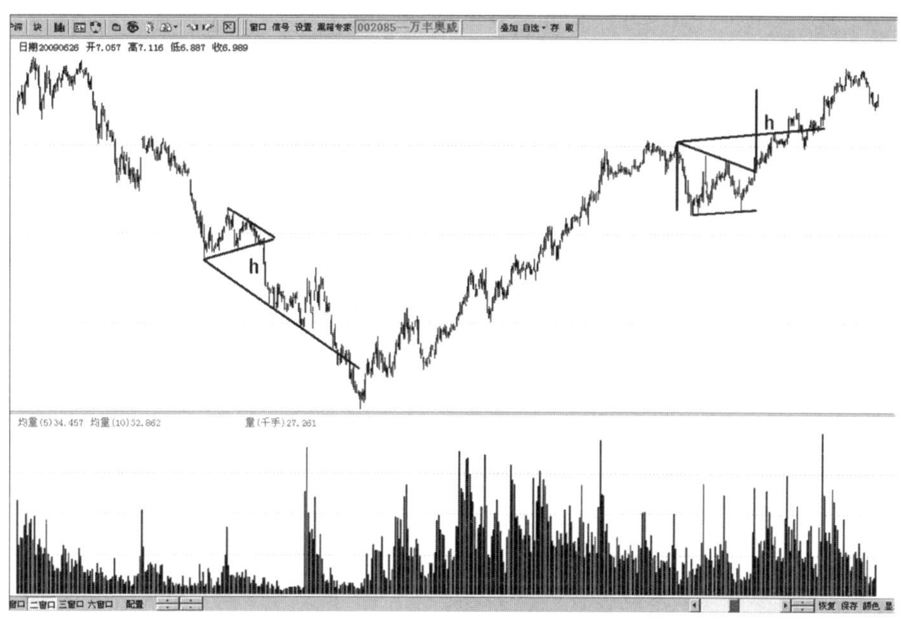

图 6.2.2

图中同样给投资者标注出了关于三角形突破之后的两种预测方法。通过实际走势可以发现，利用三角形顶点到低点的垂直距离，进行向上或向下等幅测算更具有参考价值。两次三角形出现的趋势虽然不同，但是，当价格运行到预测的空间位置时，都或多或少地对价格产生了一定阻挡作用。而利用平行线的方法，在第二个三角形当中，实际上对价格的运行并没有产生较明显的作用。

三角形根据其两条边界线运行状态不同，又可以分为两种：一种是下边界线向上倾斜，上边界线基本保持水平；另一种是上边界线向下倾斜，下边界线基本属于水平状态。这两种特殊的三角形统称为直角三角形。

结合其不同的市场含义，第一种三角形又称之为上升三角形，而第二种三角形称之为下降三角形。因为在三角形形态中，上下两条边界线分别代表股价在运行过程中的供应线和需求线。在上升三角形中，代表供应线的上边界线保持水平，说明供应量维持不变，但代表需求线的下边界线向

上倾斜，说明市场中的需求量在不断增多。需求量大于供应量，未来价格自然会选择向上突破，产生持续上涨的概率较大。反之，在下降三角形中，供应量不断增加，而需求量维持不变，最终价格会选择向下突破，并维持较长时间的下降趋势。

受整体趋势的影响，如果上升三角形出现在下降趋势当中，其向上突破的成功概率将大大降低；如果下降三角形出现在上升趋势中，其向下突破的可能性也会被大大降低。所以，上升三角形一般应用在上升趋势当中，可以作为在突破之前提前介入的参考依据；而下降三角形出现在下降趋势中，也可以提前出去，回避更大的风险。

二、矩形

前面研究的三角形价格形态可以是反转也可以是持续型。直角三角形中，一旦达到可识别的形态，我们就可以提前知道趋势将要（或应该）朝哪个方向前进。对于普通的三角形，直到价格最终突破后我们才能知道趋势是上升还是下降。在这方面及许多别的方面，接下来所讨论的这一类技术形态——矩形，在很大程度上类似于三角形。事实上，矩形与三角形有如此多的类似点，接下来可能不会有大量的篇幅去详细讨论。

矩形是由一系列横向价格波动组成的，这些价格波动的顶部和底部都可用水平线来界定。当然，有些时候可能不是绝对的水平，要么稍微下倾要么稍微上斜。但只要平行界线离水平线偏离足够小，这些形态都可以作为矩形。偶尔，可能还会发现，某些形态的边界线尽管水平，但有点倾向于相交。这些形态具体是划分为矩形还是三角形，实际上无关紧要，因为，关于这两种形态的突破及对市场的预测是基本相同的。

如果你迅速回顾一下头肩形的复合型形态或圆形形态，你会发现，如果忽略这些图表中的交易量部分，任何一种形态都可合并入或分类到矩形中。

接下来，我们就通过与关系最密切的图表形态——三角形进行比较，

来迅速地认识一下矩形形态的各个细节。

矩形形态的标准示意图，如图 6.2.3 所示。

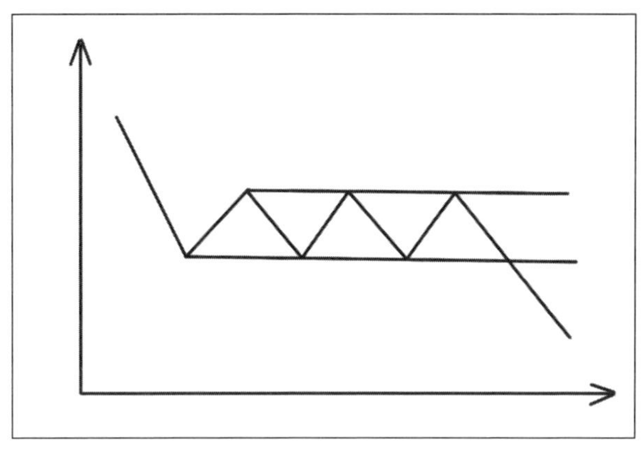

图 6.2.3

A、交易量。与三角形的规则相同，随着矩形延伸，交易活动逐渐减少。

B、突破。这里与三角形规则也相同。观察成交量条件、穿透幅度等。

C、虚假运动。在矩形中产生的虚假运动要比三角形中少得多。一个明确的矩形，实际上，几乎与头肩形一样可靠，尽管他的预测力没有那么强大。

D、过早的突破。在矩形形态中要比三角形中频繁一点。

注意：虚假运动与过早突破，在这里我们所指的是那些与真实突破没有区别的行为。在虚假运动与过早突破之后，价格往往会再次回撤到形态之内。但是，在虚假情况下，趋势最终在相反方向冲出形态的概率较大；而在过早突破情况下，趋势最后再次突破并沿相同方向前进的概率较大。

E、反扑。最初突破边界线之后，价格再次回到形态边界线处，这在矩形中发生的频率要比三角形中高得多。通过大量图表分析，大多数情况下这种反扑或回撤会发生在 3 天到 3 周之内。

F、方向趋势。矩形更多情况下是作为持续形态出现而并非是反转形态，但在三角形中有 1/4 的概率是出现在反转形态当中。作为反转形态，矩形在底部比在顶部出现得多。长时间、疲弱、沉缓的矩形在主要底部并非不

常见，只是有时被归类到潜伏底形态当中。

G、测量规则。矩形的安全最小测量规则，由价格波动的宽度决定。价格走出形态的幅度，至少应达到形态自身顶部与底部之间的幅度。当然，价格可能会走得更远。

如图 6.2.4，这是博闻科技（600883）2004 年 12 月至 2008 年 4 月的一段日 K 线走势图。

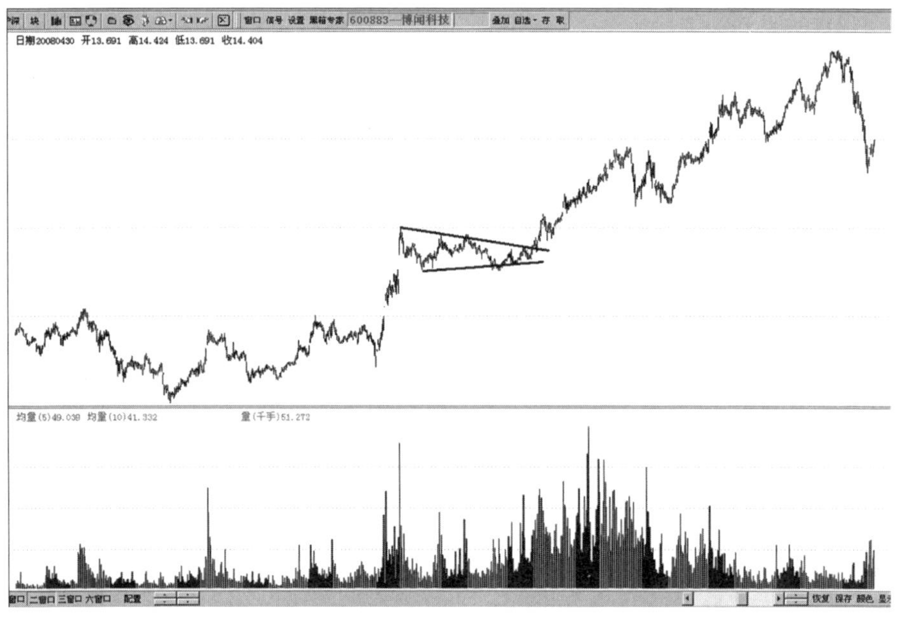

图 6.2.4

从图中可以看到，该股在 2005 年 7 月至 2008 年 3 月展开一波为期两年半的上升趋势，价格直接从最低 1.83 元涨至最高 28.93 元，可谓涨幅非常巨大。在整个上涨的过程中，2006 年 7 月至 12 月出现了一个明显的矩形形态，价格长期维持在 5.2 元至 7 元之间上下震荡，最终在 2007 年 1 月形成向上突破，并在 2007 年 2 月初回踩确认，价格继续一路走高。

如果投资者细细观察的话，会发现本图中的矩形并不是那么标准，该形态的上边界线略微向下倾斜，称其为三角形也未尝不可，并且在整个形

态运行过程中，成交量也是逐渐减小的。

所以，还是前面那句话，具体划分为哪种形态不重要，重要的是这两种形态对市场的分析意义是相同的。而且，有不少的矩形形态是由失败的三角形演变而来的。

三、旗型

旗型，顾名思义，其价格形态在某种程度上来说像是一面旗帜。具体地讲，在上升趋势中像旗帜，在下降趋势中图像会翻转过来。它可描述为价格波动的紧凑的四边形。或沿着主要趋势缓慢滑动的矩形。

我们首先来研究上升趋势的旗型。它通常形成于一个产生近乎垂直或相当陡峭的几个曲线快速而大规模的上涨之后。在这种运动中，成交量通常加速增长至很高的级别。这个交易量自然是许多持股者在获利出手的警钟，最终获利压力阻止价格上涨。然后随着交易量减少而回撤 2~3 个点。随后产生一轮反弹，但无法达到先前的高度和成交量。随着交易活动的进一步减少，另一轮回撤将价格带至低于前期底部水平的位置。这样随之而来的是一系列类似的波动，每一次波动的顶部和底部都稍低于其前一次波动，同时成交量也在不断大量降低，进而旗型形成。这个整理区域的顶部和底部可用平行线大致界定，看上去像一个顶部飘扬着旗帜的桅杆，它的名称由此而来。

所以，总结一下上升趋势中的旗型特征：

1. 旗型出现之前，要有一波急速陡峭并且大规模的上涨；

2. 刚开始的时候成交量表现非常巨大；

3. 价格波动幅度较小，并且持续时间不长，一般会略微向下倾斜；

4. 随着价格波动时间越来越长，成交量也会随之减小。

如图 6.2.5，这是江苏阳光（600220）2005 年 6 月至 2007 年 6 月的一段日 K 线走势图。

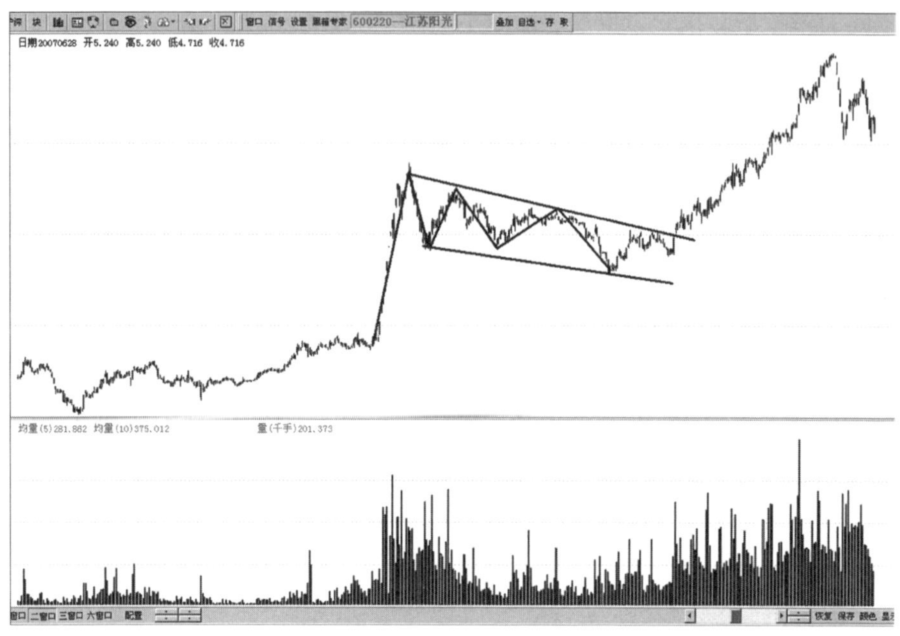

图 6.2.5

在该股维持两年的上涨当中，2006 年 5 月 8 日，该股出现一波陡峭而剧烈的运动，2006 年 5 月 31 日见到高点，在不到一个月的时间里，股票价格翻了一番，并且交易量极为巨大。随后该股出现了第一次回落，2006 年 6 月股价结束调整，再次向上推升，但并未创出前期新高，随之再次向下回落，创出前期低点新低，而反弹仍不创近期新高，由此形成了一个高点不断降低，低点也不断降低的震荡整理区间。如果把前期的剧烈上涨，及价格波动的上下边界线连接起来的话，就形成了一个明显的旗型形状，如图所示。最终在 2007 年 1 月形成向上突破，价格继续维持强势上涨。

通常，旗型的波动时间都是非常短的。每次前进和后退需三至四天，很少需要更多的天数，但也有持续达三个星期之久的。到那时，成交量通常都已经降得很低，紧接着，价格从旗型末端突破，再次形成类似桅杆的上涨轨迹。如上图中的情况。

我们曾将旗型描述为稍微下倾型，但快速而且“坚固”的旗型也经常水平发展，看上去像小矩形。在少数情况下，上涨趋势中的旗型甚至会微微上倾。

如图 6.2.6，这是东方市场（000301）2005 年 6 月至 2007 年 9 月的一段日 K 线走势图。

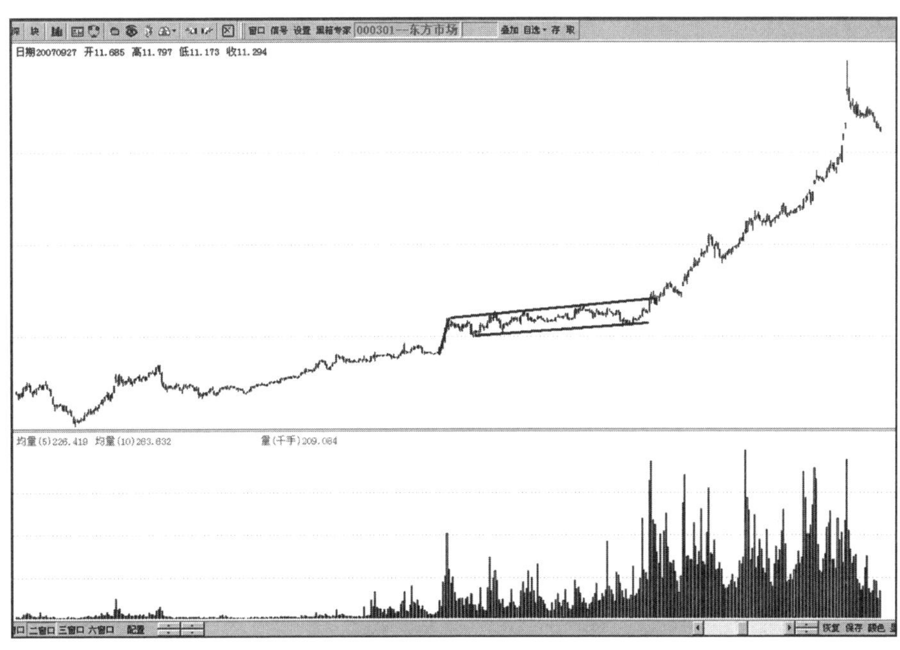

图 6.2.6

在该股上涨的过程中，形成的旗型就是微微上倾的形态。

下降趋势中形成旗型的方式与上升趋势中完全相同。只是下降趋势中的旗型往往向上倾斜；即：他们只是将上涨旗型翻转过来。在形成过程中交易量减少，而当价格跌破后交易量将重新上升。

根据旗型旗面的形状不同，还有一种称之为三角旗型，其特点就是两条边界线以收敛的形式存在。虽然外表不同，但其本质含义以及内部特征还是一样的。

通常，这些特殊的图表形态在上涨趋势中最为普遍（也最为可靠）。

在一轮主要的下跌之后，必须注意那些呈现下跌趋势的旗型或三角旗型的价格图形，除非这些价格图形严格地符合上述“可靠性”规定，不要利用它们来做交易。

可靠的旗型（或三角旗型）的前提条件之一为：市场必须在四周内完成其形态并在新的运动中突破。所以，旗型也是唯一一种只可能在日K线图上进行分析的图形形态。

关于旗型突破后的幅度测量：

在进行测量之前，首先应该追溯旗型形成之前的价格运动，找到价格从上一个持续或反转形态突破的地方，这是旗杆的起点，然后从价格突破旗型或者三角旗型的地方，沿着同样的方向度量从旗杆起点到第一个短暂反转价位处（即旗型或三角形开始形成的地方）之间同样的距离。

这样所达到的价位是这类形态可以达到的最小目标。实际上，在上升趋势中，从旗型或三角旗型中上涨的程度通常比先前运动走得更远，但下跌则可能不会走得那么远。

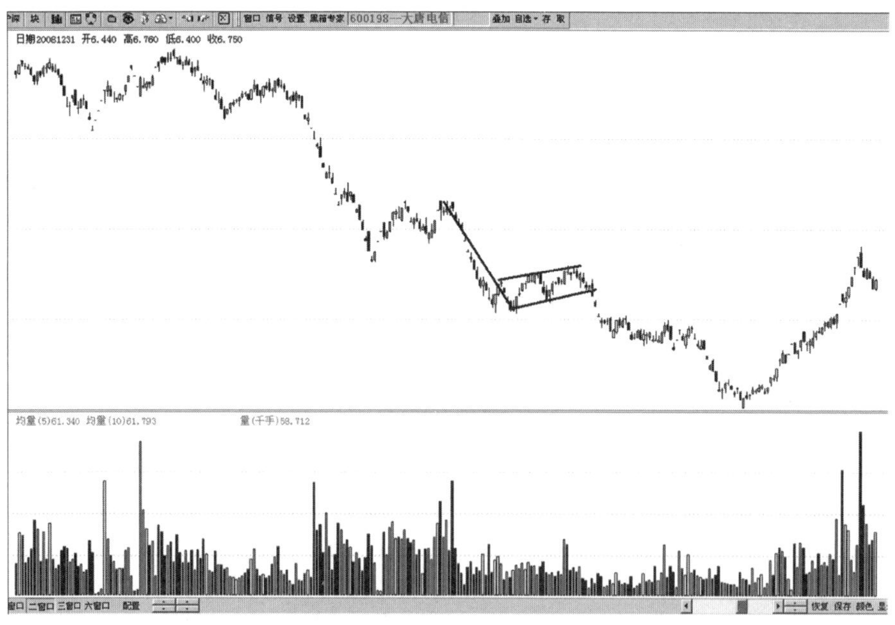

图 6.2.7

如图 6.2.7，这是大唐电信（600198）2007 年 10 月至 2008 年 12 月的一段日 K 线走势图。

在下跌的过程中很明显出现了一个旗型。该旗型无论是从时间还是成交量方面来说，都非常符合标准。所以，后期一旦形成有效突破，下跌轨迹将类似于旗型形态中的桅杆走势一样。

第七章

跳空缺口和移动平均线

第一节　跳空缺口

跳空缺口，从图表上面来看，就是其间没有交易的价格区间。这是个需记住的有用概念，因为它有助于解释某些技术结果。

在日线图中，当某天股票交易的最低价比前一个交易日的最高价还要高时，缺口就形成了。如果周线图上想产生缺口，必须是本周任何一个交易的最低价格都高于上一周任何一个交易日的最高价格。显然，这种情况的发生不及日线图中的频繁，如果是月线图，那就更加不容易了。所以，作为缺口来说，一般只在日线图中进行分析应用。

在各种形态之中，跳空缺口最容易辨认，并且也是最容易引起投资者关注的事情。但不幸的是，为了理解缺口的含义制定了纷杂的“规则”，而这些规则又被那些对缺口研究不深的投资者所引用，最终给那些想要学习、想要了解的人造成了很大的障碍。

最普遍的一个规则就是“缺口必须回补”。针对这一点本身没有太大问题，问题主要出在部分所谓的专业人士对这句话的描述和定义：“如果缺口在三天内没有回补，则将在三周内回补，如果在三周内仍未被回补，则在三月内回补，等等。”会有无数的、不同的陈述方式，但总结起来归结为一条：即缺口必须回补，并且直到缺口回补后趋势才可信。正是这后一句推断导致了在应用缺口时的严重错误。

首先，什么是缺口的“回补”？简单来说，当后期价格趋势回转并且重新经过缺口价格区间时，缺口被回补。注意，是回转后的价格经过缺口价格区间，而并不是再次跳空直接跳跃过去。

其实，当价格运动至离缺口相当远之前，缺口一定会被回补吗？当然不！缺口最终都会回补吗？或许会。如果下一个短暂回转没有回补缺口，下一个中等回撤或许能回补这个缺口，如果仍没有，下一个主要的反转趋势波动一定会将缺口回补。但是这种主要趋势可能是几年以后的事情，对于普通投资者来说兴趣就不大了。比如上涨指数，2006 年 11 月 16 日留下了一个跳空缺口，如果投资者要等缺口回补后再选择入场交易的话，一方面至少要等 2 年的时间，另一方面，2006.2007 年的牛市也会白白错过去。当然，这还是比较好的，就上证指数来说，目前还有很多缺口仍然未被有效回补，并且其中有许多将永远不会被回补。

这并不是说研究缺口没有什么价值，恰恰反，许多缺口都有很强烈的技术分析意义，能够帮助投资者估计趋势未来运行方向。下面我们来看看怎样利用缺口。

首先，我们必须将无意义的缺口先排除在外。第一类，过度小的缺口，比如缺口间隔仅有 0.1% 左右的宽度，如果过小，仅代表连续小波动间的正常间隔。简言之，一个有价值的缺口，必须具备正常或普通交易条件下的价格变化，缺口要宽。第二类，无预测意义的缺口，是中等或高等价格股票中的“弱型”股票习惯性形成的缺口。如果某种股票在运行的过程中，经常性会出现一些正常的跳空缺口，那么任何一个缺口都无特殊意义。

最后，当股票除息或除权时留下的缺口，亦无预测价值。因为这些缺

口不是由主导趋势的供求关系变化而产生的，而是由于该股票实际账面价值不可逆转的突然变化引起的。

排除上述无技术分析意义的缺口之后，留下的那些不常发生的缺口，就会形成一些“重要”的图形，这类缺口包括：普通跳空缺口、突破性缺口、持续缺口和衰竭缺口。

一、普通跳空缺口

这类缺口通常因产生于一个交易区或价格整理形态内而得名，通常会在几个交易日内补回。有时，缺口形成于价格突破前的最后一次在区域形态内跨越过程中，这时缺口将在长时间内不被回补，并且也没有理由认为它们应该被回补。

普通跳空缺口并没有太实际的预测意义。这种缺口对于投资者来说，其作用仅仅是通过它们识别一个区域的形态，即，缺口的外表暗示了一个巩固形态正在形成。

图 7.1.1

如图 7.1.1，这是春兰股份（600854）2005 年 3 月至 2007 年 3 月的一段日 K 线走势图。

该股在图形上留下了两个很明显的三角形，其中一个底部较大的属于反转形态，而在上涨过程中的是一种持续形态。在这两个形态形成的过程中，价格出现了多次跳空缺口，如图标注字母 A 的地方。这些缺口都在短期之内即得到回补。

当然，在该图中还有一些拉升过程中出现的缺口，有些属于突破类缺口，有些属于衰竭类缺口，后面内容会逐渐介绍。

二、突破性缺口

突破性缺口的出现，同样和价格巩固形态有关系，但它与普通缺口的不同是，它往往在价格巩固形态完成后才形成。任何一个水平型边界线的突破，都较容易产生缺口。实际上，可以肯定地说，绝大多数时候都如此。只是有些缺口在日 K 线图表上展示出来了，而有些缺口由于形成在一日之内而没有在图表上标出。实际上，在每一个从水平巩固形态的明确价格突破处，几乎都会产生这种类型的缺口。有时价格离开反转或持续形态时，也会形成突破缺口，突破缺口常与头肩形、三角形、矩形等有很大联系。

突破缺口有什么预测价值？首先，突破缺口的出现，强调了突破这一事实。当价格跳出一种形态并伴随着一个显著缺口时，一个真正的突破必然实现，而不真实的运动中很少有缺口出现。第二，缺口意味着买方需求（或卖方压力）比没有缺口的价格突破更加强烈。所以，随后的价格运动一般也会更大或更快，或者又大又快。当然，它也有例外，有时甚至会令人失望。但无论如何，在别的情况都相同的情况下，两只同时突破三角形的股票，我们应该选择缺口较大的一种。

如图 7.1.2 所示，这是安凯客车（000868）2008 年 3 月至 2009 年 12 月的一段日 K 线走势图。

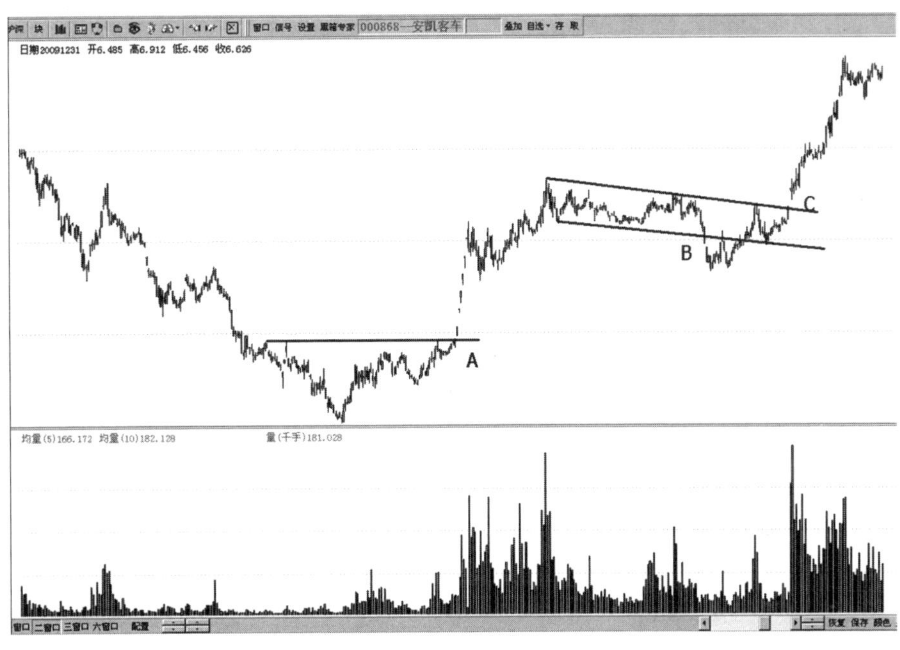

图 7.1.2

在底部有一个明显的头肩形态，而在上涨的过程中出现过一次价格的调整，此调整区间可以看作是一个矩形形态。

当价格从底部突破头肩形态时，很明显出现了一个跳空缺口，此跳空缺口即为突破性缺口，如图 A 处。在上升过程的矩形形态附近出现过两次跳空缺口，如图 B 和 C 处，虽然一个成功了，一个失败了，但这两个缺口都属于跳空性跳空缺口，因为它们都产生于形态突破的位置。

通过这两个缺口还可以说明这样两个问题：第一，突破性缺口在很大程度上确认了形态突破的有效性，但并非是绝对的，比如图中的 B 处；第二，是前面形态学习时所讲到的一个细节问题，当一个形态出现虚假突破时（突破之后又回到原巩固形态当中），意味着该形态向相反方向突破的概率较大，正是由于 B 缺口的虚假突破，正好可以验证 C 突破缺口的有效性。

突破缺口除了预示随后的运动具有更大的力度外，并没有特殊的测量意义，也无别的预测价值。那么，下一个问题就出来了，突破缺口什么时间会被回补？

在这里要结合成交量的变化来判断。如果形成突破缺口之前的成交量较大，而当价格远离缺口时，成交量相对较少，那么，下一次局部回撤时，将可能把价格拉回到原先形态的边界，从而回补缺口。另一方面，如果在远离缺口的一边成交量较大，且当价格离开缺口时，交易持续保持活跃，则近期回撤回补缺口的可能性非常小。

三、持续缺口

持续缺口，比上述两种缺口出现的频率都要小，但这种缺口的技术预测价值要大得多，因为它提供了产生那个运动可能到达的程度。正是由于这个原因，持续缺口有时也被叫作“度量”缺口。

普通缺口和突破缺口的产生都与价格形态有关系，前者是在价格形态内产生，而后者产生于形态结束时。但持续缺口，以及后面即将讲到的衰竭缺口，均与区域形态无关，它们通常产生于迅猛、直线式的上涨或下跌过程中。

也就是说，当价格远离某个区域形态之后，价格猛涨或狂跌过程中出现的缺口，很可能为持续缺口。其实持续缺口和前面两种缺口很好区分，最难的是如何与衰竭缺口区分开来。因为它们两个所代表的意义是有本质区别的。

通常情况，可以根据缺口出现第二天的价格和交易量进行区分。突破性缺口产生的前后成交量，一般没有太明显的放大和缩小，这才说明上升趋势正常，后期有持续的可能；而衰竭缺口在形成之后，其成交量会达到异常的高度，或者出现明显的放大。另外，也可以通过价格位置来判断，如果价格已经推升到形态突破后的测量目标位附近，则此时出现的缺口也

很有可能是衰竭缺口。

持续缺口的测量规则是，价格运动离开缺口的垂直距离，将与运动起始点到缺口之间的垂直距离相等。

四、衰竭缺口

突破性缺口，表明运动的开始；持续缺口，标志着运动的持续；而衰竭缺口，则表示运动的结束。但其通常并不被视作主要趋势的反转信号，而只是原有趋势的暂时“停止”。

持续缺口，通常在相当长时间内不被回补，往往是到市场在反方向达到主要或完全中等程度的波动之后才被回补。但衰竭缺口最常在两至五天内互补，回补速度非常快，如果在某阶段中需要的话，这也是区分衰竭缺口与持续缺口的最后线索。

综合而言，普通缺口出现在巩固形态之中，突破性缺口出现在巩固形态突破之时，持续缺口出现在快速上涨的过程中，衰竭缺口会在短期被回补。

第二节　移动平均线

无论一只股票是总体上涨，还是总体下跌，或者是总体上横向盘整，都似乎存在一种倾向，即，市场的主要趋势将继续运行，并将继续保持。确实，任何一种趋势都不会长久地维持下去，迟早会被突破，当它一旦被突破时，经常都是很重要的信号。但是，对于一种已经很好确定的趋势，市场发展的概率更倾向于站在原有趋势继续持续的一边，而不是反转。

移动平均线，是将过去股价变动的平均价值描绘成曲线，借以判断其股价运动趋势的技术分析方法，这种分析方法的基础是准确地绘制出股价变动的移动平均线。其优势是可以很好地回避掉股价的日常波动对分析带来的干扰。

移动平均线，是根据移动平均数在坐标图上绘制而成的。移动平均数的计算方法，简单地说，就是将某一期间的股价加起来，再除以日期，即得到移动平均数，其计算公式如下：

例如，要绘制某只股票的10日移动平均线，即是将这只股票从第1日至第10日的收盘价相加后，再除以10，得出其算术平均值；然后，再以其第2日至第11日的股价相加，除以10，得出第2个10天期间的平均价格。以此类推，可求出以后数个10日的平均股价，将所求出的平均价格放在一个坐标中，并且连接成线，即形成了一条10日移动平均线。

移动平均线的平均数，可以根据自己喜好选择不同的周期。有的选择6天、26天和300天作为一组移动平均线使用；有的则选择10天、100天和200天进行使用；多数投资者通常选用5天以上、1年以下的时间作为平均数的计算期间。因为选择周期越短，其敏感性越大，容易受到日常波动的干扰而产生不必要的交易信号。而如果选择周期太长，其变化比较迟缓，对投资者的实际交易来说，就缺少了必要的参考价值。

绘制移动平均线的作用在于，通过移动平均线可以清晰明确地识别出当前股价的运行趋势，以帮助投资者把握股市走向，进而有效地进行股票投资。美国著名股票分析家葛兰碧根据200天移动平均线与每日股价市值的关系，提出了买卖股票的8条法则（如图7.2.1所示），即葛兰碧法则。

这8条法则中指出的操作时机是：

1. 当移动平均线持续下降后，处于平稳上升状态，而股价（日线）从移动平均线下方突破并向上延伸时（如图中7.2.1的1处）应买进。这是因为，移动平均线止跌转平，表示股价下降趋势停顿，而此时若股价再突破平均

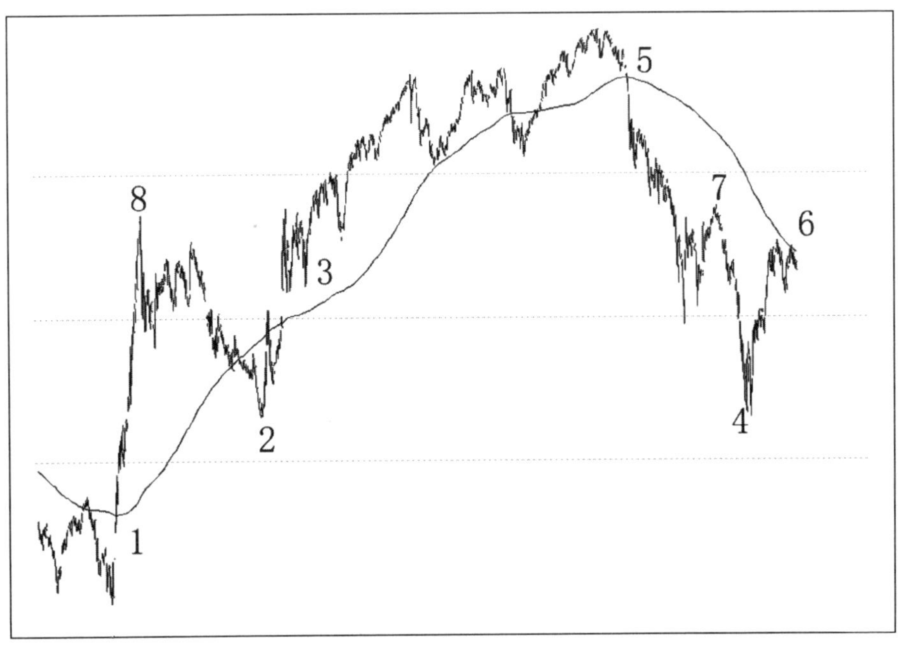

图 7.2.1

线并向上延伸，则说明当天股价已经突破卖方压力，买方开始处于相对优势地位，未来价格产生持续上涨的概率较大。

2. 移动平均线呈上升状态，而股价跌至平均线以下时，宜买进。（如图 7.2.1 的 2 处）这是因为移动平均线移动较为缓慢，当移动平均线持续上升时，说明当前趋势并未改变；而股价急速跌到平均线之下，只说明是一种日常波动，此下跌很可能是一种假象，随后几天，股价再次回升至移动平均线之上，保守型投资者也可选择在此处入场交易。

3. 股价在移动平均线之上运行，当向下回撤到移动平均线附近时，并未跌破平均线，随后又再度上扬，此时宜买进（如图 7.2.1 的 3 处）。这是因为在这种情况下，股价的回撤往往只代表投资者正常的获利回吐，对整体的上升趋势并未产生影响，并且跌到移动平均线即止跌上涨，说明此处承接力度较强，因而可以作为一个买入位置。

4. 当移动平均线方向向下，并且股价在移动平均线之下运行，经过大幅下跌，股价与移动平均线偏离较远时，宜买进（如图 7.2.1 的 4 处）。此时虽然整体的趋势向下，但由于股价在短期之内出现了快速下跌，空方动能释放比较充分，短线技术指标也都进入超卖区域，容易引发超跌反弹。毕竟整体趋势向下，交易时需控制好仓位并设好止损。

葛兰碧的另外四条法则，则是对股票卖出的时机进行界定，分别是：

5. 移动平均线由上升转为平移或下降状态，而股价随之跌破移动平均线时（如图 7.2.1 的 5 处），宜卖出。此时说明上升趋势衰竭，并且价格击穿移动平均线，说明多方力量已经不足以维持股价继续上涨，后期持续下跌的概率较大。

6. 移动平均线的方向向下，股价向上突破移动平均线时应卖出（如图 7.2.1 的 6 处），因为移动平均线的方向说明了当前的整体趋势，而价格的短暂突破，只属于正常的日常波动，假如说突破之后再回落到移动平均线之下，则可以作为保守型投资者的卖出位置。

7. 股价在移动平均线的下方运行，当到达某一低点时开始反向上涨，并向移动平均线靠近，但反弹高度并未触及移动平均线即再次转头向下（如图 7.2.1 的 7 处），此时表明市场空方力量强劲，宜卖出。

8. 移动平均线呈上升态势，而股价也在移动平均线之上，在某一时期突然向上暴涨，导致价格远离平均线时宜卖出（如图 7.2.1 的 8 处）。此时虽然整体趋势仍然向上，但由于股价的短期暴涨，导致短线指标往往进入超买区域，而拉升出来的价格空间也会造成更大的获利回吐压力，所以，短期股价极可能会出现回落，应回避。但毕竟整体趋势向上，可以适当减仓。

以上 8 条法则，是根据单一的移动平均线来判断股价变动的走向和决定买卖时机。由于移动平均线分为短期线（一般为 5 天、10 天、30 天）、中期线（一般为 60 天、90 天和 120 天等）和长期线（一般为 150 天、240

天和 300 天等）。短期线容易受股价变动影响，反应比较灵敏，买进或卖出的信号显示得较为频繁；中、长期线反应较为迟钝，但却能说明股价运动的基本趋势。因此，有些投资者在分析股市行情时，将每日行情曲线与各种移动平均线结合起来进行分析对比，在把握买卖点上收到了较好效果。

将短、中、长期三种移动平均线与每日行情曲线组合起来判断股市行情。

对短、中、长期三种移动平均线可作如下解释：

1. 当短期线急速地超越中、长期线向上方移动时，意味着买进时机到来，这时，投资者应不失时机地买进。这是因为，当股价持续下降至谷底后转为上升趋势时，反应最快的是短期线，其次是长期线，短期线首先越过中、长期线而居于三线的最上方，随后中期线也将移至长期线之上。

短期线超越中期线，中期线超过长期线时，所形成的这个交叉点，一般称之为黄金交叉点（Golden Cross），这一点标志着行情即将进入上涨时期，黄金交叉点出现后，短期线、中期线和长期线开始由上至下依次排列，这也就是所谓的“顺向图形”或叫“多头排列”，是典型的利于股价上涨的态势。

2. 每日移动线位于最上方，短期线、中期线和长期线形成多头排列，且各条线都呈上升状态，这种情况是最让人安心的坚挺行情。往往会延续很长时间，不会因为价格短期的反向运行而改变。

3. 坚挺持续了相当一段时日后，短期线从停滞状态的高点出现下降倾向时，则表示股价高涨趋势动摇，这是抛出股票的较好时机。

4. 当短、中、长三条线开始微妙地交叉时，应及时将分仓卖出或适时补进。

5. 当短期线渐渐下落至最下方，中期线也下移至长期线以下时，即为典型的下跌行情。

中期线下移与长期线相交之点，称为终结交叉点（Dead Cross），或叫死亡交叉，终结交叉点意味着上涨行情的结束。此后，每日股价线与短期线、中期线和长期线一起按自下而上的顺序排列，这就是所谓的“逆向图形”，或叫“空头排列”，为典型的下跌态势。

6. 下跌行情持续了相当一段时期后，短期线从谷底转为上升倾向时，预示着股价进入回升期，此时价格低廉，正是购股入市的好时机。

移动平均线法，是一种具有统计理论依据的股价技术分析方法，在股市上较受投资大众和股票投资行家欢迎。

第八章 支撑与阻挡技术

第一节　支撑与阻挡的基础知识

1. 极性转换原则。西方技术分析中有一个基本的观念：阻力位一旦被穿破，即转变为支撑位；支撑位一旦被跌破，即转变为阻力位。如果将这一技术与东方的蜡烛图技术结合起来使用，总会收到意想不到的效果。在实践中你也会发现，某个阻力位或支撑位在突破以前所受到的考验越多，其极性转换越彻底。

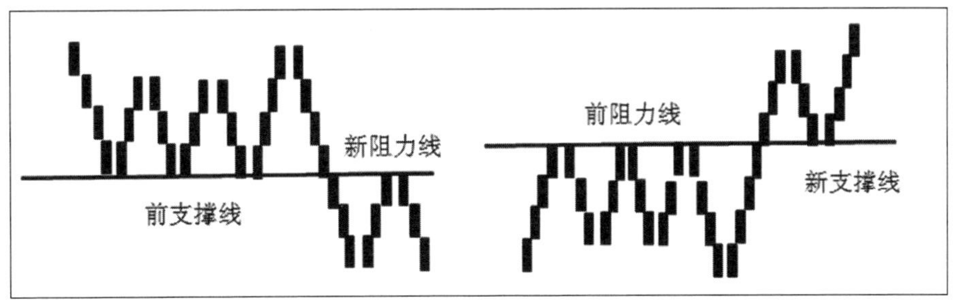

图 8.1.1

2. 奔驰窗口。由于 K 线形态众多。不同的 K 线开启一个窗口都会有各自的讲究。查看海信电器（600060）7 月 24 日的上升窗口，它是由一个长白实体开启的，再加上下面成交量放出了巨量，反映了多方力量是多么的强劲。我们把由一根长白实体（大阳线）开启的窗口称为“奔驰窗口”，表示行情正在朝窗口的方向疾奔。再看海信电器，之后几天有所回落，但是都收盘于这根长白实体中点以上，显示了长白实体中点的支撑作用。

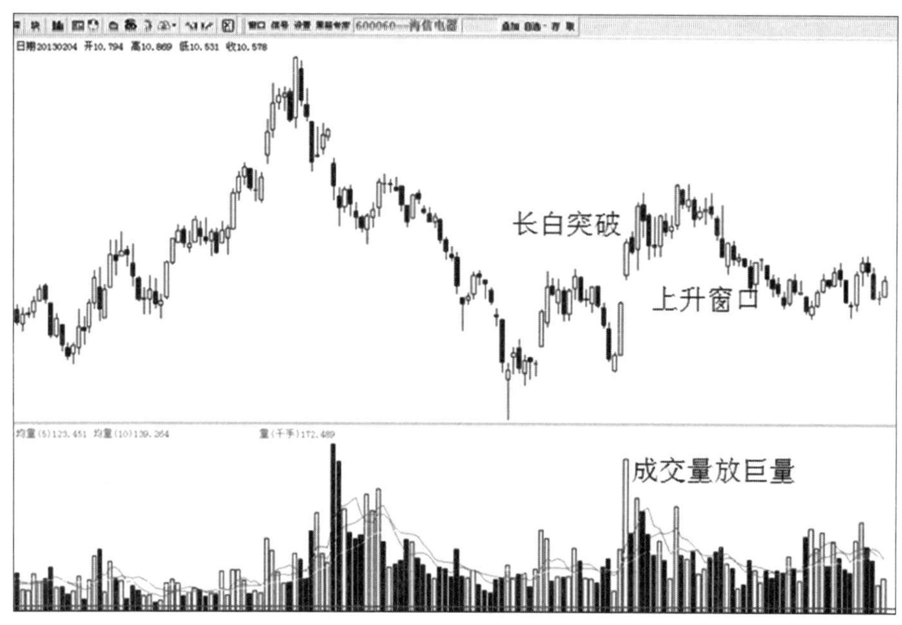

图 8.1.2

支撑的定义为实际或潜在的买进行为，它在交易量上足以在一个可观察的阶段内中止价格的下跌。阻力是支撑的反面，它是实际或潜在的卖出行为，在交易量上足以满足所有的买单，从而在一段时间内阻止价格走得更高。一个支撑范围代表了一种集中化的需求，而一个阻力的范围代表的是一种集中化的供给。根据定义，市场上涨运动到什么地方遇到阻力（供给），就容易停滞，形成顶部，也就是卖点；市场下跌到什

么地方遇到支撑（需求），也容易停滞，形成底部，也就是买点。这里给出了把握买卖点的最基础的论据。

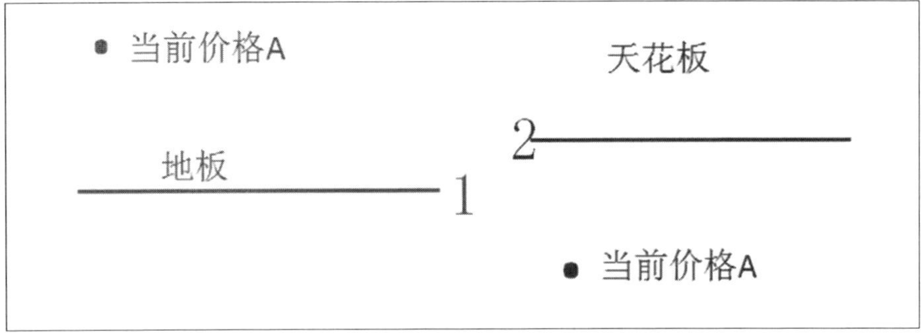

图 8.1.3

我们从支撑与阻力的定义出发，把具有明显支撑作用的平台俗称地板（Floor），而将具有明显压力作用的平台俗称天花板（Ceiling）。所谓平台，也就是横盘整理。我们相信一点，在暂不考虑成交量的情况下，K 线的数量将决定某一价位附近的支撑或阻力有多强。因此，横盘整理与单边运行走势相比，明显地，前者更加重要，它将会成为后期股价运行的主要参考。

现在问题来了，既然，有些平台是地板，有些平台是天花板。到底怎样去定义所看到的平台呢？这就得由它所处的位置决定了。一般地，只要当前价格运行于平台之上，那么，我们就定义那个平台为地板；而当前价格若运行于平台之下，就把它定义为天花板。根据这样的定义，同一个平台，若与当前的价格比较，会因为价格的变化，而造成角色的转换，即天花板有时会转化为地板，而地板有时也会转化为天花板。

这就是支撑与阻挡理论中最重要的一点：支撑与阻挡会相互转化。

第二节　支撑与阻挡技术的应用

我们已经定义了支撑与阻力，也定义了天花板和地板。那么，在实际交易中，对我们有什么操作用途呢？

既然以后的价格容易在天花板和地板的价位处形成反转，那么，我们就有了出入市的参考。当股价下跌至地板，我们买进；当股价涨至天花板，我们卖出。

所以，我们有了第一项任务（锻炼自己眼力的时候到了）：寻找股价走势中的天花板和地板。换句话说，就是寻找走势图中各类横盘整理所在的位置。这些位置非常重要，将会成为我们今后买卖的参考。

一般地，当一只股票处于下降杠杆，无论是牛市中的回调还是熊市中的下跌，通过寻找地板，我们可以知道下跌是否结束，买点是否来临；当一只股票处于上升杠杆，无论是熊市中的反弹还是牛市中的上涨，通过寻找天花板，我们可以知道上涨是否结束，卖点是否来临。至于为什么我们要在地板上买入，在天花板上卖出，接下来我们将通过市场心理的角度来进行剖析。

图 8.2.1 是案例青岛金王（002094），通过此案例能够帮助大家有个清晰的认识。

讨论支撑与阻力，不得不涉及市场的心理。因为支撑与阻力是由市场上的供需决定的。而造成供需变化的重要因素，就是已经进场和还未进场的人内心的想法。

我们为什么要在天花板卖股票呢？让我们来分析市场的心理。假设你

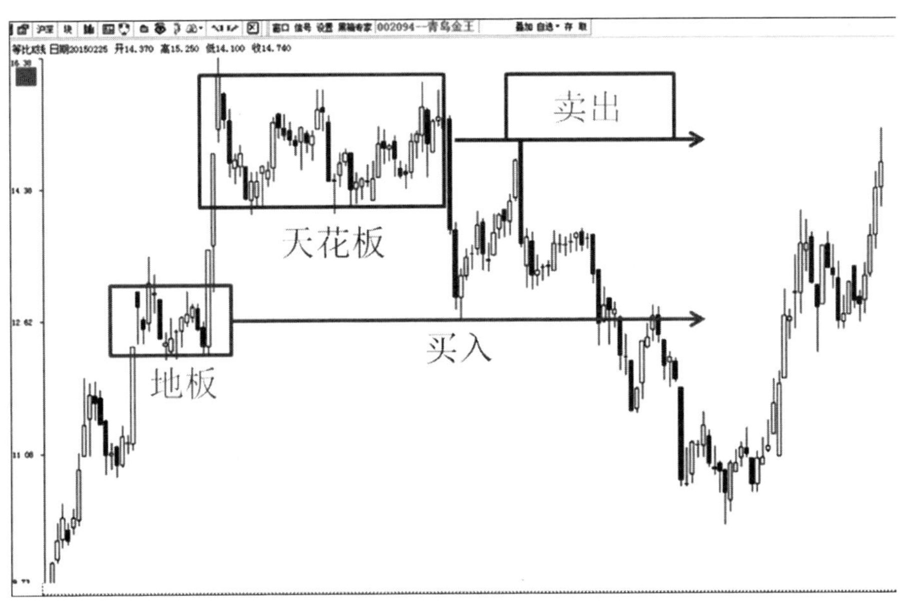

图 8.2.1

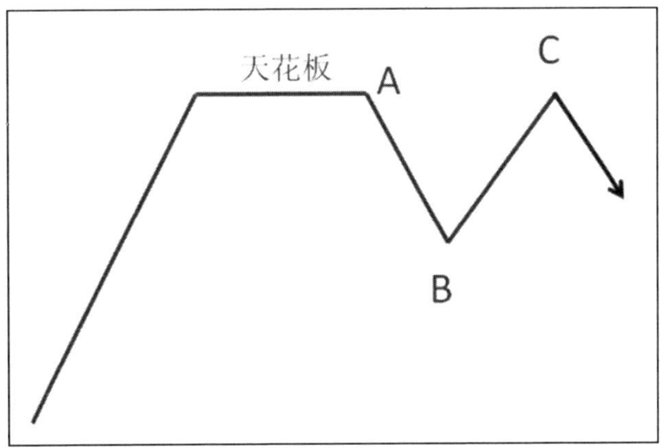

图 8.2.2

买入一只股票，本来看好它，结果却很失望，买完就往下跌，而且跌得幅度够深。于是人们就会产生急于解脱的心理。如果股价能够涨回来，让我赚钱了，我一定要在我的买入成本价附近抛掉这只股票。见上图，在图中A处购入股票的投资者，极有可能因此在C处抛售手中股票，而带着恨意

离开。接着，我们再来看另一类人，他们很幸运，在图中 B 处抄到了大底，当股价上涨到 C 处，他们已经赚得盆满钵满，但是在 C 处他们也隐约感到来自天花板（A 处）带来的抛售压力，只要股价上涨开始变得艰难，他们也会考虑抛售手中股票，因为他们已经盈利，不希望让利润又还给市场。所以，这两拨卖压很可能就会造成 C 处充足的供给，股票容易见天花板而回落。同理，我们在探讨地板的时候，原理一样，这里不再赘述。

至于 C 处的压力到底有多强，接下来我们将会探讨支撑与阻力的强度问题。这个问题非常重要，将决定我们的交易是否成功。接下来我们将引入第一个标准：下跌幅度。

任何一个价位，只要有过股票交易（除了跳空缺口），都或多或少会有支撑与压力的作用，只是强弱不同而已。我们来探讨影响某一价位处支撑与压力强弱的第一个因素：幅度（对于天花板来讲是下跌幅度，对于地板来讲是上涨幅度）。

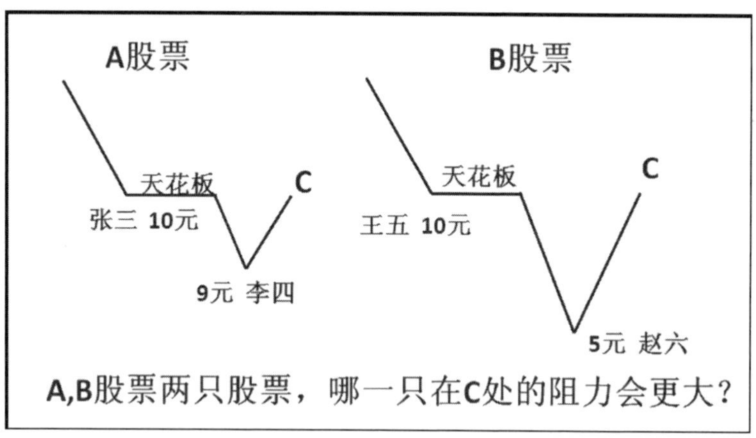

图 8.2.3

我们通过一个对比图来解释这种因素的重要性。假设有两只股票，A 股票和 B 股票，都在 10 元附近形成了天花板，说明 10 元处有大量股票转手，我们再假设两只股票在 10 元处的转手量相当。他们唯一的不同点，

是A股票之后向下跌至9元，B股票向下跌至5元。即他们的下跌幅度不同，A股票下跌幅度较小，B股票下跌幅度较大。问题就是今后哪只股票回升至10元的天花板处压力更大?

我们仍然从市场心理的角度进行分析，假设张三在10元处购买了A股票，之后价格跌至9元，然后又回到了10元。这一折腾，张三只是虚惊一场，并没有太担心。在天花板10元处的人和张三的想法都差不多，以至于股价回升至10元，并没有带来太多的来自天花板的抛压盘；其次，我们再看看另一位股民李四，李四在9元买入了A股票。等股价涨到10元，才赚了1元钱，侥幸心理告诉他，该股还会涨，不要急着抛售。

第三节　支撑与阻挡技术的重要因素

成交量是衡量支撑与阻挡位强度的又一个重要因素。而且在所有因素中，应当首先考虑，它是最重要的参考标准。

“先前只有两三百股转手的小底部不可能给后续的上涨造成强烈的阻挡；但有几千股被买入的底部被跌破相当幅度后，接着试图涨回该价位时，将会提供大量的潜在供给。”按照约翰·迈吉的讲法，一个底部，在那儿的转手量越大，那个底部对今后上涨造成的压力会越大；反之，一个顶部，在那的转手量越大，那个顶部对今后的回调造成的支撑也越大。

但是，问题来了。评断一个底部或一个顶部的成交量有多大，哪个价位处最大，以及这么多的成交量能否支撑住股价的回落或者压制住股价的上涨，我们不知道。

经过观察，我们发现，如果去比较一个平台型顶部或底部，往往平台整理的时间越长，平台处堆积的量会越大；也就是说，规模大的天花板或

地板，它们所拥有的成交量往往大于规模小的天花板或地板。所以，这是第二个任务：寻找走势图中规模较大的天花板和地板，作为我们买卖的参考。这样既容易直观，又不需要我们对什么价位成交量做精确估计，而且这也没有必要。

当然，平台的规模大小，其评判依据是一只股票本身，通过比较它的走势图中各类天花板或地板的大小得出结论。

我们见下图四川路桥（600039），图中有两个地板，一个规模较大，一个规模较小，我们发现股价回落试探的是规模较大的那个地板。因为它的支撑更强大。

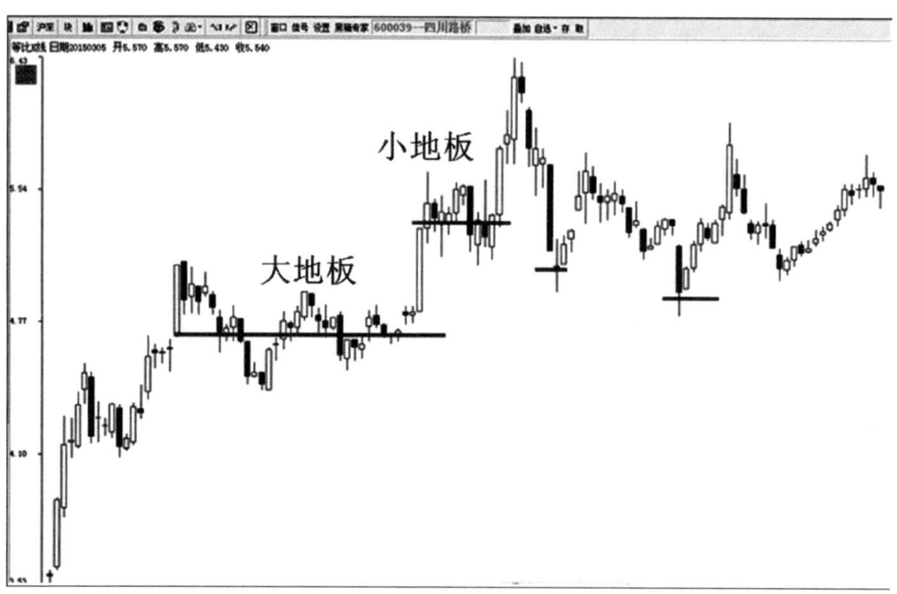

图 8.3.1

为了便于大家理解天花板和地板，我们将穿插形态的知识点，来帮助大家寻找走势图中的天花板和地板。

第四节 支撑与压力的买卖形态

我们已经知道，只要股价处于某平台之上，那个平台就被定义为地板；只要股价处于某平台之下，那个平台就被定义为天花板。我们也知道了要在地板上寻找买点，在天花板处寻找卖点。

所以，我们就来看看，天花板和地板会出现于怎样的形态中。我们做一个归纳，方便大家在股价中找寻。这里值得提一点的是，在四五年前形成的天花板或地板，只要一直没有触碰过，仍然还会有潜在的压力或支撑作用，不容忽视。

下图是四种地板买入形态和四种天花板卖出形态，看看你自己的股票属于哪一种？

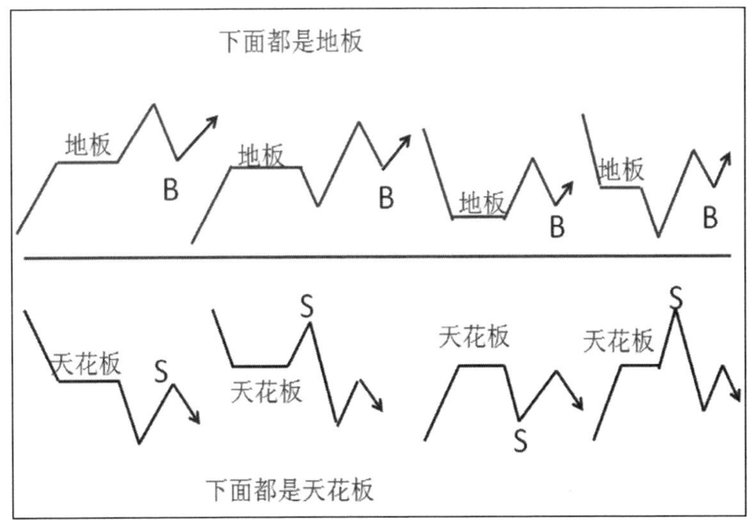

图 8.4.1

从上图我们也看出一个矛盾的地方，比如上半部分第一张图与下半部分第四张图形态类似。其实这里并不矛盾。说白了，一个地板并不一定总能够支撑住股价的下跌。如果行情弱势，地板处的支撑再强，也有可能会被轻易向下击穿。但是击穿以后，角色就立马转变为天花板，下次要当压力看待。

第五节　支撑与阻挡的时间概念

价、量、时、空是技术分析的四要素。在研究支撑与阻力的强度问题时，我们讨论了成交量和幅度，这是属于量和空的范畴。在这里我们引入第三个要素——时间。

“形成于熊市早期阶段的中等底部，在价格将其跌破，花了将近大半年的时间来构筑主要底部，四五年之后重新慢慢地爬升回该底部的时候，将提供不了什么阻挡。而仅仅一两年前的供给倾向于比四五年前的供给更为有效，但后者也绝不会失掉其全部效力。事实上，只要该底部没有遭到过‘攻击’，时间久远的底部区域，常常会展现出令人惊异的强大阻挡。”

从上面的论述中，我们明白了一点，距离当前价格越近的供给密集区，越能够提供强大的压力。但是时间久远的底部不是对现在一点影响也没有了，只要是第一次去试探它，仍然要留意悬在那儿的供给（压力）。

回到 CF 技术，我们的结论是，去寻找距离当前价格最近的天花板或地板，他们将提供最直接的影响。为便于理解，我们打个比方。见下图，图中底部 1 和顶部 2 假设都是平台，对于 AB 段的上涨来说，两处都是天花板。根据结论，我们应该首先重视的是顶部 2 处的天花板，而对底部 1 采取不忽视的态度，特别是虽经历较长时间，但仍然是首次去试探它。

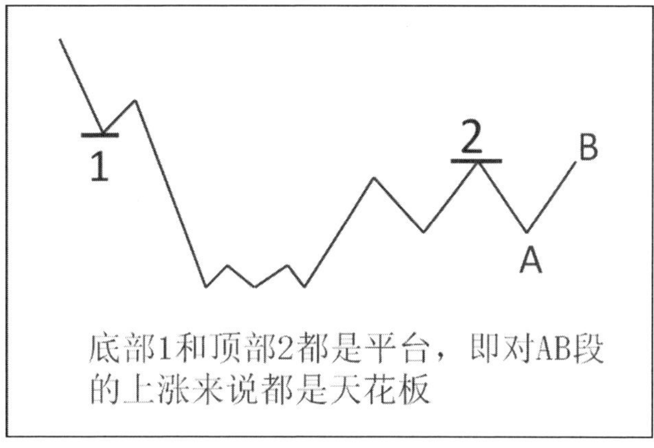

图 8.5.1

从上述言论还可以延伸出一个要点，AB 段上涨的斜率，即从 A 点涨至顶部 2 的天花板所花的时间，这也将成为研判一个压力区强度的参考。理论上，当前价格（图中 B 点）与顶部 2 的时间距离越短，B 点遭受来自顶部 2 的压力将会越大。而要想顶部 2 与 B 点之间时间短，就必须让从 A 点爬升到 B 点的速度要快。也就是说，从 A 点开始的上涨，若急拉至顶部 2，就容易见天花板而回落。

支撑也是同理，在此不予赘述。到目前为止，衡量支撑与阻力强度的标准已经给出三个：成交量，幅度，距离时间。接下来，我们探讨第四种因素：攻击次数。

第六节　阻挡与压力的价值

人们在下棋对弈的时候经常会说：“棋场如战场”。而在股票交易市场，人们也会经常说，“市场如战场”。意思可以这样理解，一只股票过去走过的痕迹，能够充分反映多空双方当时的争斗情况，所以有眼力观察市场的人，看历史的价格走势图，就像在看一场战争电影，很有味道，也羡煞旁人。

我们探讨估量支撑与阻力潜力的第四个标准——攻击次数。这里就有点军事的味道了。我们仍然以天花板为例（之前的讲述为什么不以地板为例，因为讲天花板的话可能更容易让人理解）。见下图，在前面的下降趋势中，出现了一个中继形态——横向矩形整理，这样的整理区就是我们所说的天花板，假设他处在 10 元附近。之后股价分别从 A，B，C 三点开始了如图的三次攻击，攻击的方式各不相同，第 1 次没有进入天花板里面而迅速回落，第 2 次进入压力层以后开始了回落，第 3 次进入以后直接穿越压力层。这样子的走势情况不是没有道理的。

我们来看看下图例子中的这场战争。在图中天花板处堆积了大量的空方力量，力量的大小由在那边的成交量决定，即天花板的规模大小。天花板所处的 10 元价位处，就是一个坚固的空方防守位。多方要想从这个价位向上走得更远，必须打败 10 元处的敌人，即消化掉 10 元处的空方兵力。所以，有时如果天花板规模较小，表明空方兵力不够，可能多方第一次攻击就攻过去了。但是倘若天花板规模较大，那么表明空方的兵力很足。若多空双方力量相差悬殊的话，可能攻击几次都攻不过去。但有一个好处，多方每攻击空方一次，空方都会消耗掉一些能量。随着攻击次数的增加，空方的兵力会越来越少。这代表着，随着攻击次数的增加，空方坚固的防守在变得脆弱，天花板处的压力会越来越小。最后，多方可能轻而易举就拿下阵地，完成对 10 元阻力位的穿越。

仔细观察图中，我们还应知道一点，如果股价没有进入天花板，而是在天花板的下边沿试探了一下就回落（如图中第 1 次试探），可能没有消耗掉空方多少力量；而如果股价进入天花板，在里面运行一段时间然后回落，则会消耗大量的空方筹码（如图中第 2 次试探）。有时股价在天花板的上边界之上一点或下边界之下一点横盘，也在大量消耗天花板处的空方

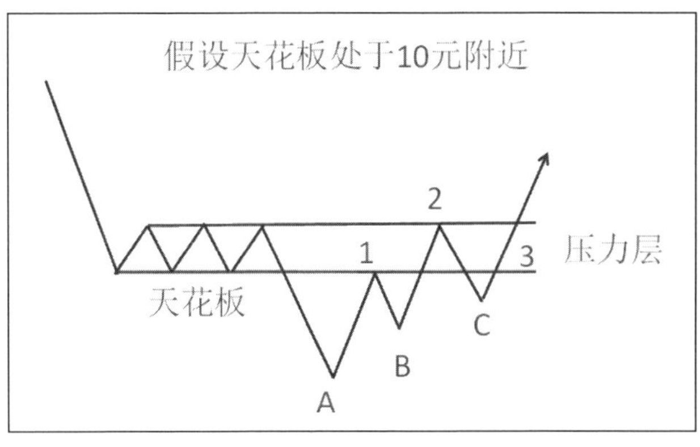

图 8.6.1

筹码，都是不容忽视的。

所以，如果横亘在股价上方有个明显的规模较大的天花板，当股价首次去试探它的时候，我们的操作策略最好是一个字——跑。卖掉手中股票，看战争的发展情况再说。而当试探的次数多了，我们慢慢地就没有必要对它太过于重视。且经验告诉我们，攻击次数达到 3 次及 3 次以上，天花板处的压力已经被大大削弱，很可能就会被轻松向上击穿。

至此，我们的结论是，攻击次数越少，压力区所提供的压力越大，随着攻击次数的增加，压力则会被削弱。对于地板，也是这个原理，所以最好首次试探地板买入股票。

第七节　阻力与支撑的标准

成交量、幅度、距离时间、攻击次数、底部（或顶部）数量是研判一个阻力（或支撑）区强度的五大标准。我们探讨最后一个标准——底部（或顶部）数量，由于这一因素不够直观，我们巧妙地将其转化为天花板（或地板）的厚度问题。

见图 8.7.1，假设有 A、B 两只股票，都从 15 元开始了一轮下跌，跌至 10 元，两只股票都开始了反弹，反弹至 12 元以后，又都下跌至 5 元，然后回升到 10 元，且底部 1 ＋底部 2 ＋底部 3 的成交量约等于底部 4 的成交量。换句话说，两只股票在 10 元处的成交量几乎相等，只是底部数量在这里不一样，问题就是 A、B 两只股票哪只在 10 元处遭受的压力更大（图中 S1，S2 点）？

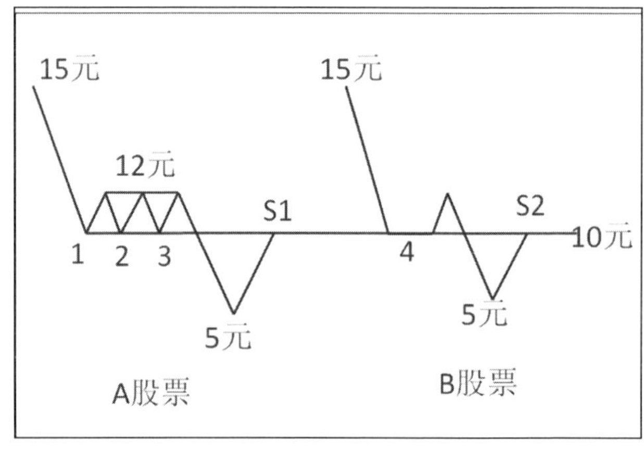

图 8.7.1

如果不看底部数量，两只股票幅度一样，成交量一样，距离时间一样，都是第一次攻击，是不是在 10 元处就面临了完全相同的压力？不是的。《股市趋势技术分析》里面对于底部数量是这样描述的：“长的矩形或下降三角形在同一价位上有许多底。将它所有底的成交量加总，我们可以获得阻挡强度的粗略估计，但必须对其打一折扣，因为部分在矩形早期的底部处买入的股票，已经于运动完成前在顶部附近卖出了。简言之，一个单独的，高成交量的底部提供的阻挡，比成交量相同但在时间上分散，期间有反弹的一串底部要强。”

从上述的言论自然得出了结论：成交量相同的前提之下，底部数量越

少，对今后产生的压力会越重。也就是说，B股票在10元处遭受的压力要重于A股票。为什么？对于A股票来说，10元的筹码都堆积于底部1，2，3。这些筹码在股价进行矩形整理的时候，部分已经在12元附近卖掉了。而对于B股票来讲，由于筹码都牢牢地趴在10元上，并没有受到太多影响，能真实反映10元处的真实成交量。也就是说名义上底部1＋底部2＋底部3的成交量≈底部4的成交量，实际上已经小于底部4的成交量了。根据成交量的判别准则，压力自然就要小于后者了。

其实，A、B两只股票走势在10元附近都可以称为天花板，只是A股票的天花板应该看成是一个下边界为10元，上边界为12元的矩形，而B股票在底部4形成的则是一个下边界为10元，上边界肯定小于12元的天花板。即A股票10元处天花板的厚度大于B股票在10元处的厚度。

于是，采用CF技术，新的结论产生了：一个天花板，厚度越薄，对后期上攻至此产生的压力会越大，而且正是因为越薄，导致的结果是天花板处没有空心成分存在，堆积了大量难受的套牢筹码等着解套。

所以第五个标准，我们可以采用底部数量，但是缺点是不好判断。现在利用CF技术，将其转化为天花板的厚度问题，一下子使我们的判断变得直观起来。我们只要去寻找比较薄的天花板和地板，而且正是因为薄，所以才好把握买卖点。可谓一箭双雕。这就是CF技术的优势之一。今后还会体现出更多这样的优势。

第八节　支撑与阻挡技术的研究

之前，我们一直在探讨的是天花板和地板的支撑与阻力强度问题。但是当谈论最后一个标准——底部（或顶部）数量的时候，我们发现，可以将其转化为天花板（或地板）的厚度来考量。所以，还有一个领域值得我们去探索，那就是天花板和地板本身的构造问题。

我们知道，三角形是几何结构中最稳定的，这几乎成了定律。那么，我们除了探索五大衡量支撑与阻力强度的标准以外，是否还可以深入剖析天花板和地板的本身构造，通过这样的构造模型，方便我们去寻找当前行情下适合买卖的股票。接下来介绍一种技术——“三八线”技术。

第二次世界大战结束以后，世界上最强大的两个超级大国美国和苏联在朝鲜画了条三八线，分别在三八线以南建立韩国，实行资本主义制度。以北建立朝鲜，实行社会主义制度。这就是冷战的产物。大半个世纪过去了，韩国经济繁荣，而朝鲜却一穷二白。三八线成了一条非常明显的政治和经济分界线。在此，我们将其引入股市。让大家学会从走势图里找寻“三八线”。

通过之前的讲解，我们知道了，天花板或地板要越薄越好。体现在走势图中就是其平台是由一系列的小实体 K 线组成，而且这些小实体的 K 线的重心几乎就处于某个十分狭小的价格区间里面。且严格地讲，他们有非常明确的上边界或下边界。这样的天花板或地板绝对是积聚能量的好地方。他们对后市造成的支撑与压力将非同小可。

那么怎么去画“三八线”呢？这里给出三个标准：1.“三八线”一侧的 K 线要富集；2.“三八线”的另一侧几乎没有 K 线；3.“三八线”富集 K 线的一侧要紧紧地贴着 K 线，几乎没有空心成分。符合这三个条件所画出来的线，就是我们要的“三八线”。“三八线”两侧的 K 线数量越悬殊越好，就像韩国和朝鲜一样，如今的经济是天壤之别。

我们来看看中国铁建(601186)这个例子，图中标出了三条“三八线”。为什么他们是“三八线”？这些“三八线”的一边堆积着大量的 K 线，但是另一边却几乎没有，相差悬殊。且富集 K 线的一边几乎根根 K 线都贴着“三八线”。记住一点，只要四根以上的 K 线有这种特征，就可以画“三八线”了。我们再来看看三条线的特征，其中，第 1.2 条“三八线”K

线富集于上面，而这就是特殊的天花板特征。这两条"三八线"就是压力线；这样特征的天花板有个好处，那就是我们知道卖点在哪里，就是"三八线"所处的价位；而第 3 条"三八线"的 K 线富集于线的下面，上方没有 K 线，而这就是地板的特征。同样地，紧贴地板的这条"三八线"成为非常好的支撑线。

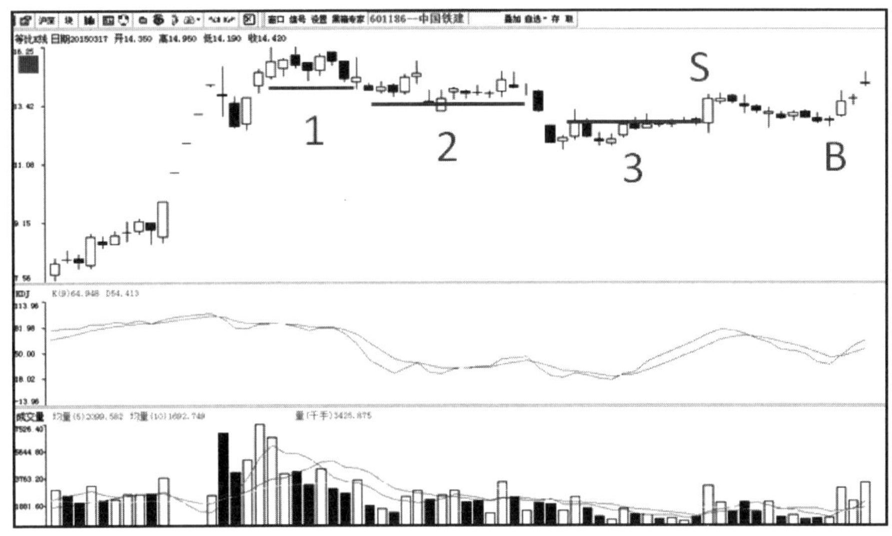

图 8.8.1

所以，通过画"三八线"，我们就可以画出一只股票的天花板（压力）和地板（支撑）在哪里。也就画出了这只股票买卖的依据，而且这种画法各种周期都适用。

第九节 一个"板" 两条线

有句老话是这么讲的："牛市不言顶，熊市不言底。"这句话用 CF 的语言来解释的话，就是在牛市市道里面，作为压力的天花板往往没有起到特别大的作用，股价上涨碰到天花板只是做个短暂的回落，之后很可能选择击穿。而有支撑作用的地板，在牛市中，作为买入位置，往往非常可靠。所以在牛市中，我们的操作策略应该是在地板上首次买入，碰到天花板做减仓操作，随后看情势，随时可能要再次补回头寸。所以，在探索天花板和地板作用的时候，尽量不能忽视当前行情的特征。

在股市里面，探索支撑与阻力的方法有很多。著名的技术分析大师理查德·W·沙巴克（对《股市趋势技术分析》作者约翰·迈吉影响最深远的一位技术分析先驱）说过："在股票交易过程中，由区域模式（也就是价格形态）和股价密集所标识的支撑位与阻力位，最具实际交易价值。"这里有点让我兴奋，CF技术是我通过长时期的观察开发出的一门交易技术。然而，通过研读沙巴克的著作，发现他所讲述的支撑与阻力理论正是CF技术的原型。只是我的更加形象，更具操作性与实战性。至此我也为自己的这门独创技术找到了理论根基。

研究趋势的一项重要内容是，趋势何时算发生变化了？我们利用CF技术里面的"三八线"原理来做个探索。一个结构优秀的天花板和地板，都可以明确地画出两条"三八线"。如图8.9.1，1号和2号"三八线"夹着地板，3号和4号"三八线"夹着天花板。现在，我早就摒弃了使用上升趋势线被向下突破来表明上升趋势发生了变化的方法，而更看重的是走势中的成交密集区，也就是"板"。"三八线"有什么用呢？正如下图，如果股价调整到地板上，只要不向下突破2号"三八线"，我会一直认为上升趋势没有发生改变，而在1号"三八线"与2号"三八线"之间的成交密集区，都有可能成为我的买入位置（图中a点和b点价位之间）。其次我们再来看看由3号"三八线"和4号"三八线"夹住的天花板。当股价上攻至此，如果不能有效突破4号"三八线"，我始终会怀疑上升趋势是否到这里要反转了？而且如果股价回落，连3号"三八线"都跌破了，就会把这种特征作为趋势变化的第一个警告信号。但是如果4号"三八线"

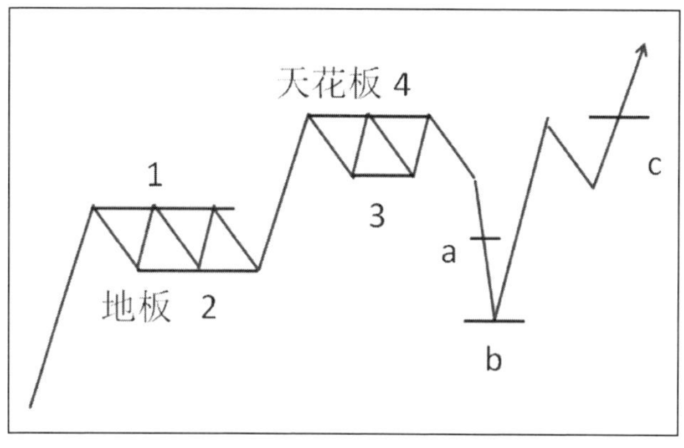

图 8.9.1

被有效突破，那么我们就会认为，上升趋势还会延续（如图中 c 点）。

目前的上证指数，大家能看出在 3300 点 ~3400 点的天花板吗？而现在他已经变成地板了。

第十节 没有天花板的天空会怎样

针对现在的行情，我们会发现另外一些类型的股票，它们都在创新高，有的甚至创了历史的新高。对于这样的股票，我们是找不到它上方的天花板的，或者要找也要找到好几年前熊市中产生的套得死死的天花板，那份力量或许经过长时间的发展已经变得微不足道了。而对于创历史新高的股票，其上方的筹码甚至为 0。

很多投资大师，比如欧奈尔、彼得・林奇、江恩等都推荐操作刚刚创新高的股票，因为创新高的股票很容易产生急拉行情。这种方法是有道理的。现在，我们用 CF 技术来探索其中奥秘。

许多深刻的自然科学真理，都来自于一些抽象的实验。我相信，股市里面的一些真理也可以采用这种方法。面对这个课题，我们来做一个情景想象：假设有一幢10层高的大楼。每一层的地板都会是其下一层的天花板，比如第7层的地板就是第6层的天花板（这里用来解释支撑与阻力会相互转化是十分恰当的）。一个没有创新高的股票，就好比处于这幢大楼的某一层（上方有天花板），而一个创了新高的股票，就相当于楼顶上（上方无天花板）。

哪只股票容易产生暴涨行情呢？再回到情景想象：假设一个人在6楼向上扔乒乓球，这个乒乓球在向上运动的时候，将会面临6楼天花板的阻挡而被弹回来，这是事实。除非6楼的天花板是纸做的，扔乒乓球的力道又很大，那就把6楼的天花板给捅破了。而捅破以后，乒乓球进入7楼，那还将面临7楼的天花板。所以，要想没有创新高的股票产生拉升的行情，还是比较困难的。而如果是在楼顶上向上扔乒乓球，在忽略空气阻力的情况下，乒乓球向上运动到哪里，则取决于我们扔的力量。而且，正是因为上方没有天花板，所以，乒乓球极有可能被向上抛得很远。

回到股市，这就是一种急拉行情的特征。在没有天花板阻隔的市场上，股价像脱缰的野马，如入无人之境。在这种行情下，价格的变化速度非常快。但是不会永远朝上一直运行下去，就像乒乓球一样，如果向上动量不足，就会受重力作用影响而开始掉头往下运行。这种重力在股市里面，就是来自于股价下方的获利回吐筹码。也就是说，虽然股价上方没有了套牢筹码，但是因为行情急拉以后，下方的一些获利筹码开始选择获利出局，由他们来决定急拉行情的终结。

值得注意的一点是，选择创新高的股票，不是选择乒乓球已经离开楼顶再向上运动好一段的股票，而是选择刚刚离开楼顶没多久，甚至就在楼顶打算要离开的股票。否则你将被高位套牢，因为还有一个知识点会在后面讲解，那就是，单边上涨对应单边下跌，单边下跌对应单边上涨。

第十一节　对称性：探索市场之美（上）

人们为什么能够对某一领域孜孜不倦地进行长期探索？我觉得有一点可以解释，那就是人都追求美，而美又蕴藏在万物之中。对称性是美的本质体现之一。经验告诉我们，我们所生存的这个世界充满着对称性这样一种和谐的美。尤其是科学家们，他们对于这一特性的哲学思考，已经推动了人类整个20世纪自然科学的发展，尤其是数学和物理学。

在探索交易市场本质的时候，我们会发现有时也存在着自然科学中提到的一些基本原理。我想，因为这些基本原理对于世间万物来讲都是相通的。比如对称性，它已经成为隐藏在万物中的一种普遍特性。交易市场是由人创造的，所以，市场也不可能脱离这样一个范畴。如果交易只在几个人之间进行，可能受人的主观因素影响而没有什么规律可言。但是，我们的交易市场是由成千上万的人组成，普遍的自然规律就会显示出来。探索对称性，是自然科学的重大命题之一，同样，它也将成为探索交易市场的重大命题。

许多人发现了市场的对称性规律，但是并没有对其进行合理的解释。维尔茨·维尔德创立的亚当理论也只是利用对称性去分析市场，而没有解释这种对称性存在的原因。现在，让我们看看CF技术能否帮助我们做出合理的解释。

我们回到之前所讲的乒乓球实验。当一个乒乓球在楼顶或者在某一楼层被向上抛出以后，总会因为重力因素而向下掉落。但是，会下落到什么地方又往上反弹呢？答案是：地板。这就是我们要找的对称性。

见下图，图中有两个平台，平台 1 和平台 2。对于图中 S 点来讲，两个平台都是地板。我们可以假想，平台 1 就是屋顶，我们在那儿向上抛出一个乒乓球，当乒乓球上升到 S 点的时候开始下落，问题是它会在哪里反弹？这是一种理想实验。大家考虑一个问题，平台 1 和 S 点之间乒乓球会是怎样运行的（AS 段）？肯定方向一直向上，不会有向下回落的一瞬间。那么当乒乓球从 S 点开始向下运行的时候，则正好相反（BS 段），在抵达屋顶之前，乒乓球将会一直向下运行，肯定没有反弹的情况。为什么说是一种理想实验呢？因为如果乒乓球在 AS 段有回落，那说明 AS 段有天花板，进一步说明了平台 1 不是屋顶，现在既然定义平台 1 是屋顶，上方没有天花板。那就是说 AS 段是一条平滑的上升曲线。而 BS 段也将是一条平滑的下降曲线，根据物理学定律，他们的速率也将相同。在几何上将会呈现出完美的对称性。即 AS 对称于 BS。

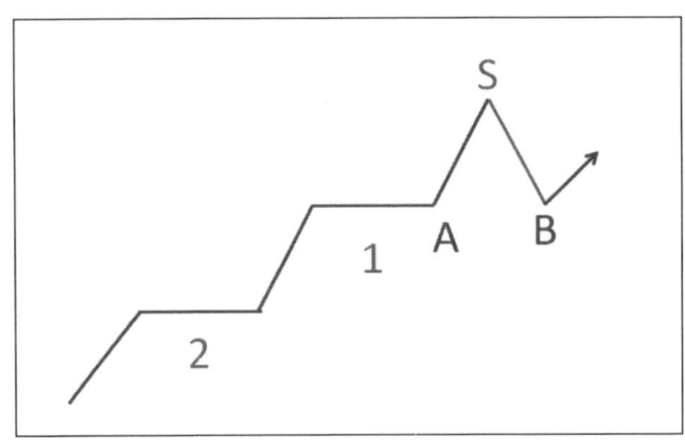

图 8.11.1

股价走势可能类似于上述情况。但是更为复杂。一般地，股价从平台 1 向上运行至 S 点的时候，会是快速且形成单边上涨的结构。理论上，股价从 S 点开始返回时，也将是以快速且单边下跌的方式进行。因为，A 点到 S 点没有天花板的另一句说法是，S 点到 B 点没有地板。

这就是股市中的对称性。至此，有人会问，我怎么看到很多股票，没

有回落至B点就反弹了呢？那再请仔细观察一下，你所看到的股票，在A点上升到S点的过程中有平台吗？要知道，后面的反弹很可能受其影响。因为股价是以波动运行的方式进行的。有时波动很小，我们看上去A点上升至S点的特征是一直向上，单边运行。其实细微看的时候，其中会隐藏了一些小型的平台。也就是发生在AS段的小回落。这就是交易市场比乒乓球实验复杂的原因。但是基本原理两者是相通的。

至此，我们也就明白了，为什么单边上涨对应于单边下跌，单边下跌对应于单边上涨。急拉之后的行情之下不是买入股票的好位置，往往容易追高，且套得很深。我们甘愿在A点买入或者B点买入，也不要买在S点。接下来，我将复述几位交易大师的讲法，以加深对于股市对称性的认识。

第十二节　对称性：探索市场之美（下）

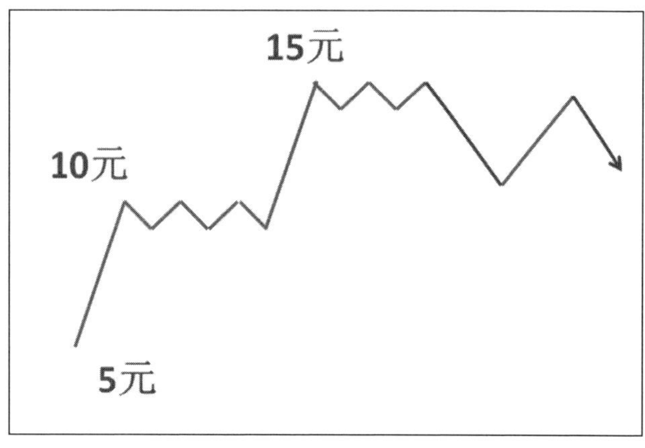

图 8.12.1

上一节我们已经利用CF解释了对称性，这一节让我们通过市场心理分析来进一步解释这种自然规律。以下一段话摘自理查德·W·沙巴克的著作《技术分析与股票盈利预测》：

任何对支撑位与阻力位的合理解释都要考虑到各种自然及人为的因素。一个很自然的原因是，公众以及其他投资者往往都会记得过去的某个价格范围，并将其看作一个重要点位。当股价每天都发生快速变化时，人们买进或卖出的价格会差异很大。在这种不断的价格变换中，人们对某个价位就没有一致的共识，也不会留下很强的印象。但是，如果某只股票形成了一个价格范围，并在这个很窄的范围内盘桓一段时间，那么公众投资者买进和卖出股票都会被束缚在这个范围内，他们也就会记住这个特殊的价格区间。该股票在这个范围内消耗的时间越长，发生的交易量越大，这个范围对未来技术层面的影响也就会越大。

这段文字就有点 CF 的味道了。沙巴克通过人的记忆因素，来阐明市场的支撑位与阻力位产生的原因。与 CF 技术不谋而合。沙巴克是西方非常著名的一位技术大师，堪称“技术分析之父”。沙巴克先生最得力的著作——《技术分析与股票盈利预测》值得任何一位投资者收藏，也值得在投资市场上永久流通。这本书是分析才能和交易智慧的最高典范。只是这位大师英年早逝，但他的思想将永垂不朽！

我们来解释上面那段话，如果一只股票上涨迅速，比如，从 5 元上升到 10 元，那么任何价位都没有时间留下重要意义。而如果该股票在 10 元附近连续一个月遇到阻碍和波动，那么公众就有可能记住这个特别的价格范围，这一价位日后就会影响他们的操作。显然，在这个区间内买进或者卖出的交易人，都将对此价位印象深刻。现在假设这只股票继续快速上涨，直到在 15 元附近又形成了一个高位整理区域。15 元这个位置就呈现了比 10 元到 15 元之间的任何价位都重要的价格意义。

现在，股价在 15 元整理完以后选择了向下运行。在股价不断下跌的过程中，股民的买进意愿远没有再次冲击 10 元那样大。然而，股价真的降到了 10 元的时候，那些还记得以前这一价位并希望自己在这个价位买

进股票的人，纷纷开始购买。现在，他们看到在此价位买进的第二次机会，于是很多人真的买了股票。所以 10 元处又造成了价格的反转。

人的记忆因素导致了对称性。也因为对称性，导致了市场上呈现出两种特征：1. 单边市道对应于相反单边市道；2. 某些价位可能会反复出现“板”（整理区），即以前发生横盘整理的价位，现在又在那一价位产生了横盘走势。

对称性告诉我们，选择在单边市道里面购入股票，风险性很高。但如果是创新高的情况呢？欧奈尔有过一段讲述：“假如一只股票在经过一段时间的调整和横盘后，股价创下新高或者接近历史高位，而且调整或横盘的时间有七八个星期，甚至长达 15 个月，当这只股票开始走出盘整期，并向上突破，慢慢地向顶部进军时，可以考虑买入。当股价开始突破其前期价格区间的时候，一般是一个较好的买入点。但是，假如股票突破盘整区已经上涨了 5%，10%，甚至更多，则不宜追涨。”特别是最后一句话，也体现了对称性的思想。好比之前讲的，甘愿买在 A 点、B 点，也不要买在 S 点。

第九章

技术指标的应用

第一节　乖离率与指数平滑异同平均线

一、乖离率（BIAS）

1. 乖离率（BIAS）的原理与计算

乖离率是表示当前股价偏离移动平均线程度的指标。当日收盘价减移动平均线之差与平均线的比值，即为乖离率。公式如下：

如用 C 表示当日收盘价，Man 表示 n 日移动平均线，则公式为：

BIASn=（C−Man）/Man × 100%

2. 乖离率特性

由公式可知，乖离率也是有不同周期的，如对应 5 日移动平均线的是 5 日乖离率，对应 10 日移动平均线的是 10 日乖离率。

公式中当日收盘价减移动平均线之差决定乖离率的正负符号，当日收盘价在移动平均线之上，C>Man，乖离率为正值；当日收盘价在移动平均线之下，C<Man，乖离率为负值。

乖离率数值标在以时间为横轴、以乖离率为纵轴的平面直角坐标上，连接成乖离率曲线即可进行图形研究。

乖离率没有固定的数值界限，其数值围绕0值上下摆动，属摆动指标。某特定市场的特定时期，某股票乖离率有一个常态分布范围，这个常态区间，随时期不同会有一定改变。

3. 乖离率买卖信号

乖离率表示当前股价偏离移动平均线的程度，是把移动平均线买卖信号中“太远必回归”原理从定性到定量的发展。因此，乖离率与移动平均线的买卖信号完全一致。

（1）位置信号：当正乖离率数值太大时，说明当前股价在移动平均线之上距离过远，将向移动平均线回归，下跌可能大，属卖出信号；当负乖离率数值（绝对值）太大时，说明当时股价在移动平均线之下距离过远，将向移动平均线回归，上涨可能性大，属买入信号。当乖离率在0值附近小幅波动时，说明当前股价与移动平均线距离没有拉开，方向不明。此现象一般较少发生在上升趋势或下降趋势中，通常出现于盘整时期。因为在明显的上升趋势或下降趋势中，股价与移动平均线不会纠缠在一起上涨或下跌，一定会拉开距离形成标准的多头排列或空头排列。

乖离率大到什么数值会产生回归现象呢？没有精确数值，但存在大致区间，对于不同市场，香港、台湾、深圳和上海股市都有差别，需要研究和经验积累。由上海市场实际情况可知，同一市场的不同阶段乖离率的买卖信号标准相差很远，如果不随市场变化调整，则损失很大，及时准确地意识到市场的改变，需要经验积累。

（2）图形信号：乖离率的买卖信号，还可以通过乖离率曲线构成的图形来研究。如果某时期乖离率曲线在一个狭窄区域横向移动较长时间之后，当乖离率由高点下降时将受到上述区域的支撑，当乖离率由低点上升时受到上述区域的阻力。

4. 影响乖离率研判的因素

影响乖离率研判的因素很多，股价的变化是最主要因素，也是需要乖离率表现的因素，此外还有一些影响乖离率研判的因素是不隐蔽且尽量减弱的人为因素，主要有：

（1）移动平均线的不同周期对乖离率也有影响。长期乖离率比短期乖离率振幅大。这是因为短期移动平均线随股价变动比长期移动平均线更快、更接近，所以股价经常距离长期移动平均线较远，距离短期移动平均线较近。

（2）不同市场的乖离率数值，不同的常态分布区域，需分别研究。港台股市操作教材的乖离率买卖信号，不适用于上海或深圳股市。

（3）同一市场的不同时期和不同股票乖离率常态分布区域也有变动。一般可分为多头市场、空头市场和盘整振荡等三种情况。

（4）不同分析者的自我标准的差异，也是影响判断的原因。虽然自我标准不影响乖离率的数值，但是投资者的不同选择，会影响成功率和投资收益率。如果自定的乖离率买卖信号的数值区间过小，则操作会过于频繁，成功率低，但不会错过大行情；如果自定的乖离率买卖信号的数值区间过大，则会错过许多行情，但成功率高。

二、指数平滑异同移动平均线（MACD）

1. 指数平滑异同移动平均线原理与计算

指数平滑异同移动平均线，是以快速移动平滑线（短期线）与慢速移动平均线（长期线）相对距离的变化提示买卖时机的指标。它首先以指数平滑计算法计算出快速移动平均线（一般选 12 日）、慢速移动平均线（一般选 26 日），再以快速线数值减慢速线数值，即得到快慢线相对距离的差离值，为使趋势信号更明显，并且不受股价过分波动的影响，对差离值也进行平滑计算（一般选9日），得到差离值的平均值（简称差离平均值），把差离值和差离平均值画在以时间为横轴，以MACD为纵轴的坐标上，通过观察差离值和差离平均值的方向、绝对位置和相对位置关系，把它们的同向、异向和交叉现象作为买卖信号的提示，为使买卖信号直观，可以差离值减差离平均值之差时间轴（0轴）引垂直线，得到MACD柱状线。MACD计算步骤及公式如下：

（1）计算MACD，首先要选定移动平均线的初值，一般以起始日的收盘价作为指数平滑移动平均线（EMA）的初值。

（2）设12日指数平滑移动平均线为EMA12，26日指数平滑移动平均线为EMA26，当日收盘价位Ct，计算从起始日起的第n天EMA12和EMA26：

n日EMA12=（n−1）EMA12×11/13＋Ct×2/13

n日EMA26=（n−1）EMA26×25/27＋Ct×2/27

（3）计算差离值DIF：

（4）计算从起始日起第n天差离平均值DEA（即差离值DIF的9日指数平滑移动平均线）：

DEA=（n−1）DEA×8/10＋DIF×2/10（其中可用第一个DIF作为DEA的初值）

（5）计算MACD柱状线：

MACD柱状线=DIF−DEA

2.MACD的特性

目前国内外常用MACD的周期是12日移动平均线和26日移动平均线，在上海股市的实际应用中也功效不凡。此外也有人采用6日和12日移动平均线计算MACD，还有的以25日和50日作为周期进行计算，不同周期的选择，取决于不同市场和不同分析者。

在MACD图形上有三条线：DIF、DEA线和MACD柱状线。买卖信号就是DIF和DEA的正负位置和交叉，同时观察MACD柱状线的正负和长

短。当DIF和DEA为负值，表明市场目前处于空头市场，即熊市；当DIF和DEA为正值，表明市场目前处于多头市场，即牛市。

MACD没有固定的数值线，其数值围绕零值上下摆动，属摆动指标。一定时期的MACD值有一个常态分布范围，其常态数值区间随时间周期不同会有改变。

3.MACD意义

MACD是各种指标中较难理解的指标，主要原因是因为它使用了两次指数平滑移动平均的计算，正因为它的两次平滑计算法，才更准确地反映了市场的中级趋势走向。在移动平均线理论中，有两种重要位置关系：一种是股价与移动平均线的位置关系，乖离率理论已经把这种位置关系量化。另一种是短期移动平滑线（快速线）与长期移动平均线（慢速线）的位置关系，MACD理论把这种位置关系予以量化，指数平滑异同移动平均线中的“异同”，就是指快速线与慢速线方向相反之意。

MACD中的差离值DIF，是快速线与慢速线之差，表示快慢线之间距离远近。差离平均值DEA，则表示一定时期内快慢线之间的平均距离。MACD柱状线，表示短期内快慢线距离与一定时期内平均距离对比。MACD的买卖信号正是由其代表的意义决定的。

4.MACD买卖信号

（1）位置信号：当差离值DIF和差离平均值DEA同处正值，则短期线在长期线之上，是多头排列，说明市场是多头市场，属中期强势，应该买进。当差离值DIF值和差离平均值DEA同处负值，则短期线在长期线之下，是空头排列，说明市场是空头市场，属中期趋势，应该卖出。

（2）背离信号及交叉信号：当股价经过较长时间多头市场之后，股价又创新高点，而DIF和DEA却不随之创新高点，反而有转头向下迹象，出现背离股价的走势、MACD柱状线正值缩小，DIF从高点向下与DEA发生死亡交叉，说明快速移动平均线开始由上向下接近慢速移动平均线，这些顶背离转向、死亡交叉等，属卖出信号。

当股价经过较长时间空头市场之后，股价又创新低点，而 DIF 和 DEA 却不随之创新低点，反而有转头向上迹象，出现背离走势（在底部的指标背离股价叫底背离），MACD 柱状线负值缩小，DIF 从低点向上与 DEA 发生黄金交叉，说明快速移动平均线开始由下向上接近慢速移动平均线，底背离转向、黄金交叉等，属买入信号。

第二节　随机指标与相对强弱指标

一、随机指标（KD）

1. 随机指标（KD）原理与计算

随机指标是乔治·兰德首先提出的技术分析理论。在股票、期货等评判市场中有很好的实战效果。从实践看，指标的核心原理是平衡的观点，即股价的任何动荡都将向平衡位置回归。KD 指标把一定周期内最高股价和最低股价的中心点作为平衡位置，高于此位置过远将向下回归，低于此位置过远将向上回归。在分析中设置快速线 K 和慢速线 D 共同研判，另外还要考察 K、D 位置关系的 J 线。快速线 K 线也表示为 %K，慢线 D 表示为 %D，J 表示为 %J。

2.KD 的周期

KD 的周期有两个概念：其一是 KD 指标的周期，即选择几天的样本，目前通过周期有 5 日、6 日、9 日、12 日等，也有分析者选用更长周期如 20 日、5 周等。短期 KD 指标反应灵敏但不稳定，长周期 KD 指标滞后但趋势明显且相对稳定。其二是进行平滑计算时选用几天周期，一般都选择 3 天为平滑移动平均线的周期，当然也可以有其他选择。

3.KD 的数值范围和作图

%K 值和 %D 值均在 0~100 之间，属摆动指标。

把 %K 值、%D 值、%J 值标以时间为横轴、以 KD 指标为纵轴的直角坐标上，分别用曲线平滑连接每天的 %K、%J，即得到 KD 指标的三条曲线。

4.KD 的买卖信号

（1）KD 的位置信号：在 KD 指标中，当股价持续上涨时，股价会保持在周期内的较高位置，这样 K 线和 D 线会不断上升，维持在 50 以上，表明市场处于强势；当股价持续下跌时，股价会保持在周期内的较低位置，这样 K 线和 D 线不断下降，维持在 50 以下，表明市场处于弱势。

当强势持续，K 线和 D 线进入过高位置时，即是高价警戒信号，一般标准是 K 线在 80 以上、D 线在 70 以上时，是超买信号，股价即将回落。当弱势持续，K 线和 D 线进入较低位置时，即是低价警戒信号。一般标准是 K 线在 20 以下、D 线在 30 以下时，是超卖信号，股价即将上涨。K 线和 D 线在 50 附近时，信号不明。

具体到上海股市，标准会有一些变化，而且市场的不同时期，情况也不同。一般说来，上海股市的超买标准是 K 线达到 80 以上、D 线在 65 以上，极端暴涨行情持续时，K 线达到 90 以上、D 线达到 80 以上的情况也有发生。上海股市的超卖标准是 K 线在 15 以下、D 线在 20 以下。有时 D 线降到 20 至 30 之间，股价即回升则行情多数不会长久，也不会有较大行情。

（2）KD 的方向信号：KD 的方向具有趋势特点，如果 K 线和 D 线在高位开始减慢上升速度、走平或调头向下，是卖出信号。如果 K 线和 D 线在低位开始减慢下降速度、走平或调头向上，是买进信号。

（3）KD 的背离信号：如果股价呈一底比一底高走势，KD 指标也同样一底比一底高，则上升趋势仍将持续；如果股价是一顶比一顶低的走势，KD 指标同样一顶比一顶低，则下降趋势仍将持续。

如果股价创新高后回档，KD 指标创新高后也随股价下跌，之后股价再创新高而 KD 指标却未创新高，说明 KD 指标不再支持股价上升，KD 指标与股价出现顶背离，是卖出信号。

如果股价创新低后反弹，KD 指标创新低后也随股价反弹，之后股价再创新低而 KD 指标却未创新低，说明 KD 指标不再支持股价下降，KD 指标与股价出现底背离，是买入信号。

（4）KD 交叉信号：当快速线 K 在低位自下而上与慢速线 D 出现黄金交叉时，是买入信号；当快速线 K 在高位自上而下与慢速线 D 出现死亡交叉时，是卖出信号。

背离信号和交叉信号应注意一点：买入信号发生位置越低越有效，卖出信号发生位置越高越有效。

5.KD 的不足

KD 指标有重要价值，优点很多，例如客观性，趋势明显，短、中期均适用等，但它也有不足：

KD 指标的最大不足与 RSI 一样是买卖信号出现时机不稳定。当 KD 位置、方向、背离、交叉等信号出现后，股价的最佳买（卖）点往往在其前面或后面。这里仍然应理解为 KD 指标提示的是顶部或底部区域。区域是一定的，具体点位要同时分析其他指标和股价形态分析、成交量等情况后才能确定。

KD 指标对指数大势较准确，对个股较差。

二、相对强弱指标（RSI）

相对强弱指标 RSI（RelativeStrengthIndex）是一种常用技术指标。RSI 从一特定时间期内股价的变动情况，推测价格未来的变动方向，并根据股价涨跌幅度显示市场的强弱。

1.RSI 的计算

RSI 的参数就是天数，即考虑时间的长度，一般的有 5 日、9 日、14 日等。

下面以 14 日为例具体介绍 RSI（14）的计算方法，其余参数的计算方法与此相同。

找到包括当天在内的连续 14 天的收盘价，每一天的收盘价减去上一天的收盘价，我们会得到14个数字中有正(比上一天高)有负(比上一天低)。

A=14 个数字中正数之和

B=14 个数字中负数之和 ×（–1）

A 和 B 是正数，这样，我们就可以算出 RSI（14）

从数学上看，A 表示 14 天中股价向上的波动的大小，B 代表向下波动的大小，A + B 表示股价总的波动大小。RSI 实际上是表示：向上波动的幅度占总的波动的百分比，如果占的比例大就是强市，否则是弱市，其取值介于 0%~100% 之间。

2.RSI 的应用法则

（1）不同参数的两条或多条 RSI 曲线的联合使用

参数小的 RSI，我们称为短期 RSI，参数大的我们称为长期 RSI。这样，两条不同参数的 RSI 曲线的联合使用法则，可以完全照搬移动平均线的两条线的使用法则。即：

A、短期 RSI> 长期 RSI，则属多头市场；

B、短期 RSI< 长期 RSI，则属空头市场。

（2）从 RSI 取值的大小判断行情情况

将 0~100 分成四个区域，根据 RSI 的取值落入的区域进行操作，分划区域的方法如下：

100~80 极强卖出。

80~50 强买入。

50~20 弱卖出。

20~0 极弱买入。

A、与 RSI 的参数有关。不同的参数，它们的区域的划分就不同。一般而言，参数越大，分界线离中心 50% 就越近，离 100% 和 0% 越远。

B、与选择股票本身有关。不同的股票，由于其活跃程度不同，RSI 所能达到的高度也不同。一般而言，越活跃的股票，分界线的位置离 50% 就越远，越不活跃的股票，分界线离 50% 就越近。

随着 RSI 取值的从上到下，应该采取的行动是这样一个顺序：

卖出→买入→卖出→买入

市场是强市，我们要买入，但是太强了，强过了头，我们就该抛出了。物极必反，量变引起质变，都是对这个问题最好的说明。

（3）从 RSI 的曲线形态上判断行情

当 RSI 在较高（较低）的位置形成头肩形和多重顶（底），是采取行动的信号。切记，这些形态一定要出现在较高位置和较低位置，离 50% 越远越好，越远结论越可信，出错的可能性就越小。

与形态学紧密相连的趋势线在这里也有用武之地。RSI 在一波一波的上升和下降中，也会给我们提供画趋势线的机会。这些起着支撑线和压力线作用的切线，一旦被突破，就是我们采取行动的信号。

（4）从 RSI 与股价的背离方向判断行情

RSI 处于高位，并形成一峰比一峰低的两个山峰，而此时，股价却对应的是一峰比一峰高，这叫顶背离，股价这一涨是最后的衰竭动作；

RSI 在低位形成依次上升的谷底，而股价还在下降，这是最后一跌或者说是接近最后一跌，是可以开始建仓的信号。

3. 应用 RSI 时极易出错的地方

最易出错的情况是，RSI 第一次进入应用采取行动的区域，而形成单峰或单谷的时候。只有等到第二峰或第二底形成后才能明确地下结论。这时应将 RSI 放在一边，考虑别的分析方法。在使用 RSI 时出问题的人，绝大多数是犯了这个错误。将上面介绍的各种 RSI 的使用法则，机械地搬到 RSI 的第一峰和第一底上。这是对技术指标不全面了解而导致的损失。这

里不得不重复早已说过多次的话，技术分析方法本身并没有错，出错的是那些对技术分析认识和理解不深的人。

RSI 的另一个不足是，在顶部和底部的钝化，这一点同 KD 指标有相同的地方，但是两者相比，RSI 的钝化程度比 KD 指标还要强些。由于这个原因，RSI 在发生行动信号时，往往提不出采取行动的具体价位。

除此之外，还应该说，以上有关 RSI 的叙述，都是针对日线。其他的周期的 RSI 的应用，在数字上要进行相应的调整，具体的数字界限和触顶（底）的次数也要作相应的修改。

第三节　威廉指标与动向指标

一、威廉指标（W&R）

威廉指标（Williams%R）或简称 W%R，是由拉里·威廉（Larry Williams）在 1973 年所著的《我如何赚取百万美元》（"How I made a million dollars？"）一书中首先发表，因而以他的名字命名。威廉指数主要用于研究股价的波动，通过分析股价波动变化中的峰与谷决定买卖时机。它利用振荡点来反映市场的超买超卖现象，可以预测循期内的高点与低点，从而显示出有效的买卖信号，是用来分析市场短期行情走势的技术指示。威廉姆斯认为：一个成功的分析系统可以把握有潜力的股票及买卖股票的最佳时机。

W&R 指标的计算，主要是利用分析周期内的最高价、最低价及周期结束的收盘价等三者之间的关系展开的。以日威廉指标为例，其计算公式为：W%R=2n（Hn−C）÷（Hn−Ln）×100。

下面我们对这个公式进行注释：

n：是交易者设定的交易期间（常用为 30 天）。

C：是第 n 日的最新收盘价。

Hn：是过去 n 日内的最高价（如 30 天的最高价）。

Ln：是过去 n 日内的最低价（如 30 天的最低价）。

应用法则

（1）当威廉指数线高于 85，市场处于超卖状态，行情即将见底。

（2）当威廉指数线低于 15，市场处于超买状态，行情即将见顶。

（3）与相对强弱指数配合使用，可得出对大市走向较为准确的判断。

（4）使用威廉指数作为预测市场工具，既不容易错过大的行情，也不容易在高价区套牢。

投资者在使用威廉指标的买卖技巧时，一定要注意两个原则，一旦违反了这个方面的应用原则，就比较容易导致买卖交易错误，从而给投资者带来较大的损失。投资者只要在威廉指标应用技巧方面的这两个基本原则之上使用，通常不会出现重大错误。

1. 趋向类指标为主要买卖标准，WR 指标为辅助确认：

由于威廉指标是属于摆动类指标，在股票交易买卖上，主要突出作用是提高股票交易操作的成功概率的。所以，在结合趋向类指标后应用效果为最佳。下面以弘历软件中的反向威廉指标为例进行说明。

A、当威廉指标在 50 线之上盘整了较长一段时间以后，一旦威廉指标由上向下突破 50 线，同时股价也放量突破一根重要的中期均线（前期对股价有强烈的压制和助跌作用的均线），则意味股票中期强势上涨行情即将开始，这是威廉指标发出的中线买入信号。此时，投资者可以做中期买入操作；

B、当威廉指标从 50 线之下快速向下运行，股价也依托短期均线上涨。一旦威廉指标向下突破 20 线，则意味着该股票的短期强势上涨即将开始，这是威廉指标的一种短线买入信号。

C、当威廉指标从下向上缓慢运行到50线之上时，如果股价也同时跌破了此前上升趋势中的一根重要中期均线（前期对股价有强烈的支撑和助涨作用的均线），则标志着股票的中期上涨趋势已经告一段落，这是威廉指标发出的中期卖出信号。若股价前期有了较大幅度的上涨情况，这种卖出信号就更加准确。

2. 确定当前趋势运行的周期，合理调整WR指标的应用参数：

一般情况下，威廉指标在分析应用时不用太过于关注其指标参数的问题。但是，把威廉指标用于进行股票交易的买卖技巧上的时候，合理地调整威廉指标的参数是非常必要的。投资者想要把威廉指标的买卖技巧用得炉火纯青，就必须在其指标参数的调整上有自己非常独到的一套方法。

在这里给各位投资者介绍作者调整威廉指标的参数方法，把威廉指标用于买卖技巧时的参数调整，笔者本着与股价运行趋势相吻合的原则。简单来说，通过此前股价趋势已经完成的趋势运行阶段的周期，为威廉指标的调整参数值，用于当前没有走完的趋势运行状态（或即将开始的趋势运行）的买卖交易。

这个原则中，投资者要注意两点：

A、当前趋势运行周期完整，投资者可以用当前完整的趋势运行阶段周期，作为威廉指标的参数应用。从而把握未来股价趋势运行状况，进而用威廉指标来确定（或辅助确认）股票的买卖操作；

B、若是当前趋势运行周期不是一个完整的状态（没有一个股价上涨阶段和对应的股价回调阶段）。那么，投资者就要通过股价前一个完整的趋势运行周期来作为当前威廉指标的参数值，并以此来决策股价的买卖交易信号。

上升趋势中，用威廉指标来进行买卖决策时，投资者先看股价的前一个上涨和对应的回调是多长时间，以这个时间为一个完整的趋势运行周期。把这个周期作为威廉指标的参数值即可。

WR 指标买卖技巧创新应用

多数投资者应用指标进行买卖交易，都是遵循传统的方法，不是说传统的方法不好。但是，没有创新应用就没有进步。

1. 极限操作法

本操作技法是威廉指标的进阶应用，其原理就是利用威廉指标的撞顶和撞底所能达到的指标数值极限，来确定股价阶段性的运行极致价位。通过这种方法找到股价趋势运行过程中的一些重要的压力位和支撑位，投资者可以利用威廉指标的极限法所确定的这些重要价位，进行对应的买卖交易。

在这个极限操作法中，特别适合用在趋势运行过程中寻找股价的关键价位。这些重要的关键价位在 K 线图形走势中，通常都是光头大阳线或光脚大阴线。但是，不是所有的光头大阳线和光脚大阴线都重要，而是通过威廉指标的撞顶或撞底来确认的。

需要提醒各位的是，不同趋势运行方向，其侧重点也是不同的。例如，股价运行趋势在下降过程中，首先关注的是威廉指标所达到的极限数值 100，也就是前文所说的撞底。当股价在下降趋势中，威廉指标的数值达到 100 时，此时对应的光脚大阴线，就是股价随后运行的重要压力位，其操作技巧，就是围绕这个价位进行对应的买卖交易；而在股价运行趋势的上升过程中，首先关注的是威廉指标所达到的极限数值 0，也就是前文所说的撞顶。当股价在上升趋势中，威廉指标的数值达到 0 时，此时对应的光头大阳线，就是股价随后运行的重要支撑位。其操作技巧，就是围绕这个价位的 K 线进行对应的买卖交易。

当然，趋势运行过程中的不同阶段，其买入和卖出侧重也是有所不同的。这个区别在于趋势运行的初期，是把重点放在顺势交易之上；而在趋势运行的末期，其交易技巧的重点是在寻找趋势运行转折的标志之上的。

（1）初期极限

在趋势运行的初期阶段运用威廉指标的极限操作法时，不可进行逆

市操作。举例来说：在下降趋势刚刚确立的阶段中，一旦威廉指标出现撞底现象时（即威廉指标数值达到100），此时若是K线图形中伴随着一根光脚的大阴线，投资者就必须以这根大阴线为后期的压力位，随后股价一旦反弹到这根阴线时受阻，就要立刻卖出股票，以此来回避后期的下跌风险。

同样的道理，在股价运行的上升趋势刚刚确立的阶段中，一旦威廉指标出现撞顶现象时（即威廉指标数值达到0），此时若是K线图形中伴随着一根光头的大阳线，投资者就必须以这根大阳线为后期的支撑位，随后股价一旦回踩到这根阳线时，受到有效支撑后，股价出现放量收阳，就可以进行买入操作，以此来把握股价的随后上涨利润。

（2）末期极限

在威廉指标的极限操作法中，其末期极限有着极为重要的地位。与初期极限不同的是，末期极限是用于衡量趋势运行转向的一个重要标志。

末期极限就是，当股价经过较长时间的大幅运行之后出现的威廉指撞顶和撞底现象。此时，投资者需要注意其趋势反转运行的变化。

在下降趋势中，股价经过较长时间的大幅下跌之后，威廉指标再次出现撞底现象（即威廉指标数值达到100），此时多为股价的最后杀跌阶段，投资者要密切关注这根光脚的大阴线。若是后期股价向上放量突破了这根光脚的大阴线的压力后，再次回踩这个价格区域，则是下降趋势的终结。这个末期极限价位的突破，并且其压力向支撑转换，也标志着趋势运行的方向转变，投资者要做的交易方式就是买入股票。

同样的道理，在上升趋势中，股价经过较长时间的大幅上涨之后，威廉指标再次出现撞顶现象（即威廉指标数值达到0），此时多为股价的最后疯狂阶段，投资者要密切关注这根光头的大阳线。若是后期股价向下放量，突破了这根光头的大阳线支撑后，再次回抽这个价格区域受阻不过，则是上升趋势的终结。这个末期极限价位的突破，并且其支撑向压力转换也标志着趋势运行的方向转变，投资者此时一定要卖出股票来回避后期风险。

2. 区域背离操作法

指标与股价的背离，是指股价走势与指标的提示呈现相违背的现象，在不同的趋势运行状态中，其背离所表达的含义不同。正确理解这些背离现象中的不同含义，并加以合理的利用，可以达到非常理想的操作效果。

（1）区域背离操作法的原理

此法操作技巧就是利用上升趋势中，股价回调至一根有着重要的支撑意义的均线附近时，威廉指标刚好同期呈现区域的小背离现象。而这个操作技巧的关键核心，就是利用这个区域内的背离来确认上升趋势中，股价回调结束的信号作为买入前提。

（2）技巧应用前提条件

股价运行趋势必须是处于明显的上升状态中，并且投资者要找到其股价上涨过程中有着重要支撑和助涨作用的均线（见图 9.3.1 中 A 处）。当投资者一旦确定这样的均线，其后的操作方法就相对来说比较容易。就其买入原则核心来说，之后投资者只需依照格兰维尔均线买入法则的第二条：均线方向向上，股价在均线之上运行。

（3）买入技巧操作的关键

股价回调到均线附近时，为买入信号。但是，这里需要解决的一个难题就是，股价回调到均线附近，就一定会涨吗？

在上升趋势中，股价回调到均线附近，并不一定会继续上涨。但是，投资者可以用威廉指标来辅助判断其继续上涨的概率有多大。在遵循格兰维尔均线第二买入法则的前提下，当股价再次回调到一根对股价有支撑作用的均线时，威廉指标此时却发出区域背离信号（见图 9.3.1 中 C 处）。这个区域的背离则证明：此次股价回调的下跌波动能量衰弱，股价受到均线有效支撑的概率很大。随后股价达到均线再次放量回升即可买入（见图 9.3.1 中 B 处）。

图 9.3.1

如图 9.3.1. 所示，该股在 2010 年 1 月 18 日股价确认中期上升趋势成立的时候，投资者可以往前倒推观察：2009 年 12 月 22 日股价最低点所触及的均线是 57 日均线。在这个同期阶段，威廉指标也呈现区域背离走势。而后，股价从 2010 年 1 月 20 日开始了为期近三周的回调走势，在这个三周的股价回调走势期间，威廉指标再次出现区域背离现象。证明此次为期近三周的股价回调下跌波动，能量衰弱。当 2010 年 2 月 8 日、9 日股价再次收阳回升时，即是投资者最佳的买入机会。

WR 指标的综合应用技巧

前文所讲的威廉指标应用多为阶段性操作技巧，有着使用区域的局限性，相对于一些长期上涨的大牛股，就有所不足。为此，特意再给各位投资者讲解一套专门针对在长期上涨的大牛股中威廉指标的综合应用技巧。

1. 针对潜力牛股调整 WR 指标的参数

先选择一些股价趋势走向经过长时间大幅下跌之后，开始进入横向整理运行的标的品种，进行观察对比。投资者从这些股票中选择有构筑底部形态的股票来作为目标品种，而后根据选定的目标品种的筑底阶段走势周期特性，来调整威廉指标的应用参数。具体方法就是，根据股价筑底阶段的两个相邻的最低点的跨度时间周期，为威廉指标的后期应用参数。例如，股价筑底阶段的两个相邻最低点的跨度是 60 个交易日，那么威廉指标的后期应用参数就调整为 60。个人在应用这样参数的威廉指标时，称其为“牛股指引线”。（注意：针对大牛股的威廉指标应用参数不能低于 30。）

2. 牛股筑底的技术特征和威廉指标的判断确认

对于股价经过长期大幅下跌后，牛股的筑底特征相对比较显著，下面所应用的方法，就是用威廉指标和均线系统来衡量和辨别确认。

（1）股价经过长期大幅下跌的后期阶段，“牛股指引线”（即调整参数后威廉指标）却不再创新低。之后，股价小幅反弹而“牛股指引线”却显示急速转强；股价再次下跌创出新低，但是“牛股指引线”却显示股价向上动能增强。股价与威廉指标形成一个明显的背离走势，在这之后，股价就进入了横盘波动态势运行之中。

（2）当股价符合第一个条件之后，在横向运行期间，量价关系呈现的是：股价上涨量增，股价回落量减。同期，中长期均线系统开始走平；而中短期均线体系的低点已经在逐步向上抬高。更为重要的迹象是中期均线对股价开始有着明显的支撑作用了。

3. 威廉指标的“牛股指引线”买入信号

当目标品种股票符合上述两个技术指标特征后，等待威廉指标所发出的买入信号及其他相关的辅助确认信号，投资者即可买入该股票。

（1）“牛股指引线”运行至超买区域，即调整参数后威廉指标运行

到了 20 以下。股价连续收中阳以上的 K 线，同时成交量也突然放大，投资者可以积极买入该股票；

（2）另一种买入信号就是：符合牛股两项技术指标特征的品种，若是有连续一周以上的小阳线，同期成交量呈现阶梯态势增加。此时，“牛股指引线”也运行到了威廉指标的超买数值区，即低于 20 线时，也可作为一个积极的买入信号。

4. 威廉指标的“牛股指引线”的持股衡量标准

一般的长期大牛股，在上升趋势运行过程中，都会有几个上涨波段。但就持股标准的衡量方式而言，应该选择中短期的持股标准，毕竟中短期持股衡量标准能更好地回避股票操作风险。从另一方面来说，作为普通投资者一般都是进行差价交易的，所以只要能抓住几个中期上涨波段也完全是一样的。有些情况下还可以获取更加丰厚的投资收益。

（1）对于短期快速飙升的股价走势其持股衡量标准，应该用“牛股指引线”在威廉指标数值的超买区来确定。一般股价大幅快速飙升的走势，其时间上持续性较短。而“牛股指引线”在指标数值的超买区运行一段时间后，再次走出超买区，为卖出信号；

（2）而对于中期上涨走势呈稳健、有规律波动的股价运行阶段来说，用“牛股指引线”在威廉指标数值的强弱区域来衡量更为合理。具体应用技巧就是，当股价进入稳定上涨的运行阶段后，“牛股指引线”即调整参数后的威廉指标在 50 线以下运行，只要“牛股指引线”没有脱离 50 线，投资者就可以一直持有这种稳健上涨的中期运行股票。

5. 威廉指标的“牛股指引线”其卖出信号

股价经过长期大幅上涨之后，在高位出现大阴线和大阳线的频繁交替。此时，股价的 K 线走势有明显的看跌 K 线组合或有明显的顶部形态特征时，“牛股指引线”也出现顶背离现象。若是股价走势及威廉指标同时呈现上述两种状况，一旦威廉指标调整参数后的“牛股指引线”走出强势运行区

域（即向上突破 50 线），同时，股价跌破上升趋势中的重要均线时，即为明确的一个卖出信号。

二、动向指标

DMI 指标，又叫动向指标或趋向指标，其全称叫“Directional MovementIndex”，简称DMI，也是由美国技术分析大师威尔斯·威尔德（Wells Wilder）所创造的，是一种中长期股市技术分析方法。

1. 指标原理

DMI 指标的基本原理是在于寻找股票价格涨跌过程中，股价凭之创新高价或新低价的功能，研判多空力量，进而寻求买卖双方的均衡点及股价在双方互动下波动的循环过程。在大多数指标中，绝大部分都是以每一日的收盘价的走势及涨跌幅的累计数来计算出不同的分析数据，其不足之处在于，忽略了每一日的高低之间的波动幅度。比如某个股票的两日收盘价可能是一样的，但其中一天上下波动的幅度不大，而另一天股价的振幅却在 10% 以上，那么，这两日的行情走势的分析意义决然不同，这一点在其他大多数指标中很难表现出来。而 DMI 指标，则是把每日的高低波动的幅度因素计算在内，从而更加准确地反映行情的走势及更好地预测行情未来的发展变化。

DMI 指标共有＋DI、-DI、ADX、ADXR 四条线，也是它的四个参数值，它分为多空指标（＋DI、-DI）和趋向指标（ADX、ADXR）两组指标。

多空指标：多空指标包括（＋DI 多方、-DI 空方）

＋DI 在 -DI 上方，股票行情以上涨为主；＋DI 在 -DI 下方，股票行情以下跌为主。

在股票价格上涨行情中，当＋DI 向上交叉 -DI，是买进信号，相反，当＋DI 向下交叉 -DI，是卖出信号。

-DI 从 20 以下上升到 50 以上，股票价格很有可能会有一波中级下跌

行情。

＋DI 从 20 以下上升到 50 以上，股票价格很有可能会有一波中级上涨行情。

＋DI 和 -DI 以 20 为基准线上下波动时，该股票多空双方拉锯战，股票价格以箱体整理为主。

趋向指标：趋向指标包括 ADX 和 ADXR，ADX 和 ADXR 是＋DI 和 -DI 的引导指标，同时也是判断股票行情的趋势指标 .

当 ADX 从上面下穿 ADXR 时，所形成的交叉点叫作死叉，当 ADX 与 ADXR 形成死叉时，股票上涨行情将终结。如果 ADX 和 ADXR 下行至 20 左右并交织波动时，说明股票将横盘整理，没有上涨行情。

当 ADX 在 50 以上反转向下，不管股票价格是上涨还是下跌，都即将反转。

当 ADX 从下面上穿 ADXR 时，所形成的交叉点叫作 ADX 金叉 ADXR;当 ADX 与 ADXR 发生金叉时，预示着股票将出现一波上涨行情，ADX 的 ADXR 运行至 50 以上时，将可能产生一轮中级以上的行情，ADX 和 ADXR 上行至 80 以上时，那么市场将很有可能是翻倍以上的大行情。

当 4 根线间距收窄时，表明股票行情处于盘整中，DMI 指标失真。

DMI 指标的计算方法和过程比较复杂，它涉及 DM、TR、DX 等几个计算指标和＋DI（即 PDI，下同）、-DI（即 MDI，下同）、ADX 和 ADXR 等 4 个研判指标的运算。

A. 计算的基本程序

以计算日 DMI 指标为例，其运算的基本程序主要为:

（1）按一定的规则比较每日股价波动产生的最高价、最低价和收盘价，计算出每日股价波动的真实波幅、上升动向值、下降动向值 TR、＋DI、-DI，在运算基准日基础上按一定的天数将其累加，以求 n 日的 TR、＋DM 和 DM 值。

（2）将 n 日内的上升动向值和下降动向值分别除以 n 日内的真实波幅值，从而求出 n 日内的上升指标＋ DI 和下降指标 –DI。

（3）通过 n 内的上升指标＋ DI 和下降指标 –DI 之间的差和之比，计算出每日的动向值 DX。

（4）按一定的天数将 DX 累加后平均，求得 n 日内的平均动向值 ADX。

（5）再通过当日的 ADX 与前面某一日的 ADX 相比较，计算出 ADX 的评估数值 ADXR。

B. 计算的具体过程

（1）计算当日动向值

动向指数的当日动向值分为上升动向、下降动向和无动向等三种情况，每日的当日动向值只能是三种情况的一种。

①上升动向（＋ DM）

＋ DM 代表正趋向变动值即上升动向值，其数值等于当日的最高价减去前一日的最高价，如果 <=0 则＋ DM=0。

②下降动向（–DM）

–DM 代表负趋向变动值即下降动向值，其数值等于前一日的最低价减去当日的最低价，如果 <=0 则 –DM=0。注意 –DM 也是非负数。

再比较＋ DM 和 –DM，较大的那个数字保持，较小的数字归 0。

③无动向

无动向代表当日动向值为“零”的情况，即当日的＋ DM 和 –DM 同时等于零。有两种股价波动情况下可能出现无动向。一是当当日的最高价低于前一日的最高价并且当日的最低价高于前一日的最低价，二是当上升动向值正好等于下降动向值。

（2）计算真实波幅（TR）

TR 代表真实波幅，是当日价格较前一日价格的最大变动值。取以下

三项差额的数值中的最大值（取绝对值）为当日的真实波幅：

①当日的最高价减去当日的最低价的价差。

②当日的最高价减去前一日的收盘价的价差。

③当日的最低价减去前一日的收盘价的价差。

TR 是 A、B、C 中的数值最大者

（3）计算方向线 DI

方向线 DI 是衡量股价上涨或下跌的指标，分为“上升指标”和“下降指标”。在有的股市分析软件上，＋ DI 代表上升方向线，–DI 代表下降方向线。其计算方法如下：

＋ DI=（＋ DM ÷ TR）×100

–DI=（–DM ÷ TR）×100

要使方向线具有参考价值，则必须运用平滑移动平均的原理对其进行累积运算。以 12 日作为计算周期为例，先将 12 日内的＋ DM、–DM 及 TR 平均化，所得数值分别为＋ DM12.–DM12 和 TR12，具体如下：

＋ DI（12）=（＋ DM12 ÷ TR12）×100

–DI（12）=（–DM12 ÷ TR12）×100

随后计算第 13 天的＋ DI12.–DI12 或 TR12 时，只要利用平滑移动平均公式运算即可。

上升或下跌方向线的数值永远介于 0 与 100 之间。

（4）计算动向平均数 ADX

依据 DI 值可以计算出 DX 指标值。其计算方法是将＋ DI 和 –DI 间的差的绝对值除以总和的百分比得到动向指数 DX。由于 DX 的波动幅度比较大，一般以一定的周期的平滑计算，得到平均动向指标 ADX。具体过程如下：

DX=（DIDIF ÷ DISUM）×100

其中，DIDIF 为上升指标和下降指标的差的绝对值

DISUM 为上升指标和下降指标的总和

ADX 就是 DX 的一定周期 n 的移动平均值。

（5）计算评估数值 ADXR

在 DMI 指标中还可以添加 ADXR 指标，以便更有利于行情的研判。

ADXR 的计算公式为：

ADXR=（当日的 ADX ＋前一日的 ADX）÷2

和其他指标的计算一样，由于选用的计算周期的不同，DMI 指标也包括日 DMI 指标、周 DMI 指标、月 DMI 指标年 DMI 指标以及分钟 DMI 指标等各种类型。经常被用于股市研判的是日 DMI 指标和周 DMI 指标。虽然它们计算时的取值有所不同，但基本的计算方法一样。另外，随着股市软件分析技术的发展，投资者只需掌握 DMI 形成的基本原理和计算方法，无须去计算指标的数值，更为重要的是利用 DMI 指标去分析、研判股票行情。

2. 指标应用

和其他技术指标不同的是，DMI 指标的研判动能主要是判别市场的趋势。在应用时，DMI 指标的研判主要是集中在两个方面，一个方面是分析上升指标＋ DI、下降指标 –DI 和平均动向指标 ADX 之间的关系，另一个方面是对行情的趋势及转势特征的判断。其中，＋ DI 和 –DI 两条曲线的走势关系是判断能否买卖的信号，ADX 则是判断未来行情发展趋势的信号。

A. 上升指标＋ DI 和下降指标 –DI 的研判功能

（1）当股价走势向上发展，而同时＋ DI 从下方向上突破 –DI 时，表明市场上有新多买家进场，为买入信号，如果 ADX 伴随上升，则预示股价的涨势可能更强劲。

（2）当股价走势向下发展时，而同时＋ DI 从上向下突破 –DI 时，表明市场上做空力量在加强，为卖出信号，如果 ADX 伴随上升，则预示跌势将加剧。

（3）当股价维持某种上升或下降行情时，＋ DI 和 –DI 的交叉突破信号比较准确，但当股价维持盘整时，应将＋ DI 和 –DI 交叉发出的买卖信

号视为无效。

B. 平均动向指标 ADX 的研判功能

ADX 为动向值 DX 的平均数，而 DX 是根据＋ DI 和 –DI 两数值的差和对比计算出来的百分比，因此，利用 ADX 指标将更有效地判断市场行情的发展趋势。

（1）判断行情趋势

当行情走势由横盘向上发展时，ADX 值会不断递增。因此，当 ADX 值高于前一日时，可以判断当前市场行情仍在维持原有的上升趋势，即股价将继续上涨，如果＋ DI 和 –DI 同时增加，则表明当前上升趋势将十分强劲。

当行情走势进入横盘阶段时，ADX 值会不断递减。因此，判断行情时，应结合股价走势（＋ DI 和 –DI）进行判断。

当行情走势由盘整向下发展时，ADX 值会不断递减。因此，当 ADX 值低于前一日时，可以判断当前市场行情仍维持原有的下降趋势，即股价将继续下跌，如果＋ DI 和 –DI 同时减少，则表示当前的跌势将延续。

（2）判断行情是否盘整

当市场行情在一定区域内小幅横盘盘整时，ADX 值会出现递减情况。当 ADX 值降至 20 以下，且呈横向窄幅移动时，可以判断行情为牛皮盘整，上升或下跌趋势不明朗，投资者应以观望为主，不可依据＋ DI 和 –DI 的交叉信号来买卖股票。

（3）判断行情是否转势

当 ADX 值在高点由升转跌时，预示行情即将反转。在涨势中的 ADX 在高点由升转跌，预示涨势即将告一段落；在跌势中的 ADX 值从高位回落，预示跌势可能停止。

DMI 指标的一般分析方法主要是针对＋ DI、–DI、ADX 等三值之间的关系展开的，而在大多数股市技术分析软件上，DMI 指标的特殊研判功能则主要是围绕＋ DI 线（白色线）、–DI 线（黄色线）、ADX 线（红色线）和 ADXR 线（绿色线）等四线之间的关系及 DMI 指标分析参数的修改和均线先行原则等这三方面的内容而进行的。其中，＋ DI 线在有的软件上是用 PDI 线表示，意为上升方向线；–DI 线是用 MDI 表示，意为下降方向线。

C. 四线交叉原则

（1）当＋ DI 线同时在 ADX 线和 ADXR 线及 –DI 线以下（特别是在 50 线以下的位置时），说明市场处于弱市之中，股市向下运行的趋势还没有改变，股价可能还要下跌，投资者应持币观望或逢高卖出股票为主，不可轻易买入股票。这点是 DMI 指标研判的重点。

（2）当＋ DI 线和 –DI 线同处 50 以下时，如果＋ DI 线快速向上突破 –DI 线，预示新的主力已进场，股价短期内将大涨。如果伴随大的成交量放出，更能确认行情将向上，投资者应迅速短线买入股票。

（3）当＋ DI 线从上向下突破 –DI 线（即 –DI 线从下向上突破＋ DI 线）时，此时不论＋ DI 和 –DI 处在什么位置都预示新的空头进场，股价将下跌，投资者应短线卖出股票或以持币观望为主。

（4）当＋ DI 线、–DI 线、ADX 线和 ADXR 线等四线同时在 50 线以下绞合在一起窄幅横向运动，说明市场处于波澜不兴，股价处于横向整理之中，此时投资者应以持币观望为主。

（5）当＋ DI 线、ADX 线和 ADXR 线等三线同时在 50 线以下的位置，而此时三条线都快速向上发散，说明市场人气旺盛，股价处在上涨走势之中，投资者可逢低买入或持股待涨。（这点中因为 –DI 线是下降方向线，其对上涨走势反应不灵，故不予以考虑）。

（6）对于牛股来说，ADX 在 50 以上向下转折，仅仅回落到 40—60 之间，随即再度掉头向上攀升，而且股价在此期间走出横盘整理的态势。随着 ADX 再度回升，股价向上再次大涨，这是股价拉升时的征兆。这种情况经常出现在一些大涨的牛股中，此时 DMI 指标只是提供一个向上大趋

势即将来临的参考。在实际操作中，则必须结合均线系统和均量线及其他指标一起研判。

D. 综合用法

（1）DMI 本身含有＋ DI、–DI、DX、ADX 指标，这几项指标要配合看。除外，配合其他外部指标共同研判。

（2）DI 上升、下降的幅度均在 0 至 100 之间。多方实力强，＋ DI 值放大并趋近 100，股指可能会继续提高。反之，若空方实力强，–DI 值放大并趋近 100，股指会继续下落。如果＋ DI 变小并趋近 0，反映了多方势头减弱。如果 –DI 变小并趋于 0，反映空方势头减弱。股指分别会止升、止跌。投资者可根据＋ DI、–DI 的变化趋向，摸清多空的实力，择机而动。

（3）从相对强弱分析，如果 –DI 大于＋ DI，在图形上则表现为＋ DI 线从下向上穿破 –DI 线，这反映了股市中多方力量加强，股市有可能高走一段，因此，投资者速买再速卖，不可买进惜售，待股价冲顶回落后会造成损失。

如果＋ DI 大于 –DI，在图形上则表现为 –DI 线从下向上穿透＋ DI 线，反映股市中空头正在进场，股市有可能低走。因此，投资者应速卖股票，看准认底部后再买进股票。

如果＋ DI 和 –DI 线交叉且幅度不宽时。表明股市进入盘整行情。投资者要观察一段，待机行事。

（4）对 ADX，投资者应注意：ADX 活动区间在 0 — 100 内，如果 DX 趋向 100，表明多空某一方的力量趋于零。如果 ADX 值大，表明多空双方实力相差悬殊；如 DX 值小，表明多空双方实力接近。如果 ADX 趋向零，表明多空双方的实力近似相等。

一般讲，ADX 值在 20—60 间，表明多空双方实力大体相等，轮换主体位置的可能性大。投资者此时宜把握自己的位置，看准时机，空头转多头，或相反。

ADX 值穿破 60，表明多空双方力量拉开，多头或空头各方渐渐主动，或超卖，或超买。ADX 值穿破 20，表明多空双方力量均衡，多空双方都主动回撤，买卖不活。此两种情况，投资者既不可过于急躁，又不可过于谨慎，要择机而动，大胆心细。

（5）如果 ADX、DI 值同时上升，表明多头实力加强，市场有上升的劲头。投资者应速买而后速卖。如果 DX、DI 值同时下降，表明空方主力进场，市场下跌不可避免。投资者速卖后，待新底形成再买进。如果 DX 线位于＋DI 线上方并回落，表明行情虽在上升，但结束上升行情的时间已到，投资者不可再盲目追涨。如果 DX 线位于 -DI 线上方并回落，表明行情虽在下跌，但下跌的认底部已形成，熊市将结束，投资者可适当买进股票。

（6）对 ADX，投资者应注意：

①单一动向：股市行情以明显的动向单一向一方发展，不论是上升还是下降，ADX 值此时会逐渐加强并持续一段时间。面对这种单一动向，或 DI 上升、下降值与 ADX 同向上升时，投资者可顺其操作，即加入多头，或加入空头。但注意，长时间的跟风也会造成损失。

②牛皮动向：当股市指数新高、新低点反复交叉，忽升忽降时，ADX 会表现为递减态势，当 ADX 逐降到 20 以下时，＋DI 和 -DI 呈现横向走势，投资者应暂停交易，伺机而动。此时，DMI 动向指标只能参考，不能完全依此入市。

③反转动向：当 ADX 由升转降时，高于 50 以上时说明行情反转来临，如果在涨势中，ADX 在高点由升转降时，表明顶部到顶，涨势将收场。投资者应调整多头行动。反之，在跌势中，ADX 也在高点由升转降时，表明底部到底，跌势将收场，投资者应调整空头。

第十章

黄金分割与时间周期

第一节　斐波那契数列

在《算学》中，斐波那契提出的问题产生了一系列数字：1.1.2.3.5.8.13.21.34.55.89.144 等一直到无限大。这一系列数字称为斐波那契数列。

在数列中，任何相邻两个数的和等于数列中的下一个较大的数字，即 1 ＋ 1=2.1 ＋ 2=3.2 ＋ 3=5.3 ＋ 5=8 等直到无限大。数列中，除前几个数字以外，任何两个连续数字的比率约为 1.618 或两个数字的反比为 0.618. 参阅图 10.1.1，这是斐波那契数字由 1 到 144 中的各个比率值表。

因此，任何数对其次一个较大数之比率约为 0.618 比 1，而对其次一个较小数之比率约为 1.618 比 1。而且数字愈大，两数之比率愈接近 0.618 或者 1.618。数列中，间隔数字之比率约为 2.618，或其反比为 0.382。这四项主要比率的相关性质列举如下：

2.618−1.618=1

1.618−0.618=1

	1	2	3	5	8	13
1	1.00	2.00	3.00	5.00	8.00	13.00
2	0.50	1.00	1.50	2.50	4.00	6.50
3	0.333	0.667	1.00	1.667	2.667	4.33
5	0.20	0.40	0.60	1.00	1.60	2.60
8	0.125	0.25	0.375	0.625	1.00	1.625
13	0.077	0.154	0.231	0.385	0.615	1.00
21	0.0476	0.0952	0.1429	0.238	0.381	0.619
34	0.0294	0.588	0.0882	0.147	0.235	0.3824
55	0.01818	0.03636	0.0545	0.0909	0.1455	0.236
89	0.011236	0.02247	0.0337	0.05618	0.08989	0.146
144	0.006944	0.013889	0.0208	0.0347	0.05556	0.0903

图 10.1.1

1–0.618=0.382

2.618 × 0.382=1

2.618 × 0.618=1.618

1.618 × 0.618=1

0.618 × 0.618=0.382

1.618 × 1.618=2.618

除了 1 及 2 外，任何斐波那契数乘以 4，再加上选定的斐波那契数，就可得出另外一个斐波那契数，如：

3 × 4=12 ＋ 1=13

5 × 4=20 ＋ 1=21

8 × 4=32 ＋ 2=34

13 × 4=52 ＋ 3=55

21 × 4=84 ＋ 5=89

1. 任何连续的两个斐波那契数没有公约数；

2. 在数列中，任意 10 个数之和可被 11 整除；

3. 数列中任一处以前的所有数之和加 2 等于该最后加数之后的第 2 个斐波那契数。

4. 由 1 开头的神奇数字系列的任何连续的平方和，永远等于所选定数列的最后一个数乘以与其紧邻的较大数；

5. 神奇数字系列中，任一数的平方减掉该数之前的第 2 个数的平方，永远是一个斐波那契数。

6. 任一斐波那契数的平方，等于数列中该数之前一个数乘以该数之后一个数后加上或减去 1，而且加 1 或减 1 会重复出现；

7. 在数列递增方向上相等的斐波那契数与 1 或 0.987 + 0.013 相关联，相邻的斐波那契数则与 1.618 + 0.012 相关联；间隔的斐波那契数则与 2.618 相关联。所以，有人称之为神奇数字系列。

第二节　黄金分割比率和时间窗

一、黄金分割率

黄金分割比率分析，是波浪彼此间之时间与波幅的比例关系。在辨认股票市场循环运动中五波上升三波下降的黄金比率活动时，有人会预期在完成任何多头阶段后，随之而来的修正波，将在时间及波幅上是前一上升波的五分之三。这种简化情形很少见到。然而，市场的基本趋势却符合黄金比率所显现的关系，对每一波动而言，这种关系总是会出现。

计算所谓的时间及波幅比率之公式如下：

$$波幅比率=\frac{推动波的点数}{修正波的点数}$$

股票市场上，比率分析的研究，常常导致这种惊人的发现，使得波浪理论的实践者着迷于其重要性。画出全年平均线后观察，发现所有的波动均与邻波或间隔波有关，它们之间比率均来自斐波那契数之比率。然而，我们要致力呈现证据，并自行受到考验。（较详细的讨论可以在准确比率范围的手册上找到）。

黄金分割比率分析指出了三种经常产生的关系：

1. 自第四波波长内的某一关键点算第五波（此一关键点通常是一个最高或最低价或传统的结束点），与第一波的起始点到第三波结束点之间的垂直距离，具有斐波那契比率的关系。

2.C 波与 A 波的长度，特别是在扩张平台型修正波中，具有斐波那契比率关系，一般为 1.618。

3. 在一个对称三角形的交错波中，至少有两个波的关系为 0.618。

波段里的黄金分割关系：

1. 一个波段里的每一个小波段都存在比例关系，从最高点到最低点的空间中，0.382.0.5.0.618 都是关键的位置。

2. 通过一个小波段我们就能预测整个波段的幅度，比如通过一个比例为 0.382 的小波段 A，我们就可以知道整个波段 B 幅度应该为 2.618 × A。通过一个比例为 0.618 的小波段 C 我们就可以知道整个波段 D 幅度应该为 1.618 × C。

如图 10.2.1，AB 波段强势拉升，应该是波段中的主升浪，AB 段幅度应该占整波段的 61.8%。我们把 A 点置于 0，B 点置于 61.8%，做出黄金预测，未来 100% 的波段涨幅应该到 2394 点，实际最高点为 2391 点，误差仅为 3 点。不仅高点非常接近，而且 B 点开始的回调，刚好回调到 50% 的位置，并且 80.9% 的位置也出现了压力调整。这种情况说明了小波段与整个波段之间，确实存在一定的比例关系，发现这些关系就能预知波段涨幅。

图 10.2.1

3. 几个小波段之间也应该存在黄金比率关系。比如 A、B 两个小波段的高低点，分别打到了黄金比率 0.382 和 0.5 位置，那就可以利用 2.618 × A 来进行计算整体幅度。假如 A、B 两个小波段的高低点分别打到了黄金比率 0.5 和 0.618 位置，那就可以利用 2 × A 来进行计算整体幅度，以此类推。

如图 AB 段慢速上涨，假定 B 处于 38.2% 线上，我们可以做出未来黄金预测。为了稳妥起见，我们需要继续寻找有效证据，波段中的其他高低点是否落到其他黄金点位上。观察发现，C 点处于 61.8% 线上，所以，我们可以更加肯定推测，未来整个波段高点应该在 8.65 元，实际最高点 8.87 元，误差仅为 0.22 元，只差了根上影线。该案例中可以看出，各个小波段比例都受到整体黄金位的影响，虽然整体波段还未走出来，但是比例关系已经存在了。

图 10.2.2

黄金分割对未来波段的预判：

1. 一个波段形成之后，就会在空间中形成一些黄金点位，当股价回到这些点位时，会受到一定的支撑或压力作用。

如图 10.2.3，上证经过 2008 年—2009 年的行情之后，开始下跌，在 A 处触及 61.8% 线，受到强支撑开始反弹。随后继续创新低，在 B 处触及 38.2% 线，受到支撑开始反弹。股价一路反弹至 C 处触及 80.9% 线受到压制继续下跌。到达 D 处触及 19.1% 线，受到支撑开始反弹。反弹在 38.2% 线处受压制结束，随后反复触及 19.1% 线。本例中指数在 80.9%、61.8%、38.2%、19.1% 处反复受到了支撑压力。

2. 市场强势时，股价上涨回落到 0.382 位置时（小幅调整），容易受到强支撑。当市场弱势时，股价上涨回落到 0.618 位置时（大幅调整），

图 10.2.3

容易受到支撑。

3. 市场强势时，股价下跌反弹到 0.618 位置时（大幅反弹），容易受到压力。当市场弱势时，股价下跌反弹到 0.382 位置时（小幅反弹），容易受到强压力。

4. 市场在一般情况下，匀涨匀跌时，股价容易在 0.5 的位置上止跌，反弹也容易在 0.5 的位置上结束。

二、时间窗

在波浪理论中，时间不是可以预测得到的，因为你无法算出一定的频率。因此，在作预测时，使用时间因素就没有一定的方法。然而，以斐波那契数列为根据的时间，常常超越数理学的运作，而且似乎相当符合波距，让分析师更清楚地透视。时间可以指出转折点可能出现的时期，尤其是时间若与价格目标和波动数相吻合时，更是如此。

斐波那契时间窗原理及作用：

1. 现有波段的长度，对下一个波段长度具有指导性作用。把已经走过的时间作为 1，下一个重要转折点就出现在 1.618 的时间上。

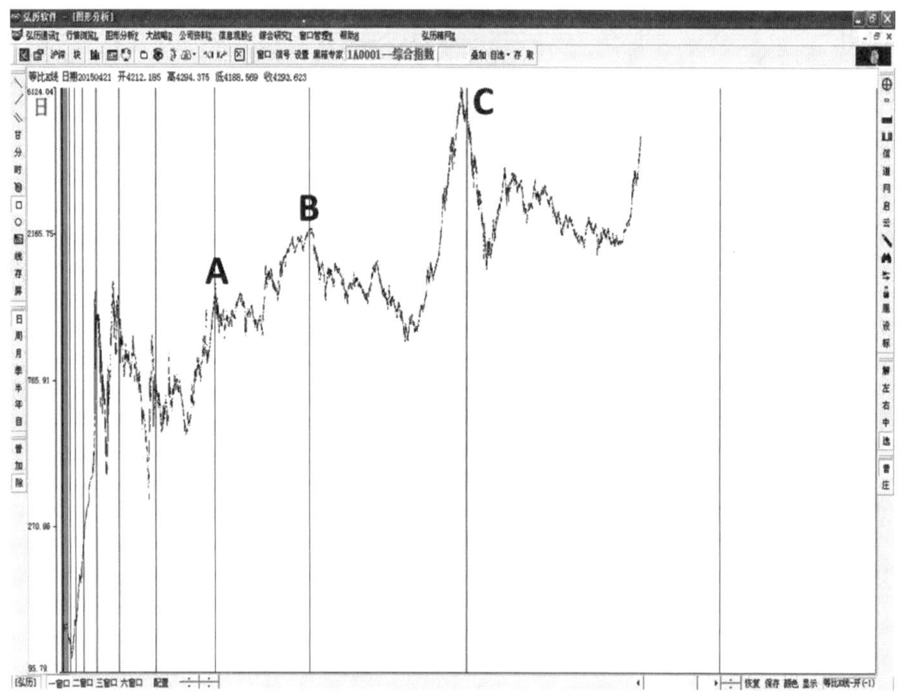

图 10.2.4

如图 10.2.4，从 1990 年 12 月 19 日上证首日开盘做斐波那契数列，在 5 年以后，分别出现三根数列线：A 线 1997 年 5 月 13 日，B 线 2001 年 6 月 7 日，C 线 2008 年 1 月 17 日。

图 10.2.5

图 10.2.6

图 10.2.7

图 10.2.7 上证指数日线图（2007 年 9 月 12 日—2008 年 3 月 18 日）

通过图 10.2.5 和图 10.2.6 可以看出，斐波那契数列几乎指示到了最高点那天。通过图 10.2.4 看出，斐波那契数列指示了 2008 年下跌的起始位。

虽然数列存在一定的误差，但这是从 1990 年开始统计的数列，到 2008 年有十几年的间隔。在这样长的跨度能达到这样的精确度，已经非常优秀了，可以达到分析操作的效果。

2. 随着时间窗的推移，相邻两个时间节点的间隔会趋于无穷大，对于操作的指导意义就非常弱，为了把握这期间的关键时间节点，必须从距现在最近的关键点重新开始做斐波那契时间窗。

从图 10.2.8 可以看出，新做的数列在 4 年之后达到 A、B 两线：A 线

图 10.2.8

2005 年 7 月 13 日，B 线 2008 年 1 月 16 日。

从图 10.2.9 可以看出，数列到达 2005 年牛市的启动点，距离第二个底的低点只差 1 天，4 年以后达到这种精确度已经非常高。新数列的 B 线与原始数列只差 1 天，同样指示了 2008 年下跌的起始位。

通过增加新数列，可以弥补原始数列后期间隔过长的问题，并且帮助在操作中捕捉精确买卖点。

3. 时间窗的起点都是从市场中期转折点或是长期转折点开始，短期转折点的指导意义不强。

上方选取的案例要么在起始低点，要么在长期转折点，重要起点对后期操作具有指导意义。假如随便选取一个点作为斐波那契数列起点，那很

图 10.2.9

可能会误导交易，需谨慎选点。

4. 前后两个时间窗发生共振时，说明在大周期和小周期的节点将共同发挥作用，市场将会发生强烈的变盘。

三、时间与空间

没有一成不变的波段走势。有些波段比较强势，较短时间能达到较大的涨幅；有些波段比较弱势，较长时间只达到很小的涨幅。

时间空间关系：

1. 时空共振。时间节点与空间点位同时到达时，引发时空转折。在弱势上涨中，用较长时间达到较小的涨幅；在强势上涨中，用较短时间达到

较大的涨幅。

2. 时空独存。时间节点到了，空间点位没有到，这叫时间独存。空间点位到了，时间节点还没到，这叫空间独存。这种情况就单独用时间或空间进行分析操作。

第十一章 投资之道

第一节 蜡烛图与计算机

随着计算机的日益普及以及蜡烛图理论的广泛流行，我们可以通过计算机帮助我们筛选出最可靠或最重要的蜡烛图组合形态，省得自己去识别，很方便很快捷。但是即使这样，我们仍然要给点忠告：首先，电脑毕竟不是人脑，它帮你选出的形态不可能考察到市场的整体技术面，而我们之前一直强调，位置比形态本身还重要，市场的技术面是不能忽略的；其次，计算机只会识别标准的蜡烛图形态，而我们之前也讲过，一些非标准的蜡烛图形态，在某些情况下也具有与标准形态同等重要的意义；最后，如果有些计算机依据蜡烛图发出买卖信号，往往形态出现，买卖信号就产生了。但是，我们之前还讲过，蜡烛图形态出现以后，不要立即依此进行交易，有时耐心等待很重要。所以，计算机给了我们识别形态的便捷，但也有做不到的地方。我们需要人脑与电脑有机结合。

备注一：弘历的 Level-2 系列软件都有五彩 K 线功能，但是投资者只要将其作为参考就行了，不必过于重视。

备注二：蜡烛图形态是形态，而不是数字，所以，蜡烛图技术必然会带有一定的主观性。这就是计算机的短板。我们要明白这点。

第二节 蜡烛图与止损

当价格到达某个点位时，你必须承认你的判断出了错，而这个价位就是你的止损点。无论某种技术分析工具如何可靠，它总会在某个时点给出错误的信号。贯彻止损策略，就等于控制交易的风险度。事实上，止损是技术分析中一个极为重要的方面，是一种风险管理的手段。很多蜡烛图形态组合，代表着压力或者支撑，比如先前所讲的窗口技术。当股价回调到窗口某个点位时，我们可以考虑买入，理由是调整很可能止于窗口。但是不代表此后我们可以高枕无忧了。我们还是要在窗口的下方某个点位处设置止损标示位。因为就怕它会封闭窗口。还有像乌云盖顶是一种压力形态。如果看到乌云盖顶，之后采取做空操作。那么，我们应该设置止损位为乌云盖顶组合的最高价。这就是风险管理的意识。我想风险管理也是很重要的，面对市场，我们不能马虎，一定要保持严谨的态度。

第三节 权衡风险与收益

耐心是交易者成功的最重要品性。当一个理想的蜡烛图形态出现时，并不意味着最佳交易时机已来临。这里给大家一个忠告，在判断最佳入场时机之前，应该先权衡一下风险与收益的比率。权衡风险与收益要考虑两方面，除了之前所讲的设定止损以外，还有一个就是设定目标价位。目标

价位的设定有很多种方式，包括艾略特波浪理论，支撑位和压力位等。但是我们不得不承认蜡烛图技术通常不能给出目标价位。所以，我们推荐大家将西方技术分析与蜡烛图结合起来使用。蜡烛图最擅长发出趋势反转或趋势持续的信号，而西方技术分析工具中的回调幅度与趋势线等有助于设定目标价位。当然，你也许有了自己的目标价位设定方法。关于东西方技术结合的内容，会在K线技术进阶系列中谈到。这可是一个很迷人的领域。最后还是请记住，在某个蜡烛图形态完成时，除非你判定风险和收益比率很诱人，否则请放弃交易。

第四节　《黄金泉——三猿金钱录》

《黄金泉——三猿金钱录》，是间宗久所写的最著名的一本书。许多西方研究人士也是从这本书开始着手研究东方的蜡烛图技术的。但是很多人不理解这本书的名字，与我们的蜡烛图有什么关系？这本书的书名有这样的意思：我们交易者如果希望抵达“黄金泉”，必须具备三只猴子的境界，那三只猴子的境界分别是：不见邪，不听邪，不言邪。第一只猴子“不见邪”是说，当你看见多头（空头）趋势时，不可陷进去，而要将它视为卖出（买进）的机会，因为阴线与阳线会不断地轮替，牛市之中有熊市，熊市之中有牛市，这里有点八卦的味道。这也说明了为什么日本蜡烛图技术如此重视反转，胜过它对连续性和形态的强调；第二只猴子“不听邪”是说，当你听到利空或利多消息时，不要依此进行交易。不要在消息放出后，立即开始交易。比较安全的做法是，看市场对该事件作何反应，然后决定自己的行为。另外还要注意日本人所谓的“耳语战术”，即散播假消息来欺骗市场内的其他交易者；第三只猴子“不言邪”是说，不要对别人说起你未来的市场行为。因为针对你的判断，别人总会提出某些否定的意见，而这些意见或多或少会影响你的判断，这就是为什么老往证券公司跑的人都会输钱的一个原因。

备注：《黄金泉——三猿金钱录》里面有一句话非常经典：“如果希望了解市场，应该向市场请教，只有这样你才能成为卑鄙的市场恶魔。”是不是很精彩？想做“卑鄙的市场恶魔”吗？日本的技术分析方法之所以刺激，原因之一就是它所使用的语言生动形象。感兴趣的投资者不妨去看看这本书。

第五节　做一个市场的变色龙

市场如水，瞬息万变。我们必须持续关注行情的演变轨迹，以确定价格的变动是否符合你的预期。如果市场的发展出乎你的意料，就必须采取恰当的对策。所谓“做一个市场变色龙”，就是要顺应市场情况调整自己。做一个市场变色龙，迅速而有效地适应新的市场环境，是成功交易的关键。做交易好比是比剑决斗。在比剑决斗中，你必须反应敏捷，否则就可能丧命。交易也一样，如果不能迅速适应市场情况，调整自己，就无法“活下来”继续从事交易。

备注：最后再叮嘱一点，在将蜡烛图运用于市场时，一定要考虑自己的交易风格。只有这三者（蜡烛图技术，市场，交易个性）有机结合在一起，才能发挥蜡烛图的巨大威力。

第六节　趋势是核心

我们已经知道，“趋势”的概念是技术分析的核心。蜡烛图技术自然也不能忽视趋势。比如说，当我们区分锤子线和上吊线时，从形态上来讲没有什么差别，唯一的差别是一个处于下降趋势之后，一个处于上升趋势之后。蜡烛图技术其实始终在强调一个要点：趋势是蜡烛图形态成立的大前提。我们拿锤子线形态来举例子。要将一根蜡烛线认定为锤子线，必须

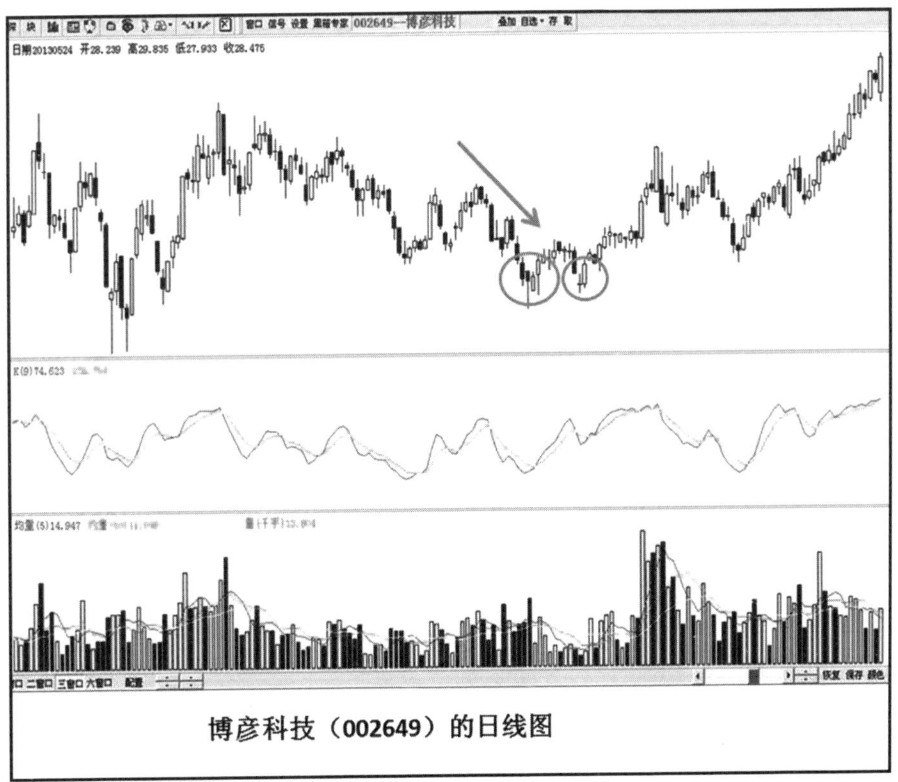

博彦科技（002649）的日线图

图 11.6.1

确认它是出现在大幅下跌之后还是严重的超卖市道中。锤子线是一个反转信号，也就是说此前已经出现下降趋势，否则何谓翻转？如果发生在两三天的下跌走势之后，类似锤子线的K线通常没有特别的指示作用。由于锤子线必须出现在大幅下跌之后，由锤子线开始的反弹很可能遭受卖压，因此锤子线引发的第一波反弹常常以失败告终，行情有可能下探以重新考验锤子线的支撑能力。因此，如何根据锤子线交易，取决于交易者的激进程度与风险偏好。不过还是建议投资者采用如下的交易方式：当锤子线刚出现时，先少量做多试水，如果价格拉回，并成功证实锤子线的支撑，再加码买进，完成多头头寸的建立。不管如何使用锤子线进行决策，止损点（以收盘价为准）可以设置在锤子线低点的下方。我们来看一下博彦科技（002649），10月25日出现了一个标准的锤子线，11月8日价格下行试探了这个锤子线的支撑之后便开始大幅上扬。

备注：有趣的是，这只股票在12月23日，也是以锤子线的形态将市场从下降趋势立刻翻转为上升趋势。

第七节　市场永远都不会错

市场永远都不会错（大结局）。这是一条交易守则。此话的意思是，千万不要将自己的主观臆断强加于市场。举例来说，即便您坚定地判断某只股票即将上涨，也必须等到市场趋势果真向上出头的时候才能买进；假定这只股票本来正处于熊市状态。在这种情况下，如果您根据自己的预期“牛市即将形成”而买进，那么，您就是将自己的主观愿望和期待强加于市场了。您正在与当前的趋势为敌，其结局可能是灾难性的。或许最终看来，您的看涨的观点可能是正确的，但是这个时候很可能来得太迟了。绝不可

将自己的意愿强加于市场，一定要做一个追随趋势者，不要做一个预测趋势者。如果您怀着看涨的预期，那么就在上升趋势中入市。最后还是那句嘱托：将学到的技巧富有艺术性地应用于实战，发挥其应有的功效，注意勿伤自己！

附录：炒股必备基础知识

一、股市开盘时间

中国内地股市开盘时间

每周一至周五的上午9:30~11:30，下午13:00~15:00，每天交易4个小时。上午9:15~9:25为集合竞价时间，其中9:15~9:20可以撤单，9:20~9:25不能撤单，9:25以成交量最大的价格为开盘价。双休日和国家法定节假日如春节，国庆节等股市不开盘。

中国香港股市开盘时间

香港股市在交易日早上10:00开盘交易，中午12:30收市休息；下午14:30开盘，16:00交易结束。

二、A股，B股，H股，N股是什么意思？

A股是在我国境内的公司发行，以人民币认购和交易的普通股票。

许可投资者：境内机构、组织或个人。不含港、澳、台投资者。

B股是在在国内证券交易所上市，以人民币标明面值，以外币认购和买卖的股票。

许可投资者：（1）外国的自然人、法人和其他组织；（2）中国港、澳、台地区的自然人、法人和其他组织；（3）定居国外的中国公民；（4）境内居民个人；（5）中国证监会规定的其他投资人。

H股是注册地在中国内地、上市地在香港交易所的外资股。香港的英文是HongKong，取其字首，称为H股。

N 股、S 股、T 股分别是指注册地在境内、上市地在美国、新加坡、日本等地的股票。

三、什么是主板、中小板、创业板、新三板？

主板市场：也称为一级市场，指传统意义上的证券市场（通常指股票市场），是一个国家或地区证券发行、上市及交易的主要场所。中国内地主板市场，是上交所和深交所两个市场。

中小板：即中小企业板，指流通盘大约 1 亿以下的创业板，是相对于主板市场而言的。有些企业的条件达不到主板市场的要求，只能在中小板市场上市。中小板是创业板的一种过渡。

创业板：是地位次于主板市场的二板证券市场，以美国 NASDAQ 市场为代表，在中国特指深圳创业板。创业板上市公司一般处于成长期，业绩尚不稳定，因此风险较大。个人投资者在购买创业板股票时，需要单独开通。

“新三板”：即全国中小企业股份转让系统，2012 年 9 月正式注册成立，是继上海证券交易所、深圳证券交易所之后，第三家全国性证券交易场所。定位为创新、创业、成长型中小微企业提供股票公开转让、融资及资产重组等服务。

四、融资融券是什么？

融资融券交易又称“证券信用交易”或保证金交易，是指投资者向具有融资融券业务资格的证券公司提供担保物，借入资金买入证券（融资交易）或借入证券并卖出（融券交易）的行为。

融资融券交易，具有财务杠杆放大效应。投资者虽然有机会以约定的担保物获取较大的收益，但也有可能在短期时间内蒙受巨额的损失。投资者在参与前，应审慎评估自身的经济状况和财务能力。

融资融券账户的开立，要求投资者具有普通账户开户18个月（含）以上，个人投资者账户总资产50万元（含）以上，机构投资者账户总数资产100万元（含）以上。

五、如何开户？

2015年4月13日起，A股市场全面开放，“一人一户”限制，自然人与机构投资者均可根据自身实际需要，开立多个A股账户和封闭式基金账户，上限为20户。也就是说，现在股民最多可以在20家证券公司开设20个账户。

个人投资者开户时，需由本人携带有效身份证件，本人银行卡到证券公司营业网点现场开户，也可在证券公司的官方网站上预约网上开户。

六、沪港通怎么买？

沪港通，是指上海证券交易所和香港联合交易所允许两地投资者通过当地证券公司（或经纪商）买卖规定范围内的对方交易所上市的股票，是沪港股票市场交易互联互通机制。包括沪股通和港股通两部分，于2014年11月17日开始实施。内地和香港投资者可借由港股通和沪股通渠道，通过当地证券公司或经纪商买卖规定范围内的对方交易上市的股票。

沪港通只允许境内机构投资者，以及资金账户和证券账户加起来不少于50万元人民币的个人投资者。还必须具备港股通股票交易和外汇风险管理的基础知识，投资者在开通沪港通业务前必须通过一项相关测试。

七、50个股票基本名词

1. 开盘价

是指当日开盘后该股票的第一笔交易成交的价格。如果开市后30分钟内无成交价，则以前日的收盘价作为开盘价。

2. 收盘价

指每天成交中最后一笔股票的价格，也就是收盘价格。

3. 最高价

是指当日所成交的价格中的最高价位。有时最高价只有一笔，有时也不止一笔。

4. 最低价

是指当日所成交的价格中的最低价位。有时最低价只有一笔，有时也不止一笔。

5. 成交量

反映成交的数量多少。一般可用成交股数和成交金额两项指标来衡量。目前深沪股市两项指标均能显示出来。

6. 量比

是衡量相对成交量的指标。它是开市后每分钟的平均成交量与过去 5 个交易日每分钟平均成交量之比。

其计算公式为：量比＝现成交总手 /［（过去 5 个交易日平均每分钟成交量）× 当日累计开市时间（分）］。

当量比大于 1 时，说明当日每分钟的平均成交量大于过去 5 日的平均值，交易比过去 5 日火爆；当量比小于 1 时，说明当日成交量小于过去 5 日的平均水平。

7. 内外盘

举个例子你就明白了。如果甲下单 5 元买，乙下单 5.01 元卖，当然不会成交。这时，有丙下单 5.01 元买，于是乙的股票就卖给丙了，这时候，成交价是 5.01 元，现手的颜色是红的。

还是上面的情况，如果丁下单 5 元卖，于是甲和丁就成交了，这时候成交价是 5 元，现手的颜色是绿的。因此，主动去适应卖方的价格而成交的，就是红色，叫外盘。主动迎合买方的价格而成交的，就是绿色，叫内盘。

8. 委比

委比是衡量一段时间内场内买、卖盘强弱的技术指标。它的计算公式为：委比=（委买手数−委卖手数）/（委买手数+委卖手数）×100%。从公式中可以看出，“委比”的取值范围从−100%至+100%。若“委比”为正值，说明场内买盘较强，且数值越大，买盘就越强劲。反之，若“委比”为负值，则说明市道较弱。

9. 市盈率

市盈率是某种股票每股市价与每股盈利的比率。（市盈率=普通股每股市场价格 ÷ 普通股每年每股盈利）上式中的分子是当前的每股市价，分母可用最近一年盈利，也可用未来一年或几年的预测盈利。市盈率是估计普通股价值的最基本、最重要的指标之一。一般认为该比率保持在20~30之间是正常的，过小说明股价低，风险小，值得购买；过大则说明股价高，风险大，购买时应谨慎。但高市盈率股票，多为热门股，低市盈率股票，可能为冷门股。

10. 换手率

换手率是指在一定时间内市场中股票转手买卖的频率，是反映股票流通性的指标之一。计算公式为：换手率 = 某一段时间内的成交量 /（流通股数）×100%。一般来说，当股价处于低位时，当日换手率达到4%左右时，应引起投资者的关注，而上升途中换手率达到20%左右时，则应引起警惕。

11. 手

它是国际上通用的计算成交股数的单位。必须是手的整数倍才能办理交易。目前一般以100股为一手进行交易。即购买股票至少必须购买100股。

12. 除权

股票除权前一日收盘价减去所含权的差价，即为除权。

13. 派息

股票前一日收盘价减去上市公司发放的股息称为派息。

14. 含权

凡是有股票有权未送配的均称含权。

15. 填权

除权后股价上升，将除权差价补回，称为填权。

16. 价位

指喊价的升降单位。价位的高低随股票的每股市价的不同而异。以上海证券交易所为例：每股市价未满 100 元价位是 0.10 元，每股市价 100–200 元价位是 0.20 元每股市价 200~300 元价位是 0.30 元，每股市价 300–400 元价位是 0.50 元每股市价 400 元以上价位是 1.00 元。

17. 停牌

股票由于某种消息或进行某种活动引起股价的连续上涨或下跌，由证券交易所暂停其在股票市场上进行交易。待情况澄清或企业恢复正常后，再复牌在交易所挂牌交易。

18. 涨跌

以每天的收盘价与前一天的收盘价相比较，来决定股票价格是涨还是跌。一般在交易台上方的公告牌上用“+”“-”号表示。

19. 涨（跌）停板

交易所规定的股价一天中涨（跌）最大幅度为前一日收盘价的百分数，不能超过此限，否则自动停止交易。

20. 升高盘

是指开盘价比前一天收盘价高出许多。

21. 开低盘

是指开盘价比前一天收盘价低出许多。

22. 盘档

是指投资者不积极买卖，多采取观望态度，使当天股价的变动幅度很小，这种情况称为盘档。

23. 整理

是指股价经过一段急剧上涨或下跌后，开始小幅度波动，进入稳定变动阶段，这种现象称为整理，整理是下一次大变动的准备阶段。

24. 跳空

指受强烈利多或利空消息刺激，股价开始大幅度跳动。跳空通常在股价大变动的开始或结束前出现。

25. 回档

是指股价上升过程中，因上涨过速而暂时回跌的现象。

26. 反弹

是指在下跌的行情中，股价有时由于下跌速度太快，受到买方支撑暂时回升的现象。反弹幅度较下跌幅度小，反弹后恢复下跌趋势。

27. 多头

对股票后市看好，先行买进股票，等股价涨至某个价位，卖出股票赚取差价的人。

28. 空头

是指认为股价已上涨到了最高点，很快便会下跌，或当股票已开始下跌时，认为还会继续下跌，趁高价时卖出的投资者。

29. 多头市场

也称牛市，就是股票价格普遍上涨的市场。

30. 空头市场

股价呈长期下降趋势的市场，空头市场中，股价的变动情况是大跌小涨。亦称熊市。

31. 多翻空

原本看好行情的多头，看法改变，卖出手中的股票，有时还借股票卖出，这种行为称为翻空或多翻空。

32. 空翻多

原本作空头者，改变看法，把卖出的股票买回，有时还买进更多的股票，这种行为称为空翻多。

33. 买空

预计股价将上涨，因而买入股票，在实际交割前，再将买入的股票卖掉，实际交割时收取差价或补足差价的一种投机行为。

34. 卖空

预计股价将下跌，因而卖出股票，在发生实际交割前，将卖出股票如数补进，交割时，只结清差价的投机行为。

35. 利空

促使股价下跌，对空头有利的因素和消息。

36. 利多

是刺激股价上涨，对多头有利的因素和消息。

37. 套牢

是指预期股价上涨，不料买进后，股价一路下跌；或是预期股价下跌，卖出股票后，股价却一路上涨，前者称多头套牢，后者是空头套牢。

38. 大户

就是大额投资人，例如财团、信托公司以及其他拥有庞大资金的集团或个人。

39. 中户

指投资额较大的投资人。

40. 散户

就是买卖股票数量很少的小额投资者。

41. 经纪人

执行客户命令，买卖证券、商品或其他财产，并为此收取佣金者。

42. 抢短线

预期股价上涨，先低价买进后再在短期内以高价卖出。预期股价下跌，先高价卖出再伺机在短期内以低价再回购。

43. 盘整

股价经过一段快捷上升或下降后，遭遇阻力或支撑，而呈小幅涨跌变动，做换手整理。

44. 抬拉

抬拉是用非常方法，将股价大幅度抬起。通常大户在抬拉之后便大抛出以牟取暴利。

45. 打压

是用非常方法，将股价大幅度压低。通常大户在打压之后便大量买进以取暴利。

46. 趋势

就是价格运动的方向，包括上升、下降和水平运动三种方向。其中，横向运动又称为无趋势状态。价格趋势具有持续性和稳定性的特征，但不同规模的趋势，该特征的表现程度有所不同。

47. 支撑

支撑是指价格回落中形成的低点，它是由于多方在此买入形成的，在一定程度上能够阻止股价的继续下跌。重要的支撑位置可以作为买入股票的参考价格。

48. 阻力

阻力是价格上升中形成的高点，是因为空方卖出造成的，对股价的上涨起阻挡作用。重要的阻力位置，可以作为卖出股票的参考价格。

49. 支撑与阻力的转换

支撑与阻力可以相互转换。上升趋势中前期阻力被向上突破后，在价格回调时即成为支撑。下降趋势中支撑位向下被突破后，在价格反弹时即成为阻力。在价格趋势中，支撑与阻力无处不在，且时时发挥作用。

50. 趋势线

下降趋势连接股价波动高点的直线，为下降趋势线；上升趋势连接股价波动低点的直线，为上升趋势线。根据趋势的规模，可以画出反映不同规模的趋势线。趋势线可以描述股价的运行状况，提供股票的买卖参考依据。

微信扫码订购

《模型理论1——股市获利阶梯》

一个可以精确到点位的股市预测模型，一个经历数年指数考验的神奇数字，数形结合精髓的体现。

如果告诉你有这样一个公式，它能精准地预测股价的顶底数值，无论是月线还是年线，全都适用，并且准确性极高，很多时候预测的结果与实际数值甚至相差不到一个点，你是否会觉得不可思议？是否对此既不敢相信又期待万分？

微信扫码订购

《模型理论2——时空对数法则》

前所未有的时空规律，独辟蹊径的接盘角度，让您收获意想不到的股市利润。

模型理论之二，重点讲了时空的三大要素、数与形的关系、时空选股方法，还揭开了一个隐藏的秘密，包括那些在股市中收获了巨额财富的股市神话们都未曾挖掘过的宝藏。

微信扫码订购

《模型理论3——破译趋势基因》

在周期上先大后小，在趋势上先长后短。

本书重点介绍了股市中周期循环的规律，以及如何使用这些规律来对股价未来的走势做出预测。一旦您掌握了这些周期律的奥秘，预测股市对您来说将不再是难题，股市获利就变得轻而易举。

微信扫码订购

《模型理论4——固定模型体系》

经典投资理念与稳固体系模型密切结合，并将对市场的“敏感”植入模型，发挥巨大融合效应，极大改善了固定模型适应性差的弊端。

这些模型融合了不同的理念，各有不同的优势，适应不同的情况。根据自己的情况在其中加入更多适合自己的元素，发展出一套适配自己的体系，就可以轻松获利。

《模型理论5——宙合之序》

本书为大家重点介绍股市中周期循环的规律，以及如何使用这些规律来对股价未来的走势做出预测。本书将为你展现预测的魅力，揭开它所隐藏的一切奥秘，如果你真的学懂了书中的知识，那么，预测对你来说将不再是难题。

微信扫码订购

《模型理论6——异级同构模型》

这书主题是“异级同构模型”，以一种前所未有的层次化模型，通过一种全新的角度来看股市，从最细微的分形里发现走势变化的奥秘，从最宏观的走势中把握股市涨跌的规律，试图帮助投资者在激烈的股票市场博弈中找到一片蓝海。

微信扫码订购

《模型理论7——九衍时空镜转》

本书主题是“九衍时空镜转”，以“宏观分形”的全新理论来看股市，从“分式镜转模型”和“衍式镜转模型”两种方向讲解，从多个角度把握股市走向的规律，准确预测未来点位不再遥不可及。

微信扫码订购

《模型理论8——象数理形态模型》

中国传统哲学讲究象数理，大道至简，象是用眼睛能看到的，数则是事物的抽象表现，而理是事物之间的逻辑关系，所以象是可见的形，数是抽象的形，而理是形的内在逻辑，因形而有数，因数而有理，一切起于形而终于理。

根据上述原理，本书将传统哲学象数理在市场中的形态全部推演了出来，应用于证券交易市场，揭示市场行情波动的本质。

微信扫码订购